大夏书系 | 有效教学

自主课堂
作业创设与反思

刘桂旺 李小平 孙海霞 ◎ 主编

华东师范大学出版社
·上海·

编委会

编委(按姓氏拼音排序):

常震玲 董丽娜 耿 媛 李 岩 李春会 林 伟 刘广智
刘晓群 吕桂红 毛晓峰 宋 为 孙元伟 王 娟 王洪燕
吴 萍 谢 晓 徐 宏 徐 虹 杨效培 张冬云 赵伯静
赵红艳 赵利燕 周禄禄 朱卫华 朱友兵

序　言
"双减"和新课标背景下的作业设计思考

2021年"双减"政策实施以来，全国各地中小学不断推进学生减负，学校教育提质增效，围绕学校课堂主阵地，聚焦作业管理、课后服务、课堂教学三个方面，回归育人本质，重塑教育生态，旨在实现育人观、教学观和学习观的深度转变。

随着2022年4月《义务教育课程方案和课程标准（2022年版）》（下文简称"新课标"）出台，指向中国学生核心素养培养的课程目标进一步强化了减轻学生作业负担，关注学生自主发展、自主学习、思维能力培养的重要性。

作业，作为学生为完成学习方面的既定任务而进行的活动，对学生知识学习的巩固和知识的深化拓展起到积极的推动作用。一般而言，作业分为课堂作业和课外作业两大类。课堂作业是教师在上课时布置学生当堂进行检测的各种练习，具有及时性、反馈真实性等特点，教师能够及时掌握学生对知识学习和理解的情况，也能及时准确获取学生学习状况的第一手资料，但课堂作业的完成受课堂时间的限制，并不能完全体现出学生基于所学知识的综合能力和拓展能力的发挥；课外作业就是课堂作业的延展和补充，它是学生在课外时间独立或协作进行的学习活动，从时间上和空间上拓展了学生的学习方式和学习内容，让学生基于所学知识的综合能力和拓展能力得到展现。

随着"双减"政策和新课标的深入推进，作业和作业设计已成为教师对自己教学实践进行反思的一个重要切入点，并且在教学评价方面，作业是学生进行自我评价，教师对学生进行学业评价，生生之间进行学习评价的重要依据之一。因此，作业已经成为实现"教—学—评"一致性的重要内容之一，成为撬动课堂教学改革的重要支点。

在"双减"和新课标背景下，如何精简作业，减负提质增效，关键在于作业的设计。第一，作业设计要基于课程标准，按单元进行设计，这就要求教师深入研读课程标准，根据学生实际水平，从单元作业目标、作业类型、难度结构、完成时间、评价反馈等方面进行统筹，整体设计单元作业；第二，要基于学习目标，精选作业内容，紧扣单元和课时所学核心内容，面向全体学生，兼顾学生的差异化需求，注重基础，提高综合性，突出应用性，引导学生发现和解决实际问题；第三，丰富作业类型，提升作业实效，从学段特点、学科特点及学生实际出发，设计复习巩固、拓展延伸和综合实践等类型的作业，增加基于情境、基于真实问题解决的作业。此外，根据学生差异化需求，设计分层作业和个性化作业，探索跨学科综合性作业，提升学生综合能力。

自主教育理念下的作业设计，首先要关注学生的差异性，突出个性化特点，这就要求教师设计的作业有可选择性，学生能够根据自己的特点选择自己能够完成的作业。比如，分层作业的设计要兼顾学生的真实生活体验，确保不同层次的学生都有收获，从而激发学生的学习积极性。其次，需要体现主体性，让学生在真实的问题情境下主动完成任务。再次，作业设计还要体现学生的发展性，不仅是对所学知识的巩固和拓展，增强学生的知识理解能力和问题解决能力，比如增强学生对知识的深度理解、应用，对知识面的拓展；还需要增强学生的综合能力，比如在利用所学知识解决问题的过程中，关注新问题的生成、分析和解决，让学生利用更多的知识和技能，通过不同的方式和渠道来解决问题。

新课标背景下，单元教学成为教育教学的主要形式，相应地，做好单元作业设计，成为每个教师日常教学的重要任务。在作业设计阶段，教师需要根据学科课程标准，确定单元学习目标和学习内容，把握学生的学习情况，确定单元作业内容、作业类型、作业频次、难度结构、预估时长等，并合理设计作业（包括课堂作业和家庭作业，书面作业和非书面作业），选择、加工、组织情境素材，或让学生自行选择情景素材设计作业，形成多种类型的作业，确定合理多样的作业评价反馈机制。在此过程中，充分考虑学生的实际情况（包括学生个体兴趣偏好和优势特长），设计不同难度、不同类型的作业，并兼顾复习巩固、拓展延伸、综合实践等作业，为学生提供可选择的作业空间，为学生个性化发展提供可能，引导学生独立或合作完成挑战性作业。

在作业批改和反馈阶段，教师要根据作业内容和学情，按之前设定的作业评价反馈机制，采用多种方式批阅作业（如小组批改、自改互改），以便引导学生借助作业评价反馈工具进行学习反思，实现多角度的自主学习。

之后，教师需要根据学生作业完成的总体效果，开展作业设计反思实践研究，并将作业研究与备课组常规教研相融合，将学科教学与作业设计相融合，将课堂学习与课后实践相融合，持续优化作业设计与实施。

此外，尝试让学生自主设计作业，充分激发学生学习的主动性，体现学生学习的自主性，也是自主教育的重要内容之一。教师要敢于放手，勇于尝试，相信学生，让学生自己根据所学知识，自行设计作业，自己完成作业，采用学生自评、学生互评、师生评价等多元化评价方式，并在学生设计和完成作业的过程中适时给予点拨和支持，真正体现学生在学习上的主体性，这也是教师进行课堂教学改革反思的重要切入点。

本书就是学生作业自主的一个探索性尝试，按照"学生作业学生创""学生作业学生做""学生作业学生评"和"学生'创做评'中的教师反思"四部分体例结构进行作业案例分析。教师积极探索，学生积极实践，学生自主学习动力显著提升，教师课堂教学实践反思更加深刻，真正实现以作业撬动课堂改革的支点。

不要再用"刷题"的方式来让学生巩固所学知识了，改变思路，让我们成为学生自主发展的引路人，让学生有更多的空间自主学习，改变学习方式和思维方式，核心素养的培养才能真正落地，学校教育教学质量才能真正得到提升。

作业设计还有待广大教育工作者继续深入研究，在此恳请各位对本书提出宝贵意见和建议，您的反馈将是推动我们前行的不竭动力。

刘桂旺　中国屈原学会自主教育文化传承与发展专业委员会主任

目 录 Contents

语文篇

- 002　神秘的大自然
- 006　童心童趣，奇幻之旅
- 014　探索大自然，创编科普绘本
- 019　探寻秋日踪迹，发现生活之美
- 024　多种感官探秋天，多元作业促提升
- 029　畅游童话王国，读写童话故事
- 035　阅童话，畅自主
- 039　读中想画面，感悟自然美
- 043　走进神话故事，传承文化自信
- 050　感受神话探古今，创编故事话神奇
- 054　神话少年游，游入语文要素
- 059　在"读进读出"中，"抒"写科学之美
- 063　争做民间故事传承人
- 068　感受民间故事的魅力，创编趣味阅读成果
- 073　学会表达精妙，制作百科全书
- 078　读写绘演，阅读悦美
- 082　走进趣味汉字，创新汉字形式
- 088　梳理课文结构，创绘宣传海报
- 092　借语言文字，寻艺术之美
- 097　我眼中的鲁迅
- 102　依托学习任务群，巧设创意性作业
- 107　多姿多彩的各地习俗
- 114　徜徉世界名著主题公园
- 121　读革命经典，探红色印记

数学篇

- 128 单元整体教学促作业整合，模拟购物活动促班级发展
- 136 经验为引，素养导向
- 143 主题活动引领，快乐创新数学画
- 147 自主管理时间
- 152 图形创作，数学之美
- 156 图形的趣味作业
- 162 巧用统计，科学预测
- 168 探究数学奥秘，感悟图形魅力
- 173 感悟运算一致性，创编思维路径作业
- 178 探究分数奥秘，响应"双减"政策
- 182 寻找生活中的百分数
- 187 自创，自做，自评，"圆"来于此
- 192 强化操作 注重过程 凸显思维
- 197 在画与做中发展学生对乘法意义的理解
- 201 学以致用，做好"小小调查员"
- 208 创设情境化主题作业，多元表征中理解"倍"
- 214 基于小数含义的分层作业设计
- 220 "双减"作业巧设计，减负增质促发展
- 225 借转化，抓关系，炼通法，以结构化学习促推理意识提升
- 229 知"圆"而明理，巧创"圆"作业
- 235 学生自主创新，实践美丽图案
- 238 借助"多维评价"促进学生数据意识的提升
- 243 走进生活中的数学
- 248 自主创编寒假作业

英语篇

- 254　基于主题意义，创作单元翻翻书
- 259　感受四季，绘出四季
- 264　探索数字奇趣，展示"数字"生活
- 271　探究春天，创编立体书
- 278　探究自然，实践语言，深化单元主题意义的作业设计
- 287　分享健康生活
- 293　奇妙的世界
- 301　走进运动世界
- 307　自制旅行攻略
- 312　探究校园植物，实现深度学习
- 319　畅想未来，创建理想职业手册
- 324　弘扬奥运精神，宣传奥运文化
- 330　运用生活素材，制作翻翻书和手抄报
- 336　我眼中的"世界"
- 342　"双减"之下阅读课作业之学生自主实践
- 347　探索小组自主合作学习，汇报团队合作实践案例

综合篇

- 354　巧用工程思维，设计作业册
- 359　探究沉浮秘密，巧设实践作业
- 365　在课堂实验单辅助下重演古生物学家的发掘历程
- 369　聚焦科学素养，关注单元整体
- 374　感触自然的美，创编自然科普绘本
- 379　制作自然观察笔记
- 382　探究"AI+体育"，学生自主创设单元整体作业
- 386　探究秋末农人生活的苦与乐
- 392　"真人象棋"游戏创编
- 395　体育作业师生共创，促进体能技能提升
- 399　探究大自然，创意巧表达
- 403　探索校园植物，感受生命之美
- 409　测量常见平均速度

语文篇

神秘的大自然
——以部编版小学语文二年级上册第一单元为例

作业自主

语文整体单元作业实践，要体现对本单元知识进行梳理，还要聚焦本单元的要素，提升学生自主学习语文的能力。我的作业我做主，自我创设，自我实践，自我评价。低年级孩子自主创设能力有限，在自主作业"创做评"中，要在老师的引领下进行，老师帮扶得相对来说要多一些。本单元教学重点是积累并运用表示动作的词语，借助图片了解课文内容。

板块一：学生作业学生创

学生创设

自主作业最大的优点就是通过赋予学生自主选择的权利，有效提高学生的学习效率，同时让学生有更多时间来提升自己。学生在老师的引领下，进行本单元知识的梳理，落实本单元要素，自主创设作业。

学习任务一：装扮大自然

《义务教育语文课程标准（2022年版）》对低年级识字、写字的教学要求为：喜欢学习汉字，有主动识字、写字的愿望。能按基本的笔顺规则用硬笔写字，注意间架结构。观察字形，体会汉字部件之间的关系。梳理学过的字，初步感受汉字的形体美。"秋天到了，请同学们跟老师一起去拥抱大自然吧！本单元生字朋友想去装扮大自然，请根据你发现的生字秘密，去帮助他们吧！"本单元学习了30个生字，在老师的引领下学生自己发现本单元汉字的秘密，设计本单元生字的作业。

学习任务二：巧用动词

积累并运用表示动作的词语是本单元的教学重点之一。在老师的引领下学生用不同的方式自创作业，感受这些动词给人带来的真实感、生动感。学生把阅读中学到的词语与日常生活情境建立联系，在运用中发展语言与思维能力。"在装扮大自然的过程中，你们和生字朋友会做哪些动作？想象一下，用你喜欢的方式展示给同桌。"学生回忆自己做过的动作，设计自己的作业。

学习任务三：创编科普绘本

本单元课文都配有多幅插图，与课文内容形成呼应，可以帮助学生借助图片理解重点词句，了解课文内容，还可以借助图片讲述课文内容。"大自然中藏着许多秘密，只要你去认真观察，就能发现。用你喜欢的方式，讲述大自然的故事。"学生需要自己设计，要观察什么？怎样观察？观察的结果是什么？这个作业需要一定的时间。

教师支持

基础型学习任务群，就是注重语言文字的积累与梳理。在语文实践活动中，通过观察、分析、整理，发现汉字的构字特点，感受汉字的文化内涵。低年级学会尝试发现汉字的一些规律，初步学习分类整理课内外认识的字，发展独自识字能力。学习任务一的目的是巩固本单元生字，然后根据规律自主梳理本单元学过的字，提高学生识字能力。

实用性阅读与交流任务群，旨在引导学生在语文实践活动中通过倾听、阅读、观察来获取、整合有价值的信息，根据具体交际情境和交流对象，清楚地表达，有效传递信息。通过演一演、填一填、讲故事等形式，引导学生提高语言理解与运用能力，逐步增强语言表达的准确性、规范性。学习任务二的目的是在语文情境中识字，与生活实际相结合来理解动词。教师提供的支架就是一个情境。学习任务三是通过学生观察大自然，给同桌讲故事，提高讲故事能力。放手让学生用眼睛去看，用耳朵去听，用心去感受，用自己的语言去表达，增强学生创造性运用语言的兴趣。

在这个作业设计中，我只提供了一个大背景，一个情景，让学生自己设计要完成的作业，去装扮大自然，去表达大自然，去观察大自然，讲好大自然的故事。

板块二：学生作业学生做

学生实践

学习任务一

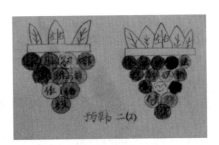

图1　任务一学生作业

学习任务二

有的孩子通过表演的形式，有的孩子通过我演你猜的形式，有的孩子用说一句话的形式等来表达自己对大自然的理解。

学习任务三

通过观察，有的孩子把观察到的拍成照片，有的孩子给同学讲大自然的故事，有的孩子画画，有的孩子拍小视频。

图 2　任务三学生作业

教师支持

通过对本单元的学习，学生认识了 41 个生字，会写 30 个字，能积累并运用表示动作的词，能借助图片或关键词了解课文内容，能用自己的话讲述大自然的故事或自然现象。教师为学生提供完成任务的思维支架，帮助学生完成学习任务。学习任务一：让学生在黑板上贴上自己的作业，展示给大家看。学习任务二：提供表演的场地，让学生们展示，有的学生表演不恰当，提一下建议，再展示。学习任务三：在学生观察的过程中，提一些问题，比如，月亮为什么会有这样的变化？教师可以跟科学老师借太阳、地球、月亮的模型，边演示，边讲解。学生不仅观察到现象还学到了知识，激发了热爱大自然、探索大自然的兴趣。

板块三：学生作业学生评

学生自评

自我评价，对能找到生字的秘密，能认真地观察大自然两方面进行评价。在评价中学生找到自己的优点，从而更加自信。

学生互评

同学互评，对同学是否能找到生字的秘密，动词表达得是否恰当，是否能讲清楚大自然的故事进行评价。在评价中找到与同学的差异，共同提高。

教师支持

小学语文作业评价是语文教学的重要组成部分，作业是学生获取、巩固、应用知识的一种手段，是课堂教学的延续。作业评价对提高学生的学习兴趣，改变学生的学习态度，调动学生的学习积极性，促使学生养成良好的学习习惯有着重要的作用。

板块四：学生"创做评"中的教师反思

在"双减"背景下，语文的学习更要求自主学习能力的培养。语言运用也是学生在实践中通过主动地积累、梳理和整合而完成的。充分调动学生的积极性，通过任务驱动，逐渐使学生养成积极思考的习惯。强调提升学生的核心素养，重视设计实践性作业，这是从学生应用实践语文教学与研究能力提升的基础上提出的设计理念。小学生各方面能力都在初步培养阶段，鼓励学生将教材中学习的知识进行有效应用实践，帮助解决在现实生活中遇到的各种实际问题。学生自主去观察喜欢的自然现象，再用自己的方式去表达。在这一过程中，孩子不断提出问题——月亮为什么会变圆，叶子为什么会变黄等。有了内驱力，他们就会采用不同方法去解决问题——问老师、问家长、从电脑和书籍中去搜集资料，做到真正地自主学习。

李淑云　北京市通州区后南仓小学

童心童趣，奇幻之旅
——以部编版小学语文二年级下册第四单元"童心"为例

作业自主

"双减"背景下，我校积极开展"'五育融合'理念下的小学'混动式'作业实践研究"。"混动式"作业是借用"混动"汽车这一大家熟悉的物体作为比喻，以"五育融合"理念为指导，对作业进行系统设计、协同推进，为学生提供多元、精准、灵动、融合的作业实践，构建系统教育力。下面就以二年级下册第四单元作业设计为例加以说明。

图1 混动式作业图谱

板块一：学生作业学生创

学生创设

学生将"游戏"和"旅行"这两个新奇的元素注入作业设计，成为"童心"作业设计的总设计师，以情境"奇幻之旅"为引领，以闯关活动为载体，与老师共同设计单元前置、推进和后置作业，充满奇思妙想。

表1 "童心奇幻之旅"情境图概述

作　业	情境概述	内容展示
单元前置作业	通过熊猫船长的描述开启"童心奇幻之旅"，学生完成三个小任务后整体感知本单元人文主题——童心童趣，明确语文要素——想象。	Hi 亲爱的同学们，大家好，我是熊猫船长，欢迎来到二年级下册第四单元"童心奇幻之旅"。本单元共有四篇课文，分别是《彩色的梦》《枫树上的喜鹊》《沙滩上的童话》《我是一只小虫子》你可以选择喜欢的方式：A 默读·B 听读·了解课文内容并在文中找线索。三个任务都顺利完成的同学可以获取"童心奇幻之旅"的地图。 童心奇幻之旅 ART'S MAGIC JOURNEY
	设计者：学生（全体）和老师	
单元推进作业	学生根据课文主题给奇幻之旅设计五个站，共二十四关。师生共同设计基础性、拓展性和发展性作业。每站的"我是小考官"栏目，学生需根据知识点自主命题。	奇幻之旅地图 01 梦境　02 渡口　03 沙滩　04 丛林　05 玩具店 我是小考官 作业难度 ♥♥♥♥♥ 出题人
	设计者：学生（个体）和老师	
单元后置作业	学生以小组为单位，跳出学科思维，结合"童心"单元的时间顺序，尝试与数学第七单元"时，分，秒"、英语第四单元"Time"和美术等学科有效连接，自主设计跨学科作业。	通关秘籍 通关密码：时间 通关任务：3+1 知识链接：《语文》第四单元"时间顺序" 　　　　　《数学》第七单元"时，分，秒" 　　　　　《英语》第四单元"Time" 辅助技能：画画
	设计者：学生（小组）	

教师支持

教师基于新课标和学情，制定单元教学目标和作业目标，根据单元人文主题和语文要素搭建框架。

单元整体教学是学科核心素养落地的有效途径，在大情境的引领下系统化设计语文作业，带动整个单元的学习。

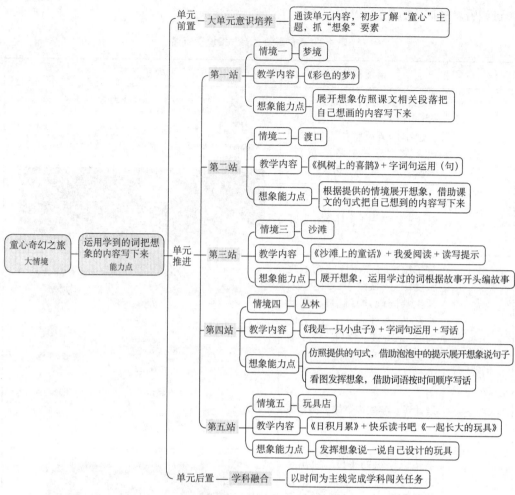

图 2　单元教学与作业设计框架图

板块二：学生作业学生做

学生实践

形式新颖、内容有趣、富有挑战的"童心奇幻之旅"不仅仅是传统意义上的作业，还是助力学生全面发展的燃料。学生在实践过程中，展现了儿童悦身心、会合作、善思辨的美好品质。

表 2　单元前置作业

作业目标	作业内容简介	完成形式
梳理与探究：培养大单元思维	任务一：选择人物身份（在括号中填入选项） 任务二：判断人物爱好（对的打√，错的打×） 任务三：制作人物名片	独立

续 表

作业目标	作业内容简介	完成形式
学生作业	任务一：选择人物身份（在括号中填入选项） A 成人 B 儿童 C 动物 《彩色的梦》中的"我"是（ B ） 《枫树上的喜鹊》中的"我"是（ B ） 《沙滩上的童话》中的"我"是（ B ） 《我是一只小虫子》中的"我"是（ B ）	
设计意图	在引人入胜的旅行情境中，学生通过角色体验，对接生活经验，唤醒学习期待，激发探索兴趣。学生通读本单元课文，以任务驱动的方式初步感知单元人文主题——童心，语文要素学习重点——想象，培养大单元意识。	

表3　单元推进作业

课题	作业目标	作业内容	完成形式
《彩色的梦》	识字与写字：能正确书写"苹"字，并区分相关同音字。	学生根据"我是小考官"栏目的"考点"自主命题。	学生命题，学生交换作答。
学生作业			
《彩色的梦》	表达与交流：运用学到的词语，仿照第二节把想象的内容写下来。	仿写练习（自选难度模式）。	教师命题，学生独立作答。
学生作业			
《沙滩上的童话》	识字与书写：能读准多音字"泡"和"量"。	学生根据"我是小考官"栏目的"考点"自主命题。	学生命题，学生交换作答。
学生作业			

续表

课 题	作业目标	作业内容	完成形式
《我是一只小虫子》	实践探究：自主选择感兴趣的昆虫进行了解。	为变身后的自己设计一张虫子小名片。	教师命题，学生独立作答。
学生作业			
"语文园地"	识字与阅读：认读"陀螺""翁""枪"等生字，搭配动词与名词。表达与交流：能与别人分享自己玩过的玩具。	学生根据"我是小考官"栏目的"考点"自主命题。	学生命题，学生交换作答。
学生作业			
设计意图	紧扣新课标，聚焦学生语文核心素养，用丰富多样的情境创设，促进学生语言、思维和情感的发展。从识字与写字、阅读与鉴赏、表达与交流、梳理与积累等方面设计分层分类作业，巩固学生课堂所学。		

表4　单元后置作业

作业目标	作业内容	完成形式
梳理与探究：整合语文、数学、英语的时间要素，完成探究作业设计。	小组根据"通关秘籍"的相关要求自主命题。	小组合作命题作答。
学生作业		
设计意图	用"时间"架起了语、数、英等学科之间融合的桥梁，突出学生的主体地位，尝试从语文走向其他学科，从课本走向生活，从设计走向实践，落实核心素养，培养学生能力，真正走向德智体美劳全面发展。	

教师支持

教师是单元推进作业设计的主力军，形式多样的作业示范让学生感知不同题型的不同难度，便于学生在每一站的作业留白处——"我是小考官"栏目自主设计不同类型不同难度的作业，在最后一关通过小组合作来完成跨学科作业的设计。

板块三：学生作业学生评

"童心奇幻之旅"的"混动式"作业评价除了将评价方式与创设情境紧密结合，还体现了评价主体多元化，做到学生自评与同伴互评、教师评价、家长评价、社会评价相结合。

作业自评

表5 学生自评范例表

评价主体	评价范例	所属关卡
学 生	1. 识记多音字。8♥ 思量 数量 饭量 量体温 流量 分量 干树枝 树干 2. 看图猜词语。3♥ 3. 看拼音写词语。3♥ zhōu wéi ①城堡□□筑起围墙，围墙外再插上干树枝，那就是我们的树。 jù ②不知道谁说了一□："这城堡里住着一个凶狠的魔王。" 自己评一评： 1. 我能读准多音字在不同词语中的读音，得（ ）♥ 2. 我能猜出图片在课文内容中是什么词语，得（ ）♥ 3. 我能在田字格里将字写正确写美观，得（ ）♥ 积累15个♥以上可获得新工具：铲子	第十二关
学 生	泡泡　一泡尿　气泡　一泡屎 2. 辨字组词。7☺ （1）昏—晃 （2）屁—尿—屎 （3）脾—股 自己评一评： 1. 我能读准多音字在不同词语中的读音，得（ ）个☺ 2. 我能区分形近字并组词，得（ ）个☺ 3. 我能在田字格里将字写正确写美观，得（ ）个☺	第十七关

作业互评

表6 多元评价范例表

评价主体	评价范例	所属关卡
教 师	看到下面的情境，你会想到什么？试着写下来。 　　我看见喜鹊阿姨找了一条虫子回来，站在窝边。 　　喜鹊弟弟一起叫道："鹊！鹊！鹊鹊鹊……" 　　我懂得，他们的意思是："＿＿＿＿＿＿＿＿＿" 　　喜鹊阿姨把虫子送到喜鹊弟弟嘴里，叫起来："鹊，鹊，鹊……" 　　我知道，她是在说："＿＿＿＿＿＿＿＿＿" 老师评一评，在本关我一共可以得（　）只　　积累6只以上可开宝箱得新技能：会飞的翅膀	第九关
同 伴	1. 根据课文说出小虫子的烦恼。 ①文中小虫子的烦恼：当一只小虫子一点儿都不好，因为＿＿＿＿，因为＿＿＿＿，还因为＿＿＿＿。 ②想象：小虫子还可能有什么烦恼？ 2. 说一说你积累的形容生气和难过的词语。 同桌互评： 1. 说出小虫子的一个烦恼得一个☺ 2. 说出一个形容生气和难过的词语得一个☺ 共得（　）个☺ 积累5个☺以上可领养一只七星瓢虫 笑脸不够不要急，可看图找灵感，再说一说！	第十七关
家 长	给家长分享你的写话作品，说一说你是按什么顺序写的。 请家长评一评：一共（　）☀ 故事完整 ☀☀☀ 想象丰富 ☀☀☀ 格式、标点正确 ☀☀☀ 用上表示时间的词语 ☀☀ 书写工整 ☀☀ 积累6个☀以上可获得一个蝈蝈笼子	第二十二关
社 会	亲爱的同学们，"五一"假期你想到哪里旅游？请设计一天的行程，合理安排旅游时间、路线和活动。完成后请将你的"一日游行程安排表"发到小区**微信群**，为邻居们介绍你的设计，邀请愿意参加本次旅行的邻居完成接龙，并为你的设计**点赞**。 共获得邻居点赞（　）个 集满10个赞以上可获得荣誉勋章两枚：时间小主人　小小旅行家	终极挑战

教师支持

教师应调动家校社等多方力量参与作业评价，让作业评价主体多样化。教师评价需要关注学生学习的过程，关注学生个体差异，通过有情境、有创意的有效评价帮助学生，促进学生全面、持续、和谐发展。

板块四：学生"创做评"中的教师反思

如何让作业从学生不想面对的"重担"变成助力其成长的"燃料"？我们通过"童心"单元的作业实践，作以下反思：

1. 要强化作业内容的基础性与差异性。作业设计与实施符合年段要求，面向全体学生，突出基础性，选编、改编、创编符合学生年龄特点和学习规律、体现语文学科核心素养导向的基础性作业。同时，兼顾学生的个体差异，设计分层分类作业。

2. 要注重作业形式的情境性与探究性。从学生生活实际出发，创设多样的学习情境，设计富有挑战性的学习任务。二年级的学生充满了好奇心、想象力，好问、好动、好探究，学生需要形式新颖、内容有趣、富有挑战的作业。

3. 要创设作业体系的综合性和开放性。儿童的生活并非分门别类的，因此在作业设计时应当努力构建课内外联系、学科融合的体系，促进知识向能力转化，拓宽学生知识视野，打破学科壁垒，促进学生德智体美劳全面发展。

李雪梅　江凌　唐欢　成都高新区锦城小学

探索大自然，创编科普绘本
——以部编版小学语文二年级下册第六单元"大自然的秘密"为例

作业自主

《义务教育语文课程标准（2022年版）》指出，语文课程学习应该构建学习任务群，注重课程的阶段性与发展性，加强课程内容的整合，促进学习方式的变革，建立大单元整合的跨学科作业设计。结合低年级学生特点，选择绘本作为作业成果。低年级儿童对于绘本的阅读和创作十分感兴趣，相对于枯燥的阅读材料，图文结合的绘本形式更能抓住学生的眼球，提高学习的兴趣。本文对部编版语文二年级下册第六单元"大自然的秘密"进行大单元整体设计，将课本知识与自主探索完美结合，高阶思维带动低阶发展，收获了超出课本的更多知识，体会到了探究学习的快乐。

板块一：学生作业学生创

学生创设

二年级下册第六单元以"大自然的秘密"为人文主题，编排了《古诗二首》《雷雨》《要是你在野外迷了路》《太空生活趣事多》四篇课文，在学习完本单元的课文后，学生对大自然产生了浓厚的兴趣，尤其是在学习《要是你在野外迷了路》和《太空生活趣事多》两篇课文时，学生上课研讨非常积极，课下还主动查阅了很多资料。课上很多同学分享了自己了解的大自然知识，引发了同学们想要探索大自然的兴趣。

教师支持

借着学生对探索大自然的兴趣浓厚的契机，我将语文学科与科学、美术学科相融合，开展了一次"探索大自然，创编科普绘本"的作业活动。为了激发学生创作的热情，我为此作业活动创设了一个真实的情境，具体如下：

大自然真是奇妙啊！你们的心中是不是也藏着许多小问号？为了解开大家心中的小问号，学校正在举办大自然科普绘本创作的活动。请你通过观察、搜集资料等方式探究大自然中的小秘密，与你的小伙伴一起合作创编科普绘本，向更多的小朋友宣传科普知识，解开小朋友们心中的问号吧！如果你创作的绘本被选中，还有机会印制给全校的小朋友进行阅览哟。赶快行动起来吧！

板块二：学生作业学生做

学生实践

根据老师创设情境的要求，学生开始自主完成本次科普绘本的创作，创作的步骤如下：

1. 确定选题，进行分工。学生自由组成小组，并与本组同学商讨本小组的选题，选题可以是动物、植物，也可以是天气等，并根据选题每位同学进行分工。

2. 分头行动，开启探究。确定选题以及分工后，学生开始分头行动，开启探究。有的同学采用查阅资料的方式进行探究，有的同学则是亲自去寻找要观察的事物，实地观察，并做好了记录。

3. 图文结合，创作绘本。通过探究，学生发现了要观察的事物的秘密，接下来，要将观察到的秘密用图文结合的方式呈现出来。

4. 小组合作，合成绘本。学生利用劳动技术课上学到的装订书籍的方法将创作的每一页绘本装订在一起，并为绘本加上封皮和封底，装订成一本绘本书。

教师支持

对于二年级的学生来说，自主创作绘本并不是一件容易的事，过程中会遇到各种困难，针对学生创作绘本过程中遇到的困难教师可提供如下帮助：

一、提供设计方案的表格支架

对于二年级的学生来说如果不给学生提供任何支架，就让学生自主完成一份设计方案是有难度的，如果提供了表格支架，学生便可以借助支架进行研讨，完成设计方案。

表1 绘本设计方案

设计主题	具体分工	
	负责人	事物或现象
每个人选取的事物或现象		

二、提供探究过程中的记录表格

学生在探究的过程中要对探究的内容进行记录，为之后的绘本创作提供素材。这里也为学生提供了一个方便记录的表格，供学生参考。

表2　探究记录表

所选事物或现象	
它的样子（画一画）	关于它的秘密（文字）

三、为学生提供参考书籍

有很多事物是不便于在现实生活中去观察的，这就需要通过查阅资料的方式去了解和探究。我从不同的探究角度为学生提供参考的书籍，比如《我爱大自然·薄荷》《我的第一套自然认知书》《我的1000个宝贝》等。

四、为学生提供创作的范例

在将探究的事物或现象用图文结合的方式创编成绘本的这一环节，学生创编的要么文字太多，要么图文搭配不合理。这里为学生提供了一个范例，供学生进行参考。

图1　参考范例

板块三：学生作业学生评

学生自评

1. 各小组对照评价量规进行组内自评，完成量规表自评部分，提出整改意见。
2. 各小组将作品修改完善，准备展示。

表3 绘本评价量规

评价内容	评价标准	自评	互评	师评	整改意见汇总
设计创作	指向自然的典型事物。				
	对其提取的自然事物进行了有效描述。				
	绘画突出特点，图文对应。				
	语言通顺流畅，表达清晰，有吸引力。				
	想象力丰富，思路创新，体现个性特点与多元智能。				
	封面吸引眼球，创意满满。				

学生互评

一、教师创设展示评价情境

通过之前的"大自然的秘密"探究学习，学生了解了大自然，能够体会到大自然的神奇美丽。通过课文学习学生掌握了提取主要信息表达自然现象的方法，经过小组合作完成了绘本的创作。大家付出了很多心血和努力，现在终于到了展示成果的激动时刻了，相信大家一定特别期待，教师宣布"大自然的秘密"绘本展示会现在开始！

二、学生分小组进行展示

学生分组进行展示，老师和其他同学完成绘本评价量规表的互评和师评部分。学生作品展示如下。

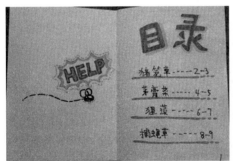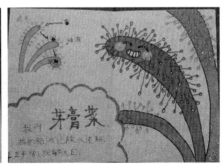

图2 学生作品展示

板块四：学生"创做评"中的教师反思

本次作业活动取得了一定成效，但也有一些不足，具体分析如下：

一、成效

1. 有效激发了学生的探索精神。在作业实施的过程中强调以学生自主探索知识和实际操作的方式获得答案，学生在实施作业的过程中不断质疑、反思，层层推进，每个学生都感到了探索的快乐并有所收获。

2. 提高了学生自主学习的能力。《义务教育语文课程标准（2022年版）》明确在情境中的自主学习更有效、更多元，让学生置身于情境中，以小组探究的合作学习和自主学习为主要方式，最大程度把课堂还给学生，让学生真正成为学习的主人。"大自然的秘密"绘本作业从课内文章的学习延伸到自主创作，对于低年级学生具有挑战性。正因为作业具有难度，学生的学习能力才能在自我探索中得以提高。

二、反思

1. 学生的阅读积累有待提高。绘本语言过于单一，大多以顺口的小诗歌为主，缺乏故事性和感染力，应有效提高课外阅读的质量，把课内阅读和课外阅读当作一个整体来学习。为此，需要经常结合阅读教学，了解学生的阅读动向。

2. 学生自主学习的意识仍然有待提高。部分学生在学习上仍然有依赖感，依赖老师和团队，逃避思考，在接下来的作业化学习训练中应该多关注此类学生，让他们真正参与课堂，融入课堂，养成自主学习的习惯。

朱玉杰　北京市朝阳区垂杨柳中心小学

探寻秋日踪迹，发现生活之美
——以部编版小学语文三年级上册第二单元"金秋时节"为例

作业自主

《义务教育语文课程标准（2022年版）》指出，义务教育语文课程要以生活为基础，以语文实践活动为主线，以学习主题为引领，以学习任务为载体，整合学习内容、情境、方法和资源等要素，设计语文学习任务群，促进学生核心素养的发展。

语文作业是课堂教学的自然延伸与有效补充，对促进学生语文素养的形成具有举足轻重的作用。科学、合理地设计语文作业，减少零散、无序的作业内容，教师需要从学生真实的学习需求出发，创设与单元整体教学内容相关的活动情境，让学生成为作业的设计者、参与者。

三年级上册第二单元以"金秋时节"为主题，向学生展示了一幅立体多彩的秋之画。立足单元整体和单元核心要素，教师以"探寻秋日踪迹"为主题，结合课文内容创设"追溯诗词中的秋日之美""发现上下学路上的秋日之美""寻找秋雨的颜色""倾听秋天的声音""探寻秋天的秘密"五个活动情境，引领学生开展课后作业自主实践，锻炼学生独立思考、合作学习与自主创新的能力。

板块一：学生作业学生创

学生创设

在单元整体教学的背景下，创设贴近学生生活的真实情境，激发学生自主学习的兴趣。结合本单元整体教学内容，引导学生在以"探寻秋日踪迹"为主题的五个活动情境中，根据课堂学习内容小组合作自主设计作业，让学生在设计、参与和交流展示中，锻炼自己的语言运用、思维能力和审美创造。

表1 自主设计作业表

探寻秋日踪迹，发现生活之美					
班级讨论：秋天在哪里？（预设：学生所见、所听、所感） 单元导入：趁着秋高气爽，我们一起走进第二单元，探寻秋天的踪迹，去发现秋日里那些生活之美吧！					
活动一： 追溯诗词中的秋日之美		活动二： 发现上下学路上的秋日之美	活动三： 寻找秋雨的颜色	活动四： 倾听秋天的声音	活动五： 探寻秋天的秘密

1. 创作一幅有关秋天的古诗配画。	1. 拍照记录并配上文字。	1. 画出秋雨之后的景象，与同学交流秋雨的颜色。	1. 走出家门，用录音机记录秋天的声音。	1. 我知道秋天的节气：立秋、处暑、白露、秋分、寒露、霜降。
2. 图文并茂，分析自己喜欢的诗句中蕴藏的秋日之美。	2. 绘画展示（绘画、剪贴画、创意树叶画等）。	2. 仿照文中的句式，写一段话，和大家分享秋雨的颜色。	2. 用身边常用的物品模仿秋天的声音。	2. 我知道秋天的习俗：贴秋膘、咬秋、摸秋……
3. 制作一本秋天的古诗集。	3. 结合课后题，仿写一小段话。	3. 照片记录，和同学说说秋雨的颜色。	3. 用拟声词模仿秋天的声音。	3. 我知道中秋节的由来和传统习俗。
4. 尝试创作一首关于秋天的诗歌。	4. 小组分享。		4. 用文字的形式写写你听到的秋天的声音（形式不限）。	4. 我知道秋天的好词佳句。

学生根据教师提供的活动情景自主设计作业，形式多样化，充分发挥学生的个人才能和集体智慧。在《铺满金色巴掌的水泥道》一课引导学生发现上下学路上的秋日风景，学生自主设计了拍照记录、绘画展示、文字记录等多种作业形式，进行多样化的表达。有的同学通过留心观察，或用相机或用文字记录下自己眼中的秋日美景；有的和几个好友共同完成一幅画作，碰撞出智慧的火花，相互学习，多视角感受秋天。

教师支持

本次作业设计立足单元整体，教师以促进学生核心素养发展为目的，通过创设"探寻秋日踪迹"这一主题情境，结合语文课堂教学内容和单元语文要素，引导学生设计多样化的课后作业，提升学生的学习积极性，让学生在具体的语文实践活动中"追溯诗词中的秋日之美""发现上下学路上的秋日之美""寻找秋雨的颜色""倾听秋天的声音""探寻秋天的秘密"，感受留心观察的乐趣和生活之美。

板块二：学生作业学生做

学生实践

1. 结合《古诗三首》的学习，有的学生选择了课文中的古诗进行创作，加深了对文中古诗的理解，还有的学生选择了课外的古诗进行创作，丰富了积累。

图 1 学生诗配画作品

2. 学生学完课文后完成课后的观察仿写作业，通过模仿例句把自己观察到的身边的景物描述出来，丰富语言表达。

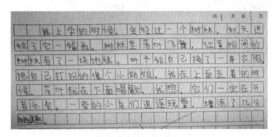

图 2 《铺满金色巴掌的水泥道》课后观察小练笔

图 3 《秋天的雨》课后仿写小练笔

3. 探寻秋天的秘密。学生结合单元主题尝试从多角度感受秋天，发现秋日之美，比如开展了秋天诗句的积累活动（如图 4 所示），体验秋天节气习俗——秋分立蛋的动手实践（如图 5 所示），制作留住秋日之美的叶子书签（如图 6 所示），绘制秋叶创意画（如图 7 所示）和反映秋日美景的绘画作品等（如图 8 所示）。

图 4 关于秋天的诗词句积累

图5 秋分立蛋

图6 叶子书签

图7 秋叶创意画

图8 秋日美景的绘画作品

教师支持

在充分授课的基础上，鼓励学生完成发现秋日之美的系列实践活动，采用小组合作或寻求家长支持等方式完成实践，旨在让学生在实践中学会分享，感受秋日之美和动手的快乐。

板块三：学生作业学生评

学生自评

结合本单元的语文要素和课后习题的重难点引导学生对以下几个方面进行自评，了解自己对本单元重点内容的掌握应用情况。

表2 学生自评表

评价内容	评价结果
能运用各种方法正确理解词语的意思。	☆☆☆☆☆（ ） ☆☆☆☆（ ） ☆☆☆（ ）
仿写时语句通顺，能使用自己积累的有新鲜感的词句。	☆☆☆☆☆（ ） ☆☆☆☆（ ） ☆☆☆（ ）
能够从不同角度观察景物的特点，并尝试用语言表达出来。	☆☆☆☆☆（ ） ☆☆☆☆（ ） ☆☆☆（ ）

学生互评

学生互评是学生间合作交流的一部分，也有利于学生语言的表达与积累。本单元学习后，学生将自己的作品在班级里进行交流展示，在分享中进一步感受秋日之美，丰富积累。

教师支持

在学生自评和互评后，教师一方面针对学生的仿写和日记进行批改、点评，引导学生在观察的基础上细致表达；另一方面对学生动手实践的作品进行评价，肯定学生的观察能力和动手能力，并鼓励学生进行多种尝试。

板块四：学生"创做评"中的教师反思

在新课标理念的指导下，有效地开展语文教学，提高学生语文素养，帮助学生巩固课内学习并向课外延伸，要引导学生进行单元整体作业设计，进而借助作业训练形成有助于他们终身发展的语文素养。学生作业的"创做评"有助于培养和提高学生良好的语言能力、发达的思维能力、丰富的想象力、大胆的创新意识和健康积极的情感价值观。

范华佳 王纯 北京市通州区潞苑小学

多种感官探秋天，多元作业促提升
——以部编版小学语文三年级上册第二单元"金秋时节"为例

作业自主

《义务教育语文课程标准（2022年版）》"课程实施"的"评价建议"中明确指出："教师要以促进学生核心素养发展为出发点和落脚点，精心设计作业……，随着学段升高，作业设计要在识记、理解和应用的基础上加强综合性、探究性和开放性，为学生发挥创造力提供空间。"

部编版小学语文教科书三年级上册第二单元以"金秋时节"为主题，从不同角度展现了秋天别样的风景。本单元的语文要素是"运用多种方法理解难懂的词语"，单元的习作要求是"学习写日记"。

基于新课标的引领和教材的解读，我们在设计作业时，聚焦语文要素和"金秋时节"主题，对作业设计的多元化做出积极的探索，在实施过程中引领学生自主设计作业，变"要我学"为"我要学"，不断积累多元信息，最终实现学生语文素养的综合提升。

板块一：学生作业学生创

学生创设

为了更好地发挥学生的主体作用，要引导学生成为此次活动的创编者、评价者。创设一个真实、有意思的情境更有助于激发学生的创作热情。通过课文内容，学生不难发现这一单元都是围绕"秋天"这个季节展开的，当老师提出同学们可以以"争当秋日发现者"为主题时，学生们提出了很多的想法，最终确定为"赏秋景""感秋韵""听秋声""写秋美""秋日分享会"五项作业内容。通过"赏""感""闻""听""写"等多种感官、多种角度来发现悄悄到来的秋天，再以手卡、手抄报、绘画、书签多种形式呈现作品。学生们参与热情非常高涨，这些活动在老师的协助下顺利开展。

表1 作业内容

争当秋日发现者		
学习任务	作业内容	内容介绍
赏秋景	定格秋之景	我用相机拍下秋天的美景。
	体会诗之情	我读描写秋天的古诗，赞美秋天。 我为秋天的诗歌配幅画。

续表

学习任务	作业内容	内容介绍
赏秋景	最美放学路	我和小伙伴说一说（写一写）放学路上看到的秋天美景。
	积累秋之美	我摘录描绘秋天的好词佳句。
感秋韵	创意粉刷匠	我写秋天的色彩（仿写）。
	气味收藏瓶	我收藏秋天好闻的气味，把气味装进气味收藏瓶里，保存起来。
听秋声	秋日演唱会	我写听到过的秋天的声音。
写秋美	秋游记录者	我用日记形式写下秋日的发现。
秋日分享会	秋日珍藏家	经过这一个阶段的学习，我又收获了一些秋天的美景，我会分享给大家。

教师支持

语文学习情境源于生活中语言文字运用的真实需求。想要提高学生的参与度，教师要帮助学生创设真实而富有意义的作业情境。在和同学们共同梳理下，确立了作业板块，为学生提供语言支架，这是任务引领的主动探究式作业。

板块二：学生作业学生做

学生实践

在"争当秋日发现者"的创意作业中，学生们通过认真观察生活，搜集资料，呈现出了许多优秀的作品。

图 1 学生为古诗配插画　　　　图 2 学生自主积累描写秋天的好词佳句

以上为学生图文结合的作业，大部分同学对绘画都充满兴趣，这些优美的作业，表现出同学们被课文中的景色深深地吸引。

图3　学生写下所见秋天美景，图文结合，创意无限

图4　学生画秋色、闻秋味、写秋声，放飞想象

学生富有创意地设计了自己的作业，将美术课上学到的绘画技能与语文学习相结合，图文并茂。绚丽多彩的秋天，各种各样的秋声，充满丰收气息的秋味……充分体现出了孩子们的奇思妙想，不仅语言表达能力得到了训练，还激活了学生的思维。

经过这一个单元的学习，学生每天留心观察，细心体验，用日记的形式记下了自己的发现。学生用优美的语言描写出自己眼中秋天的景色，有的还记录下这一天的趣事，真是充满童真童趣！

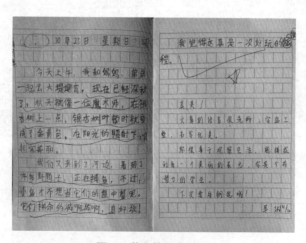

图5　学生的创意日记

教师支持

教师从单元整体出发，根据学生的实际情况引导学生对以上作业进行改编、创编，让学生结合课本，再进一步联系生活，巩固、迁移、运用学到的知识，以发挥作业的最大效能。在学生设计作业、完成作业的实践过程中，学生自主选择喜欢的方式，或画秋，或写秋，或诵秋……各显其能，互相帮助、互相分享，共同提高。

板块三：学生作业学生评

学生自评

表2　作业评价表

争当秋日发现者				
序号	评价标准	自我评价	同伴互评	教师评价
1	我能正确朗读相关古诗和课文。			
2	我能给描写秋天的诗文配上画。			
3	我能积累与运用描写秋天的词语。			
4	我能用日记的形式记录秋天的美景或趣事。			

学生互评

学生互相评价在作业的完成过程中有着十分重要的作用，体现了学生之间的交流学习和合作学习。学生将自己的作品用小夹子整理好，四人一小组进行欣赏、打星。按最终的星星数量评选出优秀作业，在年级宣传栏中进行展示，学生学习的热情十分高涨。

教师支持

在学生自评、互评的基础上，教师评价时，要对学生的作业进行细致的判阅和批注，提出有针对性的评价。通过激励性的评价语言，促进孩子们的进步。"秋日分享会"是通过学生、同伴、教师多元评价主体对单元整组作业完成情况的全方位评价，意在发掘每个学生的闪光点，让每一个学生都能收获成功学习的喜悦。

板块四：学生"创做评"中的教师反思

1.统整教学资源，以大任务为统领。部编教材以单元为最小单位，采用人文主题和语文要素双线并行的方式进行编排。基于此，本次单元作业设计从单元整体出发，根据单元人文主题"金秋时节"创设了单元大情境"争当秋日发现者",意在引导学生在真实的情境中主动展开学习。同时,本次作业将单元语文要素"运用多种方法理解难懂的词语"贯穿始终,通过趣味性作业强化学生对单元语文要素的掌握,丰富积累语言经验。学生语言运用、思维能力、审美创造等综合素养得以提升。

2. 关注全体,充分尊重学生,促进个性发展。不同的学生,学习基础不同,学习能力不同,企图通过同一份作业让全体学生都获得同等的收获是不现实的。在设计作业时,我们要遵循因材施教的原则,在布置作业时,也要考虑到学生的个体差异,使不同学生都能"有作业可做",能有"好作业"。本单元作业设计充分尊重学生,调动学生发展需求,引导学生设计多元化的作业,挖掘学生的爱好和特长等隐性优势。

3. 落实语言实践,关注思维提升。分析学生最后的成果展示与学习过程中的任务单可以发现,在本单元的作业实践过程中,教师引导学生结合课本、总结阅读经验、联系生活实际,拓宽了学生学习的空间,在丰富、有趣、开放的作业中学生的语言实践能力得以发展,思维得以提升。学生从热衷于活动本身,到通过学习与思考感知任务背后的智慧,综合素养得以提升。

张煜靖　唐萌　北京市顺义区教育研究和教师研修中心附属实验小学

畅游童话王国，读写童话故事
——以部编版小学语文三年级上册第三单元为例

作业自主

语文学科是小学重要的基础学科之一，语文教师在教学过程中不仅要传授学生基础知识，还要针对教材内容以及学生情况合理设计作业，将作业设计纳入教学设计过程，把作业当成是课堂教学的延续，发挥作业诊断、巩固、分析学情等功能，并围绕单元教学任务以及单元教学目标有意识地设计作业内容。

"双减"为语文作业设计提出了更高的要求，需要从学生的角度出发，以学生为主体设计作业，以实践性、探究性、层次性、多样化作业为主，提高作业的有效性。

板块一：学生作业学生创

学生创设

学生是学习活动的主体。那么在语文学习中，如何发挥学生的主体作用呢？无论是在教学设计还是作业设计中，都要让学生主动经历、体验和建构，在这个过程中教师所需要做的就是激发学生的内驱力，使学生成为学习的主体。

"学生在积极的语文实践活动中积累、建构并在真实的语言运用情境中表现。"这是《义务教育语文课程标准（2022年版）》中对于义务教育语文课程所培养的核心素养的表述。在本单元的学习中，学生在"童话王国巡游记"这一任务情境中，开展"插上想象的翅膀，畅游童话的世界"自主实践活动，参与设计了"走进童话""解读童话""编写童话""快乐读书"这几个不同角度的学习任务。学生根据学习活动，自主完成作业的设计，达成"感受童话丰富的想象"这一素养目标。

基于以上分析以及对学生的访谈调研，设计了本单元整体教学框架：

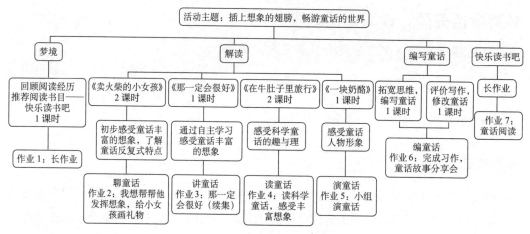

图 1　单元整体教学框架图

教师支持

教师要通过课上小活动、问题链等方式，为学生搭建学习框架，丰富学习形式，提供更多拓展学习的可能，引导学生进一步体会童话丰富而奇特的想象，帮助学生建立对童话这种文学体裁的初步认识。

板块二：学生作业学生做

学生实践

书面性作业。大多以学习单的形式进行，有学生自主独立完成的作业，也有小组合作形式。

口头性作业。口头性作业以分享、交流的形式在小组或全班进行交流分享。

一、短作业

巩固基础型作业举例。以《卖火柴的小女孩》一课为例，学生以小组为单位，梳理内容并设置空格作为考察题目，课后再次梳理课文主要内容。

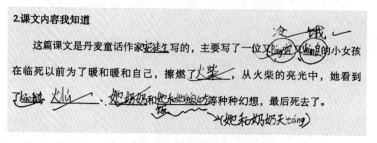

图 2　巩固基础型作业

迁移运用型作业举例。以《卖火柴的小女孩》《那一定会很好》一课为例，通过对童话的续编和再创作，感受童话的神奇及合理想象，为之后的写作打基础。

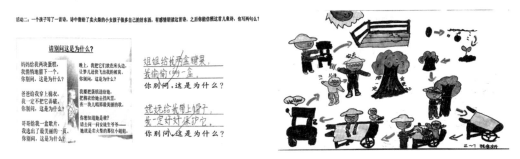

图3　迁移运用型作业

二、长作业

习惯养成型作业举例。学生根据推荐篇目进行阅读，设计并填写阅读记录卡。

问题 作品	这本书有（　）页？	这本书共有（　）个故事？	哪些故事你没读过？	哪些故事你读过，还想重读？	准备从哪本书开始读起？为什么？	打算用多长时间读完这三本书？每天抽出多长时间阅读？	你准备利用哪些时间阅读？
《安徒生童话》	112	163个	红鞋	丑小鸭	《稻草人》人物真实，情节有趣。	3分钟	中午放学
《稻草人》	154	1个					
《格林童话》	208	200个	糖果屋	小红帽			

阅读书目	阅读日期	阅读页数	阅读时长
安徒生童话	10月11日	15页	10分钟
	10月12日	23页	10分钟
	10月14日	15页	10分钟

"走进童话"读书记录卡		
阅读日期：11月1日	书名/页码 格林童话	53-69页 阅读时长15分
我的积累(有新鲜感的词语和句子)：有福同享有难同当		
我的一句话感想：童话故事不仅想象力丰富，而且也能告诉我们		
我的疑问：　　道理。		

图4　习惯养成型作业

教师支持

从学和教的角度来看,作业是课堂学习的巩固、补充和延伸;从评的角度来看,作业是评估学生、诊断教学的重要依据,也是学生进行自我调节的必要手段,学生可以通过作业进行反思,并对后续学习进行规划。

同时,教师要通过作业了解学生的学习情况,及时发现教学中的不足和进一步调整方向,实施教学改进。

板块三:学生作业学生评

学生自评

一、学习活动举例:我是识字小能手

三年级学生自己运用方法识字。此项课堂作业就是通过比赛的形式,引导学生积极运用学习方法自主识字,同时也依托评价表进行自评、互评。

表1　识字评价表

	内容标准	评　价
1	分类合理	★★★
2	方法容易记忆	★★★
3	多音字区分清楚	★★★

二、学习活动举例:趣味故事我来读

学生通过自主选择阅读,体会童话故事丰富的想象力,为写童话作准备。

表2　读故事评价表

	内容标准	自己评	同学评
1	声音洪亮,吐字清晰	★★★	★★★
2	语句流畅,停顿恰当	★★★	★★★
3	读出语气,读出情感	★★★	★★★

三、学习活动举例:童话故事我来编

学生结合自己的生活实际进行自主想象,初步体会童话丰富的想象,进一步体会童话体裁情节反复的特点,为习作"我来编童话"提供写作结构的思路。

表3 编故事评价表

	内容标准	评 价
1	用上题目中所给词语	🏅🏅🏅
2	语句通顺，逻辑合理	🏅🏅🏅
3	有想象力	🏅🏅🏅

学生互评

学生互评是教学评价中的重要形式，学生仍可以使用上面的评价表进行互评。

教师支持

一、短作业

1. 批。口头性作业通过教师评价、学生互评的方式反馈给学生。书面性作业不仅通过批阅符号反馈给学生，同时加强评语激励性作用，一些图案、印章可以作为师生沟通的"表情"符号。

图5 书面作业

2. 评。口头性作业基本以分享、交流的形式在小组或全班中进行。书面性作业的评价对学生作业的正确率、书写以及审题方面给予等级评定，进行自评、互评。学生的阅读单、小报可以放在班级板报中展示，也可以在年级范围内展示。

二、长作业

1. 批。学生在完成阅读计划的过程中，教师给予过程性的关注。
2. 评。习惯培养类作业的评价可多元化，可以根据阅读计划单在组内交流，也可以在班会时间进行班级展示，分享阅读成果。

板块四:学生"创做评"中的教师反思

本次作业设计实践为学生提供了新的学习机会,使学习再发生;为教师了解学生打开了一扇窗,使教学更有效。

1. 学生参与式作业设计。在作业设计中关注学生的主体地位,注重发挥学生的主观能动性,引导学生参与设计和实践作业内容,通过学生作业学生创、学生作业学生做、学生作业学生评,激发学生内驱力,使作业功能最大化。

2. 基于单元学习目标进行整体设计。将作业设计纳入教学设计过程,把作业当成是课堂教学的延续,不完全附庸于课堂教学。

3. 注重"作业中"的数据收集,动态调整作业。"作业中"进行错误内容及原因记录,根据学生课堂学习情况积累学生作业资源,基于数据分析提供针对性反馈以动态调整作业。根据反馈设计个性化作业,对作业设计进行必要的调整。

田坤　姜海玥　王若嵋　北京市朝阳区垂杨柳中心小学

阅童话，畅自主

——以部编版小学语文三年级上册第三单元"游历奇妙的童话王国"为例

作业自主

《教育部办公厅关于加强义务教育学校作业管理的通知》指出"科学设计探究性作业和实践性作业，探索跨学科综合性作业"。《义务教育语文课程标准（2022年版）》中要求"阅读富有想象力和表达力的儿童文学作品，欣赏富有童趣的语言与形象，感受纯真美好的童心，学习用口头或者图文结合的方式创编儿童诗和有趣的故事，发展想象力"。本单元以"游历奇妙的童话王国"为主题，通过一系列作业设计，引导学生阅读童话，探究童话的秘密，体会童话丰富而奇特的想象，激发创编童话的兴趣，在言语实践活动中，培养学生阅读与表达的综合素养。

板块一：学生作业学生创

学生创设

本单元以"游历奇妙的童话王国"为主题，将学校举办童话节作为真实情境。学生通过"读童话""学童话""写童话"等不同板块的作业任务，达成单元作业目标。在达成的过程中，学生喜欢阅读童话，感受童话丰富的想象，梳理童话的特点，尝试自己创编有趣的童话故事，为童话节的展示作好准备。

一、读童话，激发童话阅读的兴趣

学生自主阅读"快乐读书吧"中的《安徒生童话》《格林童话》《稻草人》等童话书籍，通过童话故事推荐卡制作、童话人物介绍、童话精彩呈现等作业，将单篇的童话故事学习与"快乐读书吧"的整本书阅读相结合，激发学生的阅读兴趣，深化学生的童话阅读体验。

二、学童话，发现童话的秘密

1. 发现童话"反复"的秘密。

学习《卖火柴的小女孩》，在整体感知中梳理课文结构，体会小女孩五次愿望的变化及寓意，了解童话是怎样借助"反复"及"变与不变"的特点来推动故事情节、体现丰富想象的。

回顾《卖火柴的小女孩》中的情节，体会童话"反复""变与不变"的特点，尝试用上一节课学到的方法学习《那一定会很好》，梳理故事情节时，认识童话"反复"的特点，借助这一特点梳理情节,感受童话丰富的想象。

2.发现童话"一波三折"的秘密。

学习《在牛肚子里旅行》这篇课文,先整体感知"旅行"的特点,然后通过圈画关键词等方式绘制红头在牛肚子里旅行的路线图。让学生根据路线图,用自己的话说一说红头在牛肚子里的旅行。

回顾《在牛肚子里旅行》的"一波三折"的故事情节,让学生自己尝试绘制《一块奶酪》的故事线,引导学生通过故事之间的对比,说出童话故事"一波三折"、情节充满想象的特点,自主绘制故事情节,体会蚂蚁队长在搬运奶酪过程时的心理变化,结合课文内容对人物进行评价,感受童话人物的精神品质和生活智慧。

三、写童话,享受创编的乐趣

回顾学习的童话故事,感受童话故事的有趣;借助故事结构图、情节表、思维导图等创编童话故事。评选充满想象的、有趣的童话故事,汇编童话故事集,向全校师生展览。

教师支持

学生通过本单元三大板块的学习,在充分阅读童话故事的基础上,梳理童话创作的特点、规律,最后自己尝试创编童话。教师在引导学生完成每一个板块的学习内容时,适时进行指导、点拨、提升,帮助学生达成学习目标。

板块二:学生作业学生做

学生实践

从读童话、学童话、写童话等作业设计,加深学生对童话故事的理解,在情境中综合运用想象、创造、审美、表达等能力完成此次主题活动,激发学生阅读童话、创编童话的兴趣,培养想象和创造能力,有效落实文学阅读与创意表达。

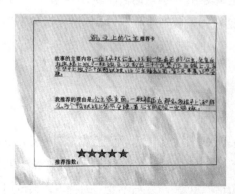 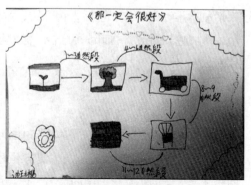

图1 学生童话故事推荐卡设计　　图2 学生童话故事情节图设计

> **啄木鸟的旅行**
>
> 　　有这样一片森林，山清水秀、鸟语花香，森林里有一只漂亮的啄木鸟，它的头圆圆的，嘴长长的，尾巴像把刷子，还穿了一身五颜六色的衣裳。它每天吃害虫，喝清水，日子过得相当不错。
> 　　这一天，一群海鸥飞过森林，啄木鸟恰好路过，就问："你们要去哪儿？"海鸥说："我们要去海边，那里的大海像一块蓝宝石，闪闪发亮。"说完就飞走了。

图3　学生创编童话故事节选

教师支持

学生在制作童话故事推荐卡、梳理童话故事情节图、创编童话故事时，教师搭建思维支架，降低任务的难度，并及时进行总结、梳理情节规律，让学生对读童话、学童话、写童话没有畏难情绪，并乐于发挥想象力，创编属于自己的童话。

板块三：学生作业学生评

学生自评

学生在创编童话后，给予学生充分的时间进行自我阅读、自我审视，并根据评价标准进行自我评价。评价标准主要围绕"是否具有浓厚的创编童话的兴趣""在创编的过程中是否运用了童话情节'反复''一波三折'等规律""创编的故事是否充满了丰富的想象力"等方面，从一到五，共分为五个等级，学生根据自身情况进行评价。

学生互评

学生自评后，对自己的童话作品进行修改，修改后分成小组进行互评。学生的童话作品在小组中进行传阅，学生之间根据评价标准提出自己的修改意见。创作者根据其他同学的建议再进一步修改。学生在互相评价的过程中，互相传阅自己的作品，扩大了读者群，进一步增强了创编童话的兴趣、动力与能力。

教师支持

学生在进行自评、互评的过程中，教师要适时进行指导，明确学生讨论的方向和标准，并在学生理解的基础上给予适当的启发、提升，避免学生在同一思维水平重复讨论，并对不同类型学生提出有针对性的修改意见。

板块四：学生"创做评"中的教师反思

在完成作业的过程中，通过自主创设、自主实践、自主评价，较好地培养学生良好的童话阅读与创意表达等学科核心素养。学生作业的"创做评",也引发了教师的很多思考。

1. 基于单元学习目标,确定单元作业目标。始终围绕单元学习目标进行思考和实践,通过"游历奇妙的童话王国"的作业情境,让学生在读童话、学童话、写童话的综合性言语实践活动中完成作业,让单元学习目标的落实具体可操作。

2. 从阅读走向表达。学生在游历童话世界的过程中,积累童话阅读的经验,获取童话创作的一些规律,从而以学习过的童话故事为基础,在发挥丰富想象的过程中完成自己的童话创作,实现阅读与表达的紧密结合,埋下学生热爱创编童话的种子。

3. 评价方式的多元化。本次活动我们融入了多元的评价主体,既有学生之间的互评、也有教师的指导,还有家长的参与互动,以及聘请童话作家对学生进行点评。通过多方位、多角度的交流,将学习引向更深处。

赵海凤　北京市通州区贡院小学

读中想画面，感悟自然美

——以部编版小学语文四年级上册第一单元"自然之美"为例

作业自主

2021年7月，"双减"政策颁布，进一步针对作业减量提质提出了明确的要求。《义务教育语文课程标准（2022年版）》的出台，又为"双减"政策落实提供了课程依据和专业支撑。其中学习任务群的提出，使语文教师更加明确：语文教学要注重整体安排，要从学生的生活实际出发，在任务情境的带动下，开展关联紧密的序列化语文实践活动；同时，将作业与教学进行一体化设计，以作业撬动课堂教学变革，增强学生的实际获得感。

板块一：学生作业学生创

学生创设

"边读边想象"这一能力训练，在单元学习中呈现阶梯性。学生由学到用，由课内到课外的学习过程，凸显了用生活所感去读书，用读书所得去生活的理念。学生在完成本单元作业的同时，自主学习能力得到体现，为后续的学习奠定了基础。

教师支持

基于单元教学目标，根据其内在逻辑关联，教师将本单元教学内容进行重组与整合，挖掘思维生长点——借助多感官想画面，引发联想，建构立体画面，故将作业的完成也引向单元目标的达成，并兼顾每个孩子的实际水平。教师在作业设计中首先关注"减量"，注重分层，给予每个学生发展空间。其次是"多样"，做到难易适度，将作业分为基础型、拓展型和长周期。最后是"分餐"，鼓励多选，发挥评价功能，利用多样化的作业，让学生的能力有所展现。

板块二：学生作业学生做

学生实践

下面以《走月亮》一课为例具体说明。

《走月亮》一课的教学与作业设计，是落实本单元"边读边想象画面"语文要素中承上启下、勾连学与用的重要一环。通过两篇精读课文的学习，熟悉借助多感官及联想的方式想象画面的方法，体验从文字美到画面美的学习过程。同时在最美"月下漫步图"的创作交流中，再实现从画面美回到文字美的转化，强化对单元语文要素的落实。

为了让学生能够感受月下人与自然的和谐之美，教师特意布置了课后实践任务，走进自家小区、周边街心公园……尝试月下漫步，感受自然之美，并记录下来。

图1 《走月亮》第一课时课后实践作业

教师在课中，引导学生走进情境，在整体感知文章、品词品句中掌握"多感官+联想"的方法去想象画面，感受自然美景，抒发浓浓亲情。

教师在课中，引导学生走进情境，在整体感知文章、品词品句中掌握"多感官+联想"的方法去想象画面，感受自然美景，抒发浓浓亲情。

图2 《走月亮》第二课时课堂方法梳理

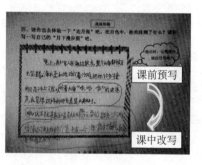

学生之前的预写，仅仅是对自己观察到景致的描写，更多的是抓观感受展开画面描写，而在课中梳理方法后，他们对"月下漫步图"有了新的思考，联想到生活中的是进行再现，使画面与情感水乳交融。不仅体现出对"想象画面"的要素的理解，也凸显了对散文言美情浓的认知。

图3 《走月亮》第二课时课堂改写"月下漫步图"

教师支持

本单元每篇课文的教学，教师能尊重学生的原有认知，在真实的任务情境中帮助学生发现方法感受美，梳理方法表达美。以至于最后的习作交流——"好地方推荐会"，很多学生也改变了原来想介绍祖国壮美山河的想法，转而介绍起街心花园、校园的图书角等身边常见的地点。同时将本单元学习的"边读边想象画面"的方法成功迁移到自己的推荐理由中，通过多感官描述、联想补充等方法，让推荐地点也变成了一幅幅生动的画面。在单元的整体设计中，落实了从"阅读想象"到"理解积累"，再到"迁移表达"的培养目标。

板块三：学生作业学生评

学生自评

学生在第二课时对最美"月下漫步图"的完成情况进行自我评价，并在自己的作业上进行相应的修改，为和同伴、全班交流作好充分的准备。

表1 学生自评、互评表

评价内容	评价等级
能用多感官去描写月下的景色。	
能结合景色展开合理联想。	
语言优美，能表达出自己的情感。	

我把自己的"月下漫步图"读给了＿＿＿＿＿＿听。

他的留言是：读了你的"月下漫步图"，我觉得＿＿＿＿＿＿＿＿。

学生互评

在学生自我评价完成后，教师继续引导学生展开最美"月下漫步图"的交流。在生生评价的过程中，孩子们增强了记录自然之美的信心，产生了表达交流的欲望。课上没有机会展示的同学，在课后依然会兴致盎然地寻找伙伴分享他的"月下漫步图"。从每个孩子的表达中，教师都能感受到他们对走进自然、亲近自然已产生了兴趣。

教师支持

在学生自评和学生互评后，教师引领学生进行针对性修改，学生在教师的引导下，进一步思考后在自己的原稿上进行修改。教师以此将学生的思维和言语表达系统进行调动，助力学生综合能力的提升。

此外，教师为了检测学生掌握的情况，通过表现性评价量规落实想象画面的方法。在"读中感受，体验表达"的评价中，让学生用方法，感受美，实现了教学与评价的自然融合。

每节课后，学生均会按照评价量规进行自评和他评，教师也对学生单元掌握情况进行了统计。

表2 教师单元作业完成统计表

评价内容	具体描述	掌握程度
1	能借助有画面感的词语进行介绍。	88.7%
2	能借助多感官等想象画面的方法，完善、修改自己的"月下漫步图"。	90%
3	能联系生活实际，说出自己夜晚观繁星的画面。	93%
4	能仿照课文的样子，写出其他动物的表现。	86.7%

板块四：学生"创做评"中的教师反思

本单元紧紧围绕人文主题和语文要素，将教学目标与作业目标相统一，对课本、课堂、作业进行有效整合，注重作业的目标指向、分层实施，体现课时作业与教学的关联性和递进性，让每个学生有获得感，切实做到减负提质。

1. 聚焦要素，促进能力进阶。本单元结合人文主题"自然之美"，重点落实的语文要素是"边读边想象画面，感受自然之美"。为了落实这一核心目标，教师创设了"带着想象去旅行"的情境任务群，在品读、想象的过程中，帮助学生不断完善"边读边想象画面"的方法体系。学生在语言实践活动中运用多感官、抓景物、抓联想等想象画面的方法，感受自然之美。

2. 关注学情，巧用作业评价。关注"教—学—评"一体化，把评价贯穿于教学活动之中。在前期了解到学情后，教师在教学设计中借助"最美月下图""好地方推荐会"等实践类的评价活动，为学生创设真实的任务情境，帮助学生亲近自然，学会表达。通过表现性评价量规落实想象画面的方法，在"读中感受，体验表达"的评价中，让学生用方法，感受美，实现了教学与评价的自然融合。

刘晓群　崔静　郝树萍　樊春兰　北京市石景山区古城第二小学

走进神话故事，传承文化自信
——以部编版小学语文四年级上册第四单元《精卫填海》一课为例

作业自主

作业是中小学教育教学系统的重要组成部分，是学生智慧性的思维活动。《义务教育语文课程标准（2022年版）》提出"力求引导学生联结课堂内外、学校内外，拓宽语文学习和运用领域，从而培养学生综合运用多学科知识思考、解决实际问题的能力，培养核心素养"。为激发不同层次学生自主完成作业的积极性，减轻学生学习负担，保障与提升教学质量，达成教学目标，教师应以单元为主题，以学习任务为载体，让学生通过作业进行更多的思考，在认识、比较、分析、归纳、综合等活动中积累知识，发展能力，提升素养。

板块一：学生作业学生创

学生创设

在以"中华优秀传统文化"为主题的学习中，"中国古代神话故事"是重要的学习内容，也是学生认同中华文化并对其生命力产生坚定信心的重要载体。

四年级下册第四单元围绕"神话故事"这一主题，要求落实"了解故事的起因、经过、结果，学习把握文章的主要内容"和"感受神话中神奇的想象和鲜明的人物形象"两个语文要素，开展综合性学习。我们围绕本单元主题和课时内容，在"我是神话故事传讲人"的单元大任务驱动下，基于阅读、梳理、探究、交流、实践等学习活动，联结课堂内外，开展跨学科学习，制定作业目标，设计特色作业，使学生加深对神话故事的认识，感受神话中神奇的想象和鲜明的人物形象，增强文化自信（见下页图1）。

在《精卫填海》一课的课前、课中、课后作业设计中，我们紧扣本单元的语文要素，从单元统整、能力进阶、主题整合等角度，指导学生基于真实情境任务进行作业练习，从而逐步培养学生的阅读与表达能力（见表1、表2、表3）。

情境：走进神话故事，传承文化自信
大任务：我是神话故事传讲人

子任务	任务一 初识神话明确任务 1课时	任务二 借助课文学传讲 4课时	任务三 关联前后拓传讲 2课时	任务四 读写推进悟精神 5课时
学习内容	单元导读	《盘古开天地》+《精卫填海》+《普罗米修斯》	《盘古开天地》+《女娲补天》	"语文园地"+"习作"+"快乐读书吧"
学习目标	1. 明确单元任务，感知单元内容。 2. 了解神话起源，交流已知神话。 3. 公众号中开设神话故事分享大会专栏，学生上传拍摄作品。	1. 学会借助起因、经过、结果讲述故事。 2. 能在讲述故事的过程中加入对人物形象的感知。 3. 能感受神话故事中的神奇之处。	1. 通过阅读拓展，深入体会神话的神奇之处。 2. 能自主借助起因、经过和结果等关键信息复述神话故事。	1. 完成我和____过一天的写作。 2. 展示、评选优秀传讲人。
学习活动	活动1：导读整本书，了解神话起源； 活动2：明确单元任务，讨论学习标准； 活动3：制订阅读、交流计划； 活动4：上传神话故事分享视频。	活动1：《盘古开天地》梳理情节讲过程； 活动2：《精卫填海》借助注释补情节； 活动3：《普罗米修斯》《燧人氏钻木取火》比较阅读。	活动1：《盘古开天地》《女娲造人》《共工触山》阅读拓展； 活动2：《女娲补天》关联前因后果，发挥想象讲故事。	活动1：《山海经》整本书阅读推进； 活动2：因地助学感形象； 活动3：创写"我"的神话故事。
作业设计	1. 每人选取一个神话故事，作好分享准备。 2. 在读书笔记中记录阅读感受。	1. 将《盘古开天地》的故事讲给家长听。 2. 查找课外资料，深入探寻天地之间、填海之果、取火之道。 3. 推荐阅读《山海经》。 4. 根据学到的方法完善自己的故事分享。	1. 小课题探究：天真的会破吗？ 2. 继续完善讲述的神话故事。 3. 继续阅读《山海经》。	1. 整理故事分享各项资料，在公众号神话故事专栏中上传作品。 2. 在评论区中给对方作品进行评价。

图 1 单元整体教学内容以及学习要点框架

表 1 作业一：筹备神话故事会，探索古人智慧

作业目标
了解故事内容，感受神话中神奇的想象和鲜明的人物形象；同时感受阅读神话故事的快乐。
作业内容
神话是人类童年时代飞腾的幻想。它充满着神奇的想象，传递着远古先民对真善美的崇尚，让我们走进神话，感受神话永久的魅力。 ➤ 通过学习《盘古开天地》一课，我们学会了借助图表复述故事。让我们利用下面的示意图，结合注释，用自己的话把《精卫填海》这个故事讲清楚。你还可借助课文插图，画一画这个故事。 　　☐ → 涨 → ☐ → 堙

续 表

作业内容
➢ 选做： 　◇ 阅读《中国神话传说》《世界经典神话与传说》，选择其中一个故事，按照起因、经过、结果，用上喜欢的方式，梳理主要内容后，把这个故事复述给家人朋友听，让他们进行评议。 　◇ 神话故事中的人物往往具有高超的本领。读着"腾云驾雾""各显神通""三头六臂""点石成金"等词语，你会想到哪些神话故事和神话人物呢？ 　◇ 古诗词中也藏着很多神话故事，如唐朝诗人李商隐所写的古诗《嫦娥》中就藏着一个有趣的神话故事。感兴趣的你可以去搜集、积累一首暗藏神话故事的古诗。

作业一的布置是在开课前，旨在让学生产生阅读神话故事的兴趣，在边读边想象中感受神话故事的神奇，体会阅读神话故事的快乐，并能乐于与大家分享课外阅读的成果。此作业学生完成的时长是三天左右，它是为下一阶段评选"我是神话故事传讲人"作准备。

表 2　作业二：神话人物探秘，感受神话特色

作业目标
感受神话特色，品味神话人物特点。
作业内容
神话故事具有神奇的想象，神话中的人物具有高超的本领。 ➢ 从阅读的中国神话故事中选择自己印象深刻的神话人物，为他制作一张名片。在你制作的名片里，可以画一画他的样子，写出他的姓名、人物特点、高超本领，以及他给你留下的印象等。 ➢ 选做：小组合作，把课文中的四个神话故事中的角色以及自己在课外阅读中印象深刻的角色的神奇力量进行排行，完成榜单填写。

神话英雄人物神力排行榜

英雄人物	主要神力表现	神力指数	神力排行榜
盘　古		☆☆☆☆☆	
精　卫		☆☆☆☆☆	
女　娲		☆☆☆☆☆	
		☆☆☆☆☆	
		☆☆☆☆☆	
		☆☆☆☆☆	
		☆☆☆☆☆	
		☆☆☆☆☆	

作业二的布置是在第一课时的教学结束后，根据语文要素"感受神话中神奇的想象和鲜明的人物形象"，让学生在语言积累的基础上，通过"为神话人物创作名片"以及"神话英雄人物神力排行榜"两项作业，促进学生对神话神奇特点的理解，并让他们在关联阅读和跨学科阅读中提升阅读能力。

表3 作业三：追溯神话源头，体会人物形象

作业目标
开展跨学科学习，体会神话人物形象。
作业内容

➢ 试着给《精卫填海》动画片配音。
➢ 选做：
   ◇ 用自己的话把喜欢的故事讲给身边的人听，并把录制好的视频上传到班级公众号中。
   ◇ 神话表达了古人对世界的认知。精卫最终能把海填平吗？小组合作完成关于"大海能填平吗？"小课题研究。

"大海能填平吗？"小课题研究报告

问题提出	大海能填平吗？
研究方法	
调查情况和资料整理	
研究结论	

作业三是在第二课时结束后所布置的作业，主要是引导学生把本单元的课文与科学教材中的《地球》《保护地球》等课文进行对比阅读，开展跨学科综合学习；引导学生通过小组合作进行"大海能填平吗？"小课题研究，培养学生的创新思维。

教师支持

教师根据语文要素，设计以课文和课后作业为抓手，以习作为载体，通过帮助学生设计主题作业，引导学生借助思维导图，梳理故事情节，把握文章内容；通过设计"神话英雄人物神力排行榜"及"大海能填平吗？"小课题研究，拓宽学生学习途径，激发学生阅读神话的兴趣，促进学生对神话故事中神奇特点的理解，引导学生进行关联阅读和跨学科学习。本作业能提升学生阅读能力，发展学生阅读思维，并在不断探索中，把伟大中国梦与神话故事进行关联，树立文化自信，促进核心素养发展。

板块二：学生作业学生做

学生实践

本次作业设计的总体目标与教师的教、学生的学的目标是一致的。学生通过阅读、探究、小组合作等形式开展富有趣味性的语文实践活动，如学生自主创作《精卫填海》思维导图（见图2）、从古诗中搜集神话故事（见图3）、绘制《山海经》思维导图（见图4）、绘制精彩的神话人物介绍卡（见图5）和神话英雄人物神力排行榜（见图6）。

图 2 《精卫填海》思维导图

图 3 古诗中的神话故事

图 4 《山海经》思维导图

图 5 神话人物介绍卡

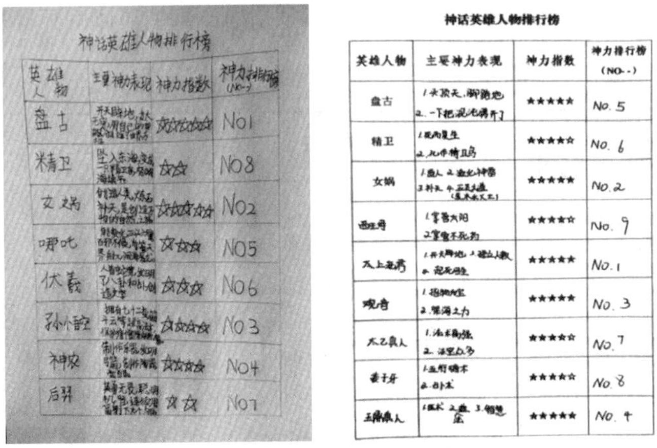

图 6 神话英雄人物排行榜

学生作品不仅体现了学生们的创意和想象力，也促进了他们对神话故事的深入思考和探索。通过这样的作业，学生们不仅感受到了神话故事的神奇魅力，也加深了对神话人物特点的理解与体会。

此外，写神话故事阅读卡（见图 7）、录音频等课后作业，使学生形成对神话故事的整体认识。

图 7 神话故事阅读卡

教师支持

教师在单元整体教学的基础上,调整作业顺序,在创设单元作业的情景氛围中,将课内和课外阅读相结合,拓宽学生的阅读视野,提升学生的阅读能力,发展学生的阅读思维,并在不断探索中,使学生树立文化自信,促进核心素养发展。

板块三:学生作业学生评

学生自评

学生完成作业后,在自由结组的基础上,教师指导学生依照评价标准开展自我评价。

表 4 "我是神话故事传讲人"评价表

内 容	评价标准	等 级	
讲清楚	借助注释,把文中的文言词转化成现代汉语的意思,把故事讲清楚。	☆☆☆	
讲完整	按照故事起因、经过、结果的顺序把故事讲完整。	☆☆☆	
讲生动	借助插图,关注精卫的动作、大海的汹涌澎湃等,把故事内容讲生动。	☆☆☆	吸引人
	根据课文内容展开丰富想象,如海上环境多变、精卫在填海过程中遇到的种种困难等,添加人物语言、动作、神态、心理把情节讲生动。	☆☆☆	
	态度大方,表达流畅,声音响亮。	☆☆☆	

学生互评

学生在互评中,不仅成了评价者,也成了被评价者。他们在评价别人时,会发现他人的优点,从而会在不自觉中,主动把优点当作自己学习的目标;同时,也在评价他人中看到不足,在无形中会引以为戒。这样的互评,促使学生不断主动积累经验,提高自身水平。

教师支持

教师会针对学生在自评、互评中的不足，从个体或者整体上对学生的评价加以专业的引导，再把优秀的作品放到班级公众号以及班级外面的展墙上进行展示，同时颁发荣誉证书。这样的过程性评价和终结性终极评价相结合的方法，有效激发了学生阅读神话故事的兴趣。

板块四：学生"创做评"中的教学反思

在进行作业设计时，教师不仅要关注语文学科关键能力的培养，还应充分引导学生进行个性化语文实践和研究活动，以此达到"教—学—评"的一致性。

1. 设计跨学科综合实践作业。在设计作业时，我们既要围绕单元语文要素巩固本单元要求培养的语文能力，还应引导学生将语文学科和其他学科进行融合，在多样化的语言实践活动中运用科学、美术等学科知识与技能，以此更全面、有效地完成作业。

2. 设计多样性作业，培养学生高阶思维。单元统整性作业设计应以素养为中心，更多地关注作业的探究性、开放性、综合性，盘活学生已有的知识经验，在问题解决过程中培养学生的高阶思维，从而提升学生的核心素养。

颜志耘　王海娟　北京市昌平区回龙观第二小学

感受神话探古今，创编故事话神奇
——以部编版小学语文四年级上册第四单元为例

作业自主

《义务教育语文课程标准（2022年版）》指出语文要"以生活为基础，以语文实践活动为主线，以学习主题为引领，以学习任务为载体，整合学习内容、情景、方法和资源等要素，设计语文学习任务群"。小学语文单元教学，就是将教材中的一个单元看作一个整体，根据学生的学情、核心素养的内在逻辑，重新调整、安排教学内容，并通过有效的作业设计以及多样的评价标准，设计单元的整体教学。

板块一：学生作业学生创

学生创设

第四单元是神话故事单元，学生对于神话故事非常感兴趣，很多孩子对于书中的神话已经非常熟悉，而且在课下也阅读了很多神话故事。所以，针对本单元的作业设计，我尝试以学生为设计作业的主导者，大胆放手让孩子自己去创设作业内容和形式。

在"探索神话故事之旅"这一主题的引领下，设计出自己的作业。经过小组讨论，全班交流，收集到以下几种形式的作业：

1. 讲一讲我喜欢的神话故事。
2. 画一画我喜欢的人物形象。
3. 写一写我创造的神话故事。

具体来说，就是通过"快乐读书吧"的学习，课下利用所学的方法进行自主阅读，搜集世界各地的神话故事，讲出自己最喜欢的一个故事，参与班级的"神话故事我来讲"的活动，学生间进行相互评价。同时，学生结合上节课的交流，创作自己的神话人物卡片，画出人物形象并根据故事中的内容从战斗力、武器、耐力、杀伤力、防御力五个方面为人物进行评分，通过文本中的信息与故事中的情节，加深对人物的了解，为习作作好准备。最后，通过完成本单元的习作"我和_____过一天"，创编自己的神话故事。

教师支持

学生只针对故事单元的特点，想出了开展讲故事大赛的活动，但是没有设计出活动的形式。所以在全班交流的过程中，教师适当地引导学生思考：你最想将故事讲给谁听？通过梳理发言，学生想到可以开展家庭故事会、班级故事大王的评选活动，由此训练学生的表达能力。

同时，学生表达出对课文插图的兴趣，也想自己画一画神话人物。由此，引导学生浏览习作的内容以及要求，发现本单元习作就是要创编自己的神话故事，重点写出一个自己喜欢的人物形象。

引导学生思考如何将人物的特点展示出来。学生讨论后发现，要想将内容写生动，就要对人物进行重点刻画，并对故事内容非常熟悉。于是，结合自己课下的兴趣活动，设计出绘制神话人物卡的作业，通过任务卡展示人物形象、战斗力等基本信息，也可以在游戏过程中，了解更多的神话故事、人物形象，由此真正发挥学生的主观能动性。

板块二：学生作业学生做

学生实践

图1 学生作业展示

教师支持

1.调整课时，梯度提升。设计好讲故事的作业后，我将本单元四篇课文的顺序进行调整，按照学生的发展以及语文要素的落实，重新安排单元学习内容。首先，由导读和"快乐读书吧"引入本单元的教学，学生在课堂上通过分享自己所听、所看的神话故事，激发对神话故事的阅读兴趣，从而为故事大会作准备。从故事内容上看，《盘古开天地》和《女娲补天》都是中国创世神话。从故事的结构看，故事的起因、经过、结果都不难找到，所以安排在一起学习。《普罗米修斯》是古希腊神话，涉及的人物较多，关系复杂，在起因、经过、结果的叙述上更离奇曲折，所以安排在盘古和女娲的故事后，使学生进行方法的巩固和提升。《精卫填海》是一篇文言文，故事短而精，但是内容的丰富、故事的曲折需要通过想象加以补充，这也是对前面所学知识的综合运用。学生每学完一篇课文，都可以用课文作为例子，练习自己的故事。

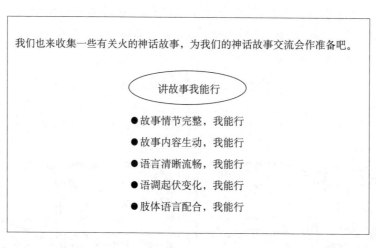

2. 分层点拨，适时指导。学生的基础不同，所以在本次作业的设计中，可以根据自己的能力选择讲故事的内容。在完成作业的过程中，教师要对学生进行监控和指导，多鼓励平时不愿表达的孩子，让他们建立自信，积极参与。在课余时间带领这部分学生绘制思维导图，将故事的情节梳理清楚，并多练习。而对于学习能力较强的学生，鼓励他们可以丰富自己讲故事的方式，例如为自己的故事制作海报、连环画、PPT 等，从而丰富自己的表达，提升学生的学习能力。

板块三：学生作业学生评

学生自评

学生浏览自己拍摄好的讲故事视频，尝试从情节完整、内容生动、语言流畅、语调起伏、肢体语言五个方面为自己打分，通过视频发现自己的优点以及不足，及时调整。

学生互评

表1 学生评价表

学生姓名	主题鲜明，故事讲述完整，具有思想性（五颗☆）	语言流畅，能够脱稿讲述（五颗☆）	语调起伏变化，语速适当，符合神话故事内容，表现力强，吸引听者（五颗☆）	仪态自然、大方，能够恰当运用手势（五颗☆）	总 分

教学离不开评价，有效多元的评价可以激发学生的学习兴趣。在本单元的教学中，引入了"小组互评""教师评价"的评价方式。学生将自己拍摄的视频通过小组微信群进行展示，同时，小组内的组员按照评价表中的内容对讲故事者提出建议，促进被评价者思考，以作进一步提升。

教师支持

在小组互评中，教师要给出具体的评价标准和细则，在同学进行评价时，指导学生使用规范、礼貌的语言进行评价，肯定他人的优点，同时也要客观地指出需要改进的方面。

同时，要充分发挥评价的导向功能，将评价与能力培养相结合，重点训练学生从信息提取到复述理解再到创造性理解的过程。在评价不足时，引导学生要具体指出修改的建议和方法，促进全班学生的共同思考、合作修改，促进学生的自我发展。

板块四：学生"创做评"中的教师反思

1. 自主作业要充分发挥学生的个性特点，充分体现自由选择作业内容、自主决定作业形式、自主完成和集体合作的特征。在实施过程中，尊重学生的个体差异以及创造性。在作业评价方面，采取多元化的评价方式，对不同的学生有不同的要求，采取分层评价。

2. 建立大语文教学观。语文教学已不再仅仅以传授知识为教学的根本目的，在语文学习的过程中，要培养学生在生活中学语文，将语文运用到生活中的能力。语文作业的设计也能够从课内学习拓展到课外，使课内外的学习相互促进，掌握知识和发展能力互相结合。

3. 多学科融合促发展。小学语文教材中所选的文章具有很强的思想性、科学性、艺术性，与小学阶段设置的其他课程在教学内容、教学方法、知识背景等方面有着密切的联系。与其他学科的内容进行融合，设计出跨学科综合性实践活动，将活动与生活紧密相连，综合运用所学的解决问题的方法和能力，走出课堂进入社会，以个人亲身体验的方式来理解语文、学习语文。

陈洁坤　宋莹　北京市朝阳区垂杨柳中心小学劲松分校

神话少年游，游入语文要素
——以部编版小学语文四年级上册第四单元为例

作业自主

古代，"居学"指的是家庭作业，突出自主、选择、育人的功能，考查的是学生的自学程度；现代，《义务教育语文课程标准（2022年版）》提出，要"设计富有挑战性的学习任务，激发学生的好奇心、想象力、求知欲，促进学生自主、合作、探究学习"。以单元作为作业设计的基本单位，既可解决无法整体把握语文课程目标要求的困难，又可以使单元整体目标清晰，内容趋于结构化设计与推进具有连续性，从而促进作业质量的提升，发挥其减负增效的作用。

板块一：学生作业学生创

学生创设

部编版小学语文四年级上册第四单元的语文要素是"了解故事的起因、经过、结果，学习把握文章的主要内容""感受神话中神奇的想象和鲜明的人物形象"。教材安排了《盘古开天地》《精卫填海》《普罗米修斯》《女娲补天》四篇中外神话故事，在"快乐读书吧"同步安排阅读中国古代神话，并安排"我与____过一天"的作文。

表1　作业创设

主题：神话少年游		
子主题	活动内容	学习目标
初游神话世界	活动：神话人物我了解。 神话人物：_____ 故事梗概：_____	通过口述神话故事，锻炼学生的口头表达能力、概括能力，并激发阅读兴趣。
感受神话奇妙	活动一：神奇描写我能找。 找出课文中带有神奇描写的句子，并进行创作。 例：天每天升高一丈，地每天加厚一丈，盘古的身体也跟着长高。 积累：_____ 仿写：_____	激发想象，感受语言的美妙，并进行仿写。

续　表

子主题	活动内容	学习目标
感受神话奇妙	活动二：神话故事我能理。 针对四篇课文，你可以选择： 1. 画一画：画神话故事的漫画书，能让读者清楚知道故事的起因、经过、结果。 2. 填一填：完成以下表格。 | 起　因 | 经　过 | 结　果 | |---|---|---| | | | | 3. 说一说：能用自己的话，说出神话故事的起因、经过、结果。	理清故事的起因、经过、结果，养成阅读故事的基本思维。
感悟神话魅力	活动一：阅读中国神话故事，选择你喜欢的一位神话人物，分析他/她身上所具有的神奇能力与人类才有的行为/性格。	感受神话人物立体的形象，深化对神话人物的理解。
感悟神话魅力	活动二：写颁奖词。 选择你喜欢的神话人物，提炼其优秀品质，并写一份颁奖词。 我最喜欢的神话人物：_____ 颁奖词：_____	感悟神话人物的优秀品质，体会神话的教育意义。
创编神话故事	活动一：完成《我和_____过一天》的思维导图。 活动二：进行神话创编。	明确创编故事的起因、经过、结果，落实单元语文要素训练。

教师支持

作业的功能不仅是支持课堂教学，还应该帮助学生逐渐养成自学意识，形成自学能力。因此，在作业设计环节，首先让学生自己搜集资料，了解更多的神话人物与故事；在学生深入理解课文的基础上，指导学生领会单元语文要素和核心素养，设计领悟课文神奇描写与结构之美的作业；在理解神话人物性格魅力之后，再完成习作，让作业设计具有整体性；又在期间实现分层设计，让学生有自主选择的权力，实现因材施教。

板块二：学生作业学生做

学生实践

1. "初游神话世界"是学生的课前预习作业，学生通过平时的积累和查阅资料，认识更多的神话人物，增强对神话故事的兴趣。

表2 "初游神话世界"学生作业展示

作业形式	神话故事梗概卡
学生作业展示	

2."感受神话奇妙"是课堂/课后作业。学生在对句子理解、赏析的基础上感受神话故事的语言魅力;并用自己擅长的方式去归纳文章的起因、经过、结果,不限定学生的展示方式。

表3 "感受神话奇妙"学生作业展示

作业形式	作业展示
积累、仿写	
用绘画理清文章结构	

3."感悟神话魅力"是课后作业,让学生概括神话人物的人性与神性;为神话人物写颁奖词,就是让学生更深入理解中国的神话人物拥有立体的形象:他们也许有弱点,但更多的是拥有不畏艰难、不怕牺牲的大无畏精神,这些都是传统文化的精华,值得学生学习与传承。

表4 "感悟神话魅力"学生作业展示

作业形式	作业展示
分析人物性格	

4. "创编神话故事"对应单元的习作要求,通过绘制思维导图,明确故事的主人公及基于主人公的性格而引发的一系列故事,融入想象进行写作。

表5 "创编神话故事"学生作业展示

作业形式	学生作业
思维导图	

教师支持

在进行授课时,结合中国神话传说,教师引导学生深刻体会神话中的人文情怀和传统文化,通过生动有趣的多种形式的作业满足培养学生综合能力的需要,顺应"双减"政策,做到作业设计的提质增效。

板块三:学生作业学生评

学生自评

作业评价应充分发挥学生的主体作用,学生在学习的过程中,既是作业的设计者,也是作业评价活动的参与者和合作者。

表6 学生作业评价表

评价内容＼评价方式	自我评价	同学评价	教师评价
语言流畅，表达清楚。			
概括得当，书写整洁。			
提取要点，准确简洁。			
思维导图，清晰完整。			
评分标准：优秀（10）、良好（8）、良（6）、合格（4）、需提升（2）			

学生互评

在进行学生互评时，学生将自己的作业交由小组成员，由小组成员根据评价表格上的各项内容进行评分，同时老师也对学生作业的完成度进行评分。

教师支持

在完善作业评价标准时，教师应坚守育人为本、知识为辅的标准导向，同时兼以对核心素养和传统文化的考查，注重每个学生的差异性，激发学生的求知欲和想象力。

板块四：学生"创做评"中的教师反思

"教育即生长"，让学生自己设计作业，参与作业评价，就是让学生发挥自己的主观能动性，展示自己的学习能力和学习成果。在这个过程中，也让教师意识到：作业设计在教育活动中是课堂的拓展和延续，学生的学习水平不一，同一个知识点，若能让能力发展不同的学生用自己擅长的方式去检验学习成果，那么这份作业的设计是有创造力的。因此，作业设计要由单一走向多元，要适当增加探究性、实践性、综合性作业，以满足不同个体的差异，实现因材施教。

许立秋　深圳市福田区福南小学

在"读进读出"中,"抒"写科学之美

——以部编版小学语文四年级下册第二单元"快乐读书吧"为例

作业自主

《义务教育语文课程标准(2022年版)》在"作业评价建议"中指出,作业设计要以"促进学生核心素养发展为出发点和落脚点"。语文课程必须根据学生身心发展和语文学习的特点,关注学生的个体差异和不同的学习需求,爱护学生的好奇心、求知欲,充分激发学生的主动意识和进取精神,倡导自主、合作、探究的学习方式。基于上述考虑,本作业设计充分调动学生的自主性,以单元"快乐读书吧"中推荐的课外读物米·伊林的《十万个为什么》为依托,进一步落实单元语文要素,记录并展示学生的阅读成果,设计并完成单元作业。

板块一:学生作业学生创

学生创设

四年级下册第二单元主要围绕"自然奥秘,科学技术"这个专题展开,语文要素是"阅读时能提出不懂的问题,并试着解决"。本单元比较特殊之处是配合单元主题和语文要素编排了"快乐读书吧"板块,推荐了米·伊林的《十万个为什么》。为此,基于单元特点和我校课题研究的实际,展开了对学生整本书的导读,并以整本书的导读为载体,引导学生结合单元所学,自主选择并设计单元作业。

我们整本书的导读主要分为"初始型导读""跟进型导读""总结型导读"和"展示型导读"(即读书报告会)四个课型。这四个课型的设计,既是在引导学生进行整本书的阅读,更是在为学生创造展示自我阅读成果的机会。学生在本单元的单元整体把握环节,已经初步了解了本单元"快乐读书吧"推荐的书目——米·伊林的《十万个为什么》。这时,学生可以结合单元语文要素和推荐的书目第一次自主设计作业,为本次整本书阅读中"总结型导读"和"展示型导读"两个课型作准备。作业内容和形式不限,可以是针对阅读的,可以是针对写法的,也可以是基于阅读自主创作的;作业学生既可以自己完成,也可以和相同兴趣的同学成组进行准备。这样的作业设计,把主动权交给学生的同时,更大大激发了学生参与课堂学习、进行学习成果转化的动力。

教师支持

这样的作业设计，空间是巨大的，对学生的挑战和难度也是空前的。这就需要在作业设计的过程中，既给予学生空间，又不乏教师的支持和指导。我们的教师支持和指导主要在两个环节：

一是单元课文学习环节。其一，引导学生落实单元语文要素，即"阅读时能提出不懂的问题，并试着解决"。号召学生将这样的阅读方法用在米·伊林的《十万个为什么》上，并用自己喜欢的方式记录阅读感受。其二，引导学生关注文章的语言，特别是同一内容不同的表达方式，体会表达效果，发表自己的看法。进而，引导学生深入体会米·伊林的《十万个为什么》的语言。

二是整本书阅读推进环节。其一，跟进学生阅读中的问题，并通过同伴互助的方法予以解决。其二，在"总结型导读课"和"展示型导读课"上，引导学生在读进去的基础上读出来，即选择自己喜欢的方式，自由成组，展示阅读成果。

板块二：学生作业学生做

学生实践

1. 学生在学习单元课文的过程中，习得阅读方法，开始阅读"快乐读书吧"推荐书目——米·伊林的《十万个为什么》，交流、记录和展示自己的阅读感受。

2. 学生在阅读展示课上展示阅读成果。

教师支持

教师利用阅读课、作业辅导等课外时间，指导学生将自己的阅读感受形成文字，组织学生针对自己感兴趣的点进行分组，商量展示的内容及形式，并对学生在整个准备过程中出现的问题进行答疑和指导。

板块三：学生作业学生评

学生自评

在整个单元学习结束之后，学生针对自己在本单元学习中自主设计并完成单元作业的情况进行自评，完成自评表。

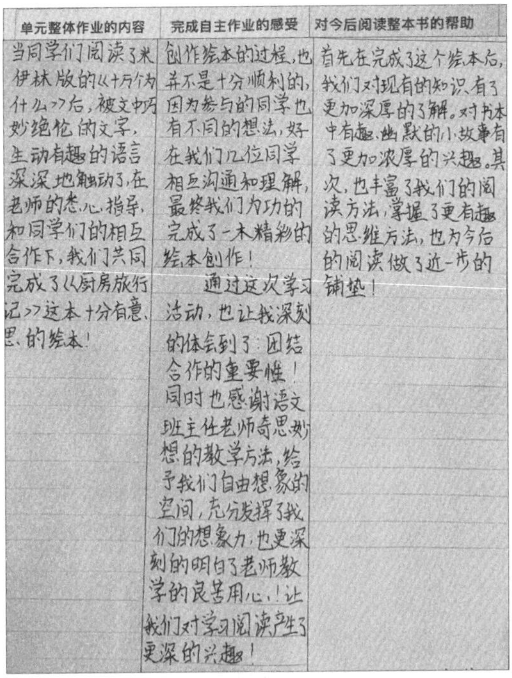

单元整体作业的内容	完成自主作业的感受	对今后阅读整本书的帮助
当同学们阅读了米伊林版的《十万个为什么》后，被文中巧妙绝伦的文字、生动有趣的语言深深地触动了，在老师的悉心指导、和同学们的相互合作下，我们共同完成了《厨房旅行记》这本十分有意思的绘本！	创作绘本的过程，也并不是十分顺利的，因为参与的同学也有不同的想法，好在我们几位同学相互沟通和理解，最终我们成功的完成了一本精彩的绘本创作！ 通过这次学习活动，也让我深刻的体会到了：团结合作的重要性！同时也感谢语文班主任老师奇思妙想的教学方法，给予我们自由想象的空间，充分发挥了我们的想象力，也更深刻的明白了老师教学的良苦用心！让我们对学习阅读产生了更深的兴趣！	首先在完成了这个绘本后，我们对现有的知识有了更加深厚的了解。对书本中有趣、幽默的小故事有了更加浓厚的兴趣。其次，也丰富了我们的阅读方法，掌握了更有趣的思维方法，也为今后的阅读做了进一步的铺垫！

图 1　单元整体学习结束后，学生填写的自评表

学生互评

学生互评安排在“展示型导读课”上，请同学们选出最喜欢的展示内容，并交流自己的感受。

教师支持

教师对学生表现出的积极性和创造性给予充分肯定，列举学生作业中的亮点，进行点评。比如，学生能够从内容、语言方法多个角度交流自己的阅读感受。引导学生将方法迁移到所有书籍、文章的阅读中。肯定学生不仅能够读进去，还能够读出来。

板块四：学生“创做评”中的教师反思

本作业的主要目的还是要激发学生的参与热情，引导学生将阅读课上习得的方法大胆地进行实践，进而转化为有自己特色的阅读习惯。实践证明，这样的尝试是艰难的，对教师和学生而言都是具有挑战性和难度的，但是学生的受益是巨大的。

1. 因材施教，依趣而导。此次作业设计，实现了学生之间的自主分层，消除了学生对分层作业的排斥心理，给予了学生更加广阔的选择空间。学生可以结合自己感兴趣的点选择作业的方向和完成作业的形式。

2. 打破常规，依趣成组。在传统的小组合作学习中，优秀生、一般生和潜能生均衡成

组的形式长久下来会导致学生之间的差异更大;以学生的意愿为出发点灵活分组的形式大大激发了学生的参与热情和内驱力,学生获得感更强,主观能动性被激发得更加充分。

3.学有所获,形成能力。学生的作业和课堂展示的情况,惊讶了自己、惊喜了家长,更惊艳了老师。学生们乐此不疲地用课余时间完善自己的阅读感受,反复与组员甚至是其他小组之间进行推敲。制作幻灯片、表演道具,设计封面,每个人都能够在自主设计的作业情境中创作着、实践着、合作着,而在这个过程中,学生完成的不仅仅是一项作业,更实现了自己语文学习能力和语文核心素养的提升。

总之,我认为这样的尝试是大胆的,也是有意义的。这样的作业才是符合新课标理念的,才是真正为发展人的需要服务的,才是真正体现语文学科特质的。

张宏梅　北京市朝阳师范学校附属小学黄胄艺术分校

争做民间故事传承人
——以部编版小学语文五年级上册第三单元为例

作业自主

表现性评价是要求学生在真实情境中，运用已有知识完成某项任务，目的在于考查学生知识与技能的掌握程度，更是关注问题解决、交流合作和批判性思考等多种复杂能力的发展状况的一种评价方法。本单元的作业设计根据表现性评价的设计原则与流程，结合部编版小学语文教科书五年级上册第三单元，阐述了在小学语文课程中表现性评价的实践应用。

板块一：学生作业学生创

学生创设

在单元起始课时，带领学生一起了解本单元的人文主题和语文要素。然后，阅读完本单元的课文，让学生从整体上谈一谈感受。接着，教师和学生一起讨论如何展示这一单元的学习内容，创设"争做民间故事传承人"的展示活动。最后，师生共同梳理出本单元的作业。

表1 单元作业梳理

课时内容	作业类型	作业内容
复述故事	表达类作业	变换口吻复述故事。
	表演类作业	发挥想象复述故事。
缩写故事	写作类作业	为景区的"海力布石"写简介牌。
	综合类作业	设计《牛郎织女》的连环画，并配上相应文字。

教师支持

学生通过本单元的学习，在进一步深入学习的基础上，师生共同设计评价量表。评分规则是实施表现性评价时所需的一种关键评分工具，它清晰地界定了达到某个特定指标的学生处于何种水平。有了一份高质量的评价标准，学生就会明白学什么、学到什么水平。在制定规则的过程中，教师引导学生参与规则的制定或者调整，激发学生的学习兴趣，提高学生的参与度。

板块二：学生作业学生做

学生实践

1. 学生通过前两课时的学习，完成变换口吻讲述海力布劝说乡亲们赶快搬家的片段。学生运用的口吻不同，选择的角色不同，复述的故事自然就各有特色。通过变换口吻复述故事以及评分标准的使用，让学生在学习、运用过程中拥有更多的主动性。

2. 学生围绕《牛郎织女》中简略的故事情节，发挥想象把情节说得更具体，再和小组同学来演一演。通过表演的形式展现对人物的理解，对故事情节的合理想象，培养学生的语言表达能力。

3. 学生以连环画的表现方式，以《牛郎织女》为载体将语文与绘画融合起来，在学习审美、学会表达的过程中，感受文字与图画表达的美妙。

图1　学生绘制《牛郎织女》连环画作品

4. 学生在完成变换口吻复述、创造性复述、绘制连环画的任务后，围绕《猎人海力布》的故事进行缩写。通过缩写让学生在情境中体验或感悟，在体验或感悟中思考，在思考后行动，在行动中成长。

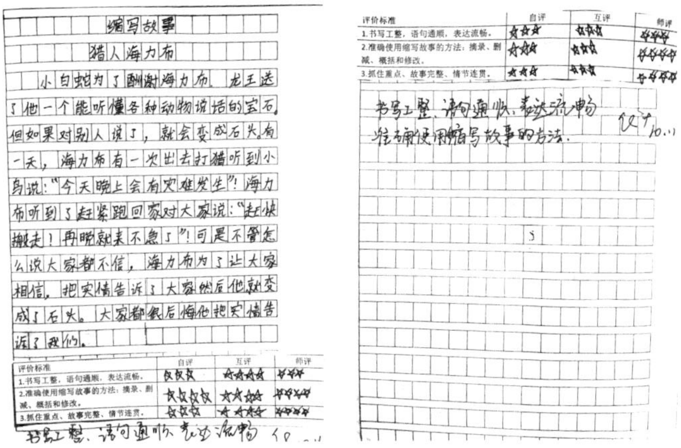

图 2 "海力布石"简介

教师支持

表现性任务是真实世界中的任务，具有情境性、复杂性，评价的是复杂的学习结果，学生在完成任务时必须进行建构反应。让学生在完成任务的过程中综合应用各种能力进行知识建构，培养学生的核心素养。

板块三：学生作业学生评

表现性任务是学生素质的外在表现，是表现性评价的直接对象。设计表现性任务时每项要求必须明确，既明确地告诉学生需要做些什么，又要详细地规定展现能力的背景和条件，同时还应该让学生理解和记住评估他们表现的规则，为表现性评价任务嵌入课堂作好充足准备。

学生自评

在完成主题作业前，教师和学生共同商定评分标准，从而激发学生的学习兴趣，提高学生的参与度。

表 2 "争做民间故事传承人"评价规则表

指标 \ 区分度	水平一	水平二	水平三
尊重故事的基本内容。	偏离故事基本内容。	与故事内容基本符合。	呈现故事的基本内容与价值观。
变换口吻。	人称混乱。	变换口吻，但只是复述原文。	变换口吻，且能根据人物身份具体展开。

语文篇 065

续 表

区分度 指　标	水平一	水平二	水平三
补充合理情节。	复述原文，没有增加合理情节。	增加了情节，但不合理。	补充了合理的情节。
变换顺序，设置悬念。	按照原文顺序讲述。	变换顺序，但没有设置出应有的悬念。	调整故事的讲述顺序，合理地设置了悬念。
合适的语气、语调及动作。	语气、语调平淡无味，动作不自然。	语气、语调有起伏和变化，加入了简单的动作。	语气、语调符合人物特点、故事情节，动作能够表现人物特点。
整体生动有趣、连贯完整。	整体平铺直叙，缺少关键情节。	故事完整，有几处生动有趣的情节。	故事完整、连贯，多处情节生动有趣。
总体评价：			

最终水平等级：

表3　"为'海力布石'写简介牌"评价规则表

区分度 指　标	水平一	水平二	水平三
故事完整，讲清"海力布石"的来历。	缺少关键情节。	缺少部分情节。	故事完整，讲清了"海力布石"的来历。
语言简洁。	语言重复琐碎，存在大量可以省略的内容。	存在部分可以省略的内容。	语言简洁、连贯。
总体评价：			

最终水平等级：

学生互评

学生互评能提高自主学习的能力，引导学生互相评价，能使学习的整个过程以学生为主体，充分发挥学生的主观能动性。学生在评价别人的同时，自己也会加深认识，甚至是对问题的理解上升一个层次，从而提高自身的比较和分析能力。

教师支持

在学生自评和互评的基础上，教师根据学生、小组呈现的作品进行评价、鼓励，并为不同层次、不同基础的学生提出不同的建议。在教师评价的过程中，重在梳理学生的信心，营造轻松的课堂氛围。任何学习都需要积累，在培养兴趣、增强信心的基础上让学生将复述用于生活中，"争做民间故事传承人"。

板块四：学生"创做评"中的教师反思

1. 在本单元的教学中，学生创造性的复述民间故事是主要的活动，但是课上留给学生讲述故事的时间不够充裕。这反映出课前对于教学环节所用时间的预估不准确，也体现出对于学情的把握不到位。

2. 民间故事创作时间久远，故事内容与今日学生的生活存在较大差距，这往往导致学生对于阅读、讲述民间故事的兴趣不高。教学设计中没有注意将民间故事的内容与学生的生活相关联，没能充分激发学生阅读、讲述民间故事的兴趣。

崔萍　邱爽　北京市昌平区天通苑学校

感受民间故事的魅力，创编趣味阅读成果

——以部编版小学语文五年级上册第三单元《牛郎织女》一课为例

作业自主

《义务教育语文课程标准（2022年版）》在"课程实施"的"评价建议"中明确指出："作业评价是过程性评价的重要组成部分，作业设计是作业评价的关键。教师要以促进学生核心素养发展为出发点和落脚点，精心设计作业，做到用词准确、表述规范、要求明确、难度适宜。"

小学语文五年级上册第三单元是一个民间故事单元。本单元的阅读要素是"了解课文内容，创造性地复述故事"；习作要素是"提取主要信息，缩写故事"。通过解读教材，我们在设计作业时，聚焦单元语文要素和民间故事文体特点这两个目标，构建学习任务群，每一阶段的作业目标既是对上课内容的迁移、巩固和消化，又是对学生自读阶段的指导，做到课上课下一体化，整体推进，构建从课上到课下相互衔接的持续性阅读过程。

板块一：学生作业学生创

学生创设

只有激发兴趣，才能让学生感知阅读的快乐，才有可能推动其后续的阅读。本单元设计了"阅读记录卡""民间故事会""连环画大比拼""民间故事大剧场"等任务，从多方面激发学生的兴趣。作业内容注重情境创设，是任务引领的主动探究式作业，引导学生从简单技能的重复训练，走向复杂任务的有效解决。例如，本单元选编了《牛郎织女》这个经典的民间故事，学生非常爱读，当老师提出可以将这个故事画成连环画时，学生们提出了很多有创意的想法，除一般的平面连环画外，还可以设计成折叠式样的连环画，也可以设计成绘本、翻翻书等。这些想法最终在教师的帮助下都付诸实践并顺利完成。

图 1　学生设计的折叠式连环画

图 2　学生设计的绘本

教师支持

在学生开始连环画绘制前，有一个非常重要的学习任务，即读懂故事，能梳理故事的主要情节，并用自己的话复述这个故事。这一部分是在课堂上完成的，学生通过合作、交流梳理出故事的主要情节，例如哥哥嫂子虐待牛郎、牛郎老牛亲密相处、老牛说话指点牛郎、牛郎织女湖边相会……

在学生明确了要画哪些内容后，还要帮助学生思考可以用哪些画面来呈现。除了在课堂上讨论连环画的形式，老师还引导学生一同思考并制定评价标准，例如在画面上有何要求，配图的文字又有什么要求，实际上是为学生完成作业搭建支架，帮助学生解码制作连环画的方法。

板块二：学生作业学生做

学生实践

在这次"连环画大比拼"的创意作业中，学生们都通过认真读故事，提取主要情节，将绘画和文字相结合，涌现了非常多优秀的作品。

图 3　学生创作的连环画

这张连环画比较有代表性，学生非常好地理解了故事内容，将主要的情节一一呈现。连环画中的文字准确简练，画面中人物的细节（如表情、动作等）能表现人物内心，突出人物形象。

图 4　学生创作的绘本

这位学生的绘本看起来并不精美，但如果仔细观察会发现，他在封面和封底的设计上颇有想法，封面上是牛郎在挥手，封底是织女踏着鹊桥准备与牛郎相会。这正是绘本常见的一种类型，将封面和封底连起来看才是一副完整的画，这幅画也揭示了故事的结局。看来学生是真正花了心思设计属于自己的绘本作品啊！

教师支持

老师通过访谈了解学生做作业过程中遇到的问题，例如有些学生不擅长绘画，但善于讲故事，而有些学生绘画很精美，但概括能力一般，老师帮助他们找到合作伙伴，发挥各自的专长，合作完成一份作品。此外，老师还注意收集学生的作业，对代表性问题提供具体例子，例如，有些学生的作品只有画，没有文字，老师需要及时提出改进建议并督促其进行完善。

图 5 老师给学生作品的评价及改进建议

板块三：学生作业学生评

学生自评

表 1 学生自评、互评表

序 号	评价标准	自 评	学生评	教师评
1	画面能表现主要人物、事件和当时的场景。	☆☆☆☆☆	☆☆☆☆☆	☆☆☆☆☆
2	画面中人物的细节（如表情、动作等）能表现人物内心。	☆☆☆☆☆	☆☆☆☆☆	☆☆☆☆☆
3	语言准确简练，能突出人物形象，表达美好情感。	☆☆☆☆☆	☆☆☆☆☆	☆☆☆☆☆

学生互评

学生将完成（或小组合作完成）的连环画、绘本摊放在桌上，然后互相参观、交流，最后按星星数量评出优秀作业（针对完成质量较高的同学）和进步作业（针对完成有进步的学生）。除此之外，还有学生阅读成果的展示评价。例如，每天上课抽出三分钟的时间进行"主播说故事"的活动，在班级宣传栏里设置"阅读风云榜"和"连环画大比拼"专栏，在真实的展示情境中让学生的阅读成果看得见，学生体会到阅读的成就感，能激发持续阅读的热情。

板块四：学生"创做评"中的教师反思

1.基于单元整体设计任务。我们将单元大概念分解、细化，结合教材内容，开发与之对应的表现性任务。例如五年级上册第三单元的大概念可以梳理为"运用角色代入、增添细节、变换顺序的方法讲故事，学习将故事讲得更有新鲜感，更能吸引听众（读者）"。因此,本单元设计了"阅读记录卡""民间故事会""连环画大比拼""民间故事大剧场"等任务,将"快乐读书吧"的阅读任务前置,在精读课文的学习过程中穿插故事会和连环画比拼,学生在活动中迁移运用课上所学内容。

2. 设计清晰可操作的评价标准。教师要结合单元整体教学目标,基于学生认知水平和作业内容,设计评价标准,关注作业的情境、过程、表现和任务达成的情况,体现"教—学—评"一体化。评价标准既是学生自主评价时的"抓手",又能成为帮助学生完成任务的"支架"。例如,连环画的评价标准就为学生完成连环画搭建了方法支架,帮助学生了解制作连环画的方法。

3. 评价主体多元化。我们通过将教师评价和学生自评与他评相结合,实现评价主体的多元化。在自评中,学生依据评价标准完成任务,自我检查、自我反思;在互评中取长补短,相互促进;在一些口语类作业的评价中,还可以充分发挥家长的作用。这样才能真正将评价的鉴别、诊断、激励、调节等功能落到实处。此外,对学生学习活动的评价反馈要具体及时、针对性强,这样才能对学生学习方法的掌握或学习能力的提升有明确指引作用。

邹妍　北京市朝阳区花家地实验小学

学会表达精妙，制作百科全书
——以部编版小学语文五年级上册第五单元为例

作业自主

《义务教育语文课程标准（2022年版）》指出，关于说明文的教学要求，在第三学段中首次提到："阅读说明性文章，能抓住要点，了解文章基本的表达方法。"从中可以提炼出这两个关键词"抓住要点""了解表达方法"。因此，通过对新课标和教材的梳理，我们明确了说明文教学的三个重点：梳理文章脉络，领悟表达样式，注重迁移运用。

本作业以单元的学习目标为设计依据，对学生进行有重点、有层次的引领和指导。体现了如下导向：一是紧扣要素，凸显主题；二是立足整体，统筹设计；三是注重协同与互补；四是学情观照，有效达成。从教学实际需要出发，设计不同形式的作业，同时，以生为本，从学情出发，充分照顾学生的作业心理。

板块一：学生作业学生创

学生创设

在教学时，老师采取了先扶后放的策略，重点对第一自然段进行品读，并提炼出了"读课文—找句子—提炼关键词—体会说明方法"的方法，然后让学生按照这样的方法自学第二三自然段，自主设计表格。同时，为了降低学习难度，表格的"好处"这一栏还提供了一个句式作为参照，让学生"跳一跳，够得着"。

表1 《太阳》小组合作学习单

说明对象	特　点	关键语句 （文中画出句子，作好标注）	说明方法	好处 （生动形象地写出了……）
太　阳				

教师支持

五年级上册第五单元是习作单元，要求学生习得语文要素"阅读简单的说明性文章，了解基本的说明方法",并且能够"搜集资料,用恰当的说明方法,把某一种事物介绍清楚"。

本单元的编排体现了习作单元的整体性和综合性特点,通过看两篇精读课文的课后练习,我们梳理了本单元的训练重点——梳理文章脉络,了解写作顺序;初识说明方法,体会表达效果;体会说明文的语言特点,并学习这样的表达。

板块二:学生作业学生做

学生实践

表2 《松鼠》小组合作学习单

作业类型	17.《松鼠》学习单
基础性作业	1.结合课文,找一找作者是从哪几个方面介绍松鼠的,提取信息并完成表格。
基础性作业	2.把从课文中获得的有关松鼠的信息分条写下来。 | 松 鼠 | 相关信息 | | --- | --- | | | | | | | | | |

预热活动:选择身边的一种食物,试着用多种方法来说明它的特征。

小贴士:你可以上网查资料了解鲸的特点,并尝试用说明的方法把它的特点描绘清楚(用我们上一单元学过的方式大致列好提纲即可)。

阅读习作例文《鲸》。

表3 阅读记录单

鲸的特点	说明方法	这样写的好处
庞 大	列数字:"近四十吨""约十八米"	用词准确,科学、严谨地说明了鲸庞大的特点。

如果在热身活动中你选择了写鲸的特点,你可以将自己的想法与习作例文作对比,看看有什么异同?

阅读风向袋的制作,绘制流程图。

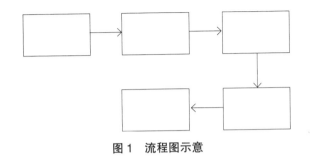

图1　流程图示意

教师支持

1. 把握结构,感受说明顺序。阅读说明文,首先是读懂课文内容,也就是知道课文主要写了什么,让学生明白作者是从哪些方面把说明对象的特点写清楚、写具体的。并引导学生以思维导图的形式完成对文章结构的梳理。

2. 先扶后放,掌握说明方法。在说明文学习过程中,不仅要明白说明对象及其特点,而且还要对说明方法有一定的了解。在说明文教学中,教师要引导学生从重点词句的品味中体会说明文的表达特点。

3. 迁移运用,巩固方法运用。阅读说明文,不仅要关注文本写了什么,更要品味文本是怎么写的,要深刻感受其精准而又生动的语言,科学而又严谨的表达,以及精妙的结构布局。

板块三:学生作业学生评

学生自评

表4　"介绍一种事物"举例

所属类别	举　例		
与动物有关	恐龙	袋鼠的自述	动物的尾巴
与植物有关	菊花	热带植物大观园	种子的旅行
与物品有关	灯	扫地机器人	溜溜球的玩法
与美食有关	涮羊肉	怎样泡酸菜	我的美食地图
其他感兴趣的内容	火星的秘密	草原旅游指南	中国传统吉祥物

可以选择表格中的题目,也可以自拟题目,介绍一种事物。写之前,细致观察要写的

事物，并搜集相关资料，进一步了解这个事物，想清楚从哪几方面来介绍。写的时候注意以下几点：

1. 写清楚事物的主要特点。
2. 试着用上恰当的说明方法。
3. 可以分段介绍事物的不同方面。

学生互评

表5 "介绍一种事物"习作评价标准

评价标准	★★★	★★	★
能够抓住事物的主要特点或从不同方面来进行介绍。			
合理引用资料，说明方法使用恰当。			
层次清楚，语句通顺，语言准确生动。			

教师支持

1. 课前作业。多角度观察自己喜欢的事物，并搜集自己喜欢事物的相关资料，进一步了解这个事物，资料可以思维导图或表格形式进行记录（作品：观察事物的照片，上网搜集资料的照片，思维导图和表格）。

2. 课中作业。根据习作要求及老师所讲习作方法，给自己喜欢的事物列习作提纲，习作提纲中注明准备用什么样的说明方法来具体介绍事物的主要特点或不同方面（作品：习作提纲）。

3. 课后作业。完成"介绍一种事物"的习作（作品：学生作文）。

板块四：学生"创做评"中的教师反思

本单元是习作单元，主要学习说明性文章。《太阳》语言平实，通俗易懂，作者运用列数字、举例子、作比较等说明方法从多个方面介绍了太阳；《松鼠》语言活泼，描述生动，作者抓住松鼠的主要特点，形象地介绍了松鼠的外形、习性等。

"交流平台"梳理总结了说明性文章的作用和它在表达上的一些特点。"初试身手"第一题以电视塔为例，引导学生选择身边的事物，有意识地进行观察或搜集资料，运用多种说明方法，抓住特征介绍事物；第二题让学生将散文《白鹭》的部分段落改写成说明性文章，介绍清楚白鹭的外形特征，再与原文作比较，体会说明性文章的特点。

"习作例文"提供了介绍事物和介绍制作流程的两篇说明性文章。两篇习作例文通过批注和课后题，引导学生学习如何恰当地使用说明方法，有条理地表达。

本单元最后安排习作"介绍一种事物"，让学生"搜集资料，用恰当的说明方法，把某一种事物介绍清楚"，是对本单元知识点的综合运用。本作业的设计并不是增加作业量，而是在原有教学与作业的情况下，进行调整，在教学的过程中有效使用。让作业融于教学，对原有作业进行有效改良。

作业的设计与运用，要以实际学情为准，能有效解决教学重难点，从而实现学生语文能力的提升。

卢烨　北京市昌平区霍营中心小学

读写绘演，阅读悦美

——以部编版小学语文五年级下册第二单元为例

作业自主

2021年7月,《关于进一步减轻义务教育阶段学生作业负担和校外培训负担的意见》(下文简称《意见》)明确规定小学3～6年级作业量要控制在一小时以内。身为一位语文教师，更应考虑在"双减"背景下将作业减量提质，正如《意见》中对作业的质量提出的明确要求：教师要系统设计符合学生年龄特点和学习规律、体现素质教育导向的基础性作业，鼓励布置分层、弹性和个性化作业。

《义务教育语文课程标准（2022年版）》明确提出"核心素养是学生通过课程学习逐步形成的正确价值观、必备品格和关键能力，是课程育人价值的体现。义务教育语文课程培养的核心素养，是学生在积极的语文实践活动中积累、建构并在真实的语言运用情境中表现出来的，是文化自信和语言运用、思维能力、审美创造的综合体现"。在新课程理念下，小学语文教师应该在全身心投入教学的同时，对课后作业的实践性、创造性和趣味性做出积极的探索。为了达成教学目标，师生在学习过程中要尽量做到边学边评、边评边教，突出"教—学—评"一体化。

板块一：学生作业学生创

学生创设

以部编版小学语文教材五年级下册第二单元为例，本单元以"走近古典名著"为主题，编排了《草船借箭》《景阳冈》《猴王出世》《红楼春趣》四篇课文。本单元一共四篇课文，最大的特点是故事情节曲折生动，人物形象栩栩如生。因此通过这一单元的学习旨在让学生感受古典名著的魅力，激发学生阅读名著的兴趣，初步学习借助可视化思维工具来阅读古典名著的方法，并能运用可视化思维工具自主阅读《西游记》。

图 1　学生创设作业

教师支持

学生通过这一单元的学习，从积累知识到理清故事的整体脉络，教师为学生的学习提供可视化思维工具和语言框架，为学生从共读到共写作好准备。

板块二：学生作业学生做

学生实践

一、西游故事我来编

在研读完《西游记》之后，孩子们进行了《西游记》七十二变创意故事的创作。在这个创编的过程中，学生将孙悟空的神力和现实生活中的重大热点问题相结合，将阅读方法和语言范式运用到阅读和写作中去，创编出来的故事情节丰富，趣味性、教育意义都非常强。从而提升学生阅读写作的综合素养，全面提升学生的核心素养，增加了人文底蕴。

图 2　学生作业

二、西游故事我来讲

学生在创编故事的同时，教师也要求孩子们找到故事的起因、经过、结果来把握西游故事创编的主要内容，并且通过课前三分钟的形式将这一点落实。这种有抓手的课前三分钟演讲不仅锻炼了孩子们的表达能力，更重要的是使孩子们的思维得以外显。学校也为学生讲故事搭建了平台，开展了"遇见西游"主题活动，同学们从选择故事到讲述故事，通过故事的起因、经过、结果来把握故事内容，并且从故事中更加深刻的感知《西游记》的人物形象，这是一个从阅读输入转为表达输出的过程，要求孩子必须对所选文本有深刻的理解和清晰的表述；学生的理解能力、语言组织能力、想象概括能力、逻辑表达能力等都得到了很大的锻炼。阅读，是一个真实发生的过程，也是教与学同生共长的过程。

三、西游剧本我来演

通过不断探索既能提高学生的语文素养，又能生成令学生感兴趣的作业，使学生不断掌握阅读方法，养成良好的阅读、写作习惯。我们搭建展示平台，将同学们推选的"最吸引人的故事""最佳剧本""动人课前三分钟"等搬上舞台。在筹备过程中，经过老师们的指导，同学们再次细化故事内容，针对人物形象斟酌对话，创设有意义的情景推动故事情节，在排练中修改剧本，提升运用语言文字的能力；在修改剧本中感悟人物形象，体会人物优秀的精神品质；在表演与表达中，弘扬中国传统文化。这样不仅增强了学生的语文素养，拓宽了学生的视野，也促使他们把在语文课堂上学到的方法和策略运用起来，在运用中不断细化、深化、内化，从而达成从"语言积累"到"言语实践"的语文学习过程。

教师支持

教师通过设置趣味性、思辨性的话题，结合当下的热点，让学生自主创编绘本或者故事，学习书中人物的语言范式和故事的脉络结构，让学生从学经典、品经典、用经典，从阅读到写作，提升综合素养。

板块三：学生作业学生评

学生自评

学生是学习的主体，通过自我评价可以反思自己的学习过程。针对学生的读写成果，教师着重从故事创编的趣味性、故事创编的价值等方面进行自评和互评，在今后的学习中，更有针对性地取长补短。

表1　学生自评、互评表

序号	评价标准	自评	学生评	教师评
1	故事内容能表现主要人物、事件和当时的场景。	☆☆☆☆☆	☆☆☆☆☆	☆☆☆☆☆
2	故事内容有意义，有一定的教育作用。	☆☆☆☆☆	☆☆☆☆☆	☆☆☆☆☆
3	故事语言准确简练，能突出人物形象，表达美好情感。	☆☆☆☆☆	☆☆☆☆☆	☆☆☆☆☆

学生互评

学生互评符合新课标倡导的合作、交流、探究的学习方式。教师可以采取四人为一小组的形式，三位同学根据上述表格的几个方面对另一位同学的作品进行评价。另外，同伴互评还可以通过建设"阅读成果展示板"的方式，教师将学生的阅读记录卡、思维导图、手抄报以及读后感卡片等展示在教室后面或走廊，同伴之间通过投票、点赞的形式，评选每期阅读成果的十佳作品。

板块四：学生"创作评"中教师反思

1. 以素养为导向。"双减"政策和新课标出台后，对作业设计的"质"和"量"都提出了新的要求。我们应该树立正确的作业目标，明确作业不仅是巩固所学知识的工具，更在于促进学生全面发展。我校对《西游记》这本书进行全校共读，针对学生的年龄特点和学段教学要求，寻找合适的切入点进行研读。《西游记》作业设计的整体思路是依据课内阅读的教学设计把握的，基于四年级上册第四单元的语文要素，设计创编故事，结合"了解故事的起因、经过、结果，把握文章的主要内容"这一目标让学生讲好自己创编的故事、演绎心目中喜爱的故事。经过这样校内外阅读相结合的作业，让学生把课内已经学习和掌握的知识运用到《西游记》的作业中去，在已有知识点上生长出新的知识点，既巩固了知识又提升了能力。

2. 以学生为主体。罗杰斯（Rogers）非指导性教学理论表明，教师是学生的促进者，教师应为学生创设一种轻松愉快的学习情境，让学生自发的进行学习。在创编故事之后，学生自发报名"动人课前三分钟"演讲，将自己的故事讲给更多的同学听。在故事演绎排练时，每每到演绎进行不下去时，学生也会自主地寻求老师的帮助，主动找出问题的关键所在，疏通情节，自主、主动地学习、改进、感悟。

3. 以评价为工具。评价是促进学生学习的一种有效的工具。新课改和新课标都倡导多元主体参与评价。教师、学生、家长在评价体系中扮演着不同的角色，仅有教师对学生进行评价，难免会有主观性和片面性。开展多元主体评价模式，能够从多角度反映学生情况。在自评中，学生依据评价标准的支架更好地完成任务，自我检查、自我反思；在同伴互评中，评价经历对方法再运用的过程，取长补短，相互促进，充分发挥评价的鉴别、诊断、激励、调节功能。

于玥 杨洪玉 宋娟 北京市昌平第二实验小学

走进趣味汉字，创新汉字形式
——以部编版小学语文五年级下册第三单元"遨游汉字王国"为例

作业自主

语文素养作业应该具备融合学科、打通课内外时空、注重学生的体验等特点。我们在设计语文素养作业时至少应从三方面考虑：依据课程标准进行、符合人的全面发展需要、基于语文学科特质的理解。以往的作业普遍侧重课内、基础、机械重复性的练习，而素养作业应指向单元语文要素所涉及的关键能力的巩固与反馈。

本单元围绕"遨游汉字王国"编排了单元整组的综合性学习内容，以任务驱动的方式带动整个单元的学习。本单元作业以"感受汉字的趣味，了解汉字文化""学习搜集资料的基本方法""学写简单的研究报告"三大学习目标为出发点，结合课本内容，通过引导式教学帮助学生更加深入地了解汉字及其研究方法，进行创造性学习。

板块一：学生作业学生创

学生实践

本单元的学习任务之一是"感受汉字的趣味，了解汉字文化"，学生已经对汉字文化有了初步的了解。"汉字真有趣"部分的学习建议是办一次趣味汉字交流会，进一步增进对汉字的热爱，同时训练学生"学习搜集资料的基本方法"的能力。

一、感受汉字趣味

本环节，学生制订汉字交流会计划，进行资料搜集，并能在搜集过程中进行筛选、整理，实现基础知识的学习，为进行研究报告的撰写作铺垫。

表1 "汉字真有趣"小组活动计划表

第＿＿＿组"汉字真有趣"活动计划			
活动时间		活动地点	
活动内容			
活动过程			
活动分工			

二、探索汉字内涵

学生交流已掌握的搜集资料的方法以及可以尝试的方法,举行"趣味汉字交流会",结合评价量表进行评价。并且在研究汉字的过程中得到启发,确定自己的年度汉字。

表2 "趣味汉字交流会"小组活动评价表

小　组	搜索资料			展示交流			总　分
	方法运用恰当	成果丰富	整理比较完善	展示形式新颖	展示内容丰富	互动效果良好	

表3 "我的年度汉字"展示表

我的年度汉字	
我"写"	
我"查"	
我"悟"	
我"设计"	

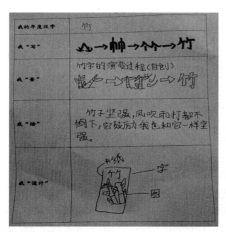

图1 学生"我的年度汉字"展示

三、发现汉字力量

1. 邀请家长制定家庭年度汉字。
2. 结合生活经验，提出问题，搜集资料，开展研究。
3. 整理资料，撰写研究报告。

此环节，学生结合生活经验提出汉字相关的研究问题，对资料进行搜集、筛选、概括，将所学的撰写研究报告的方法进行实战演练；学会倾听，按照评价标准进行评价。

四、创新汉字韵味

1. 结合研究，创新汉字内涵表现形式，制作文创产品。
2. 召开汉字文创产品推介会。

表4 汉字文创产品展示评价表

评价要点	评价标准	等级
产品形式	围绕主题形式多样、有创意。	☆☆☆
语言表达	展示时态度大方，充满自信。	☆☆☆

五、传承汉字精神

举行"我的年度汉字交流会"，分享汉字带给自己的变化

该部分主要是学生进行实操演练，从体会汉字趣味到搜集、整理资料，再到研究报告的撰写等，创造性地展示自己对汉字精神的理解。

教师支持

汉字相关资料的搜集与整理作业伴随着本单元学习的全过程，通过"汉字真有趣""我的年度汉字"两个板块的学习，增进学生对汉字的认识和热爱，增强对中国文化的认同和热爱。

板块二：学生作业学生做

学生实践

以上任务在全员参与的基础上更加体现了学生的自主性，在小组合作搜集资料、整理内容以及学习研究报告的撰写要点的基础上，创新成果形式，以文创设计的形式展示汉字的趣味性，丰富汉字文化的体验。

 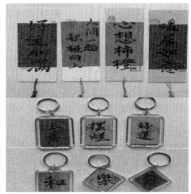

图 2　学生汉字文创产品展示

板块三：学生作业学生评

全程评价，以评促学，作业的评价是与成果的产生紧密相连的。作业的评价要对学习的整个过程进行评价，以引发更深层次的学习和理解。

学生自评

表 5　"汉字研究报告"学生自评表

评价要点	评价标准	等　级
研究主题	有研究的主要内容和核心词。	☆☆☆
问题提出	来源于生活，能分层写出研究目的。	☆☆☆
研究方法	选择合适的研究方法。	☆☆☆
资料搜集	资料准确、有条理，简要梳理概况。	☆☆☆
研究结论	分条表述，对资料进行概括，分析得当。	☆☆☆

学生互评

通过评价表，学生在小组合作中相互倾听，同学之间的讲解比较容易被接受，常常可以起到教师讲解难以达到的效果。

教师支持

教师在学生自评和互评的基础上进行总结，进一步给学生的作品提出修改意见，进行指导，并及时给予鼓励、表扬及表彰。

关于"孙"姓的研究报告

一、问题的提出

"孙"姓在历史上是一个了不起的姓氏，历代的伟人名士辈出。我一直想知道"孙"姓是怎么来的？历史上有哪些"孙"姓名人？"孙"姓在我国分布情况是怎样的？于是，我对"孙"姓的历史和现状做了一些深入的研究。

二、研究方法

1. 去图书馆。

2. 上网搜集。

3. 询问家长（写出搜集的具体方面）。

三、资料整理

1. "孙"姓的来源。

根据记载，"孙"姓最早的祖先是周文王。传到卫武公的时候，他的儿子惠孙这一支就拿"孙"字当作了他们的姓氏。

2. "孙"姓的历史名人。

（1）孙武：春秋末期伟大的军事家，被奉为"兵家之祖"。

（2）孙权：三国时期的政治家，三国孙吴政权的奠基人。

（3）孙中山：中国民主革命伟大先驱，中华民国的缔造者。

3. "孙"姓的现状。

2022年1月，公安部发布的报告中公布，"孙"姓分布最多的省份是山东（加上最新人口数据，更有说服力）。

四、研究结论

1. 历史上的"孙"姓名人辈出，在各个历史时期都闪耀着光芒。

2. 迄今，"孙"姓的人口总数已达1848万，为全国第12大姓。

评语：格式正确，能够对搜集到的资料进行整理、概括，体现了研究报告的特点，结论部分与问题的提出一一对应更能令人信服。

板块四：学生"创做评"中的教师反思

教师从不同角度设计评价标准对学生进行评价。评价标准的多元化让课堂生成更加丰富，在这一过程中不仅实现了减负提质的目标，还落实了核心素养。

1. 趣化形式，在活动情境中感受传统文化。本单元为综合性学习单元，要体现实践性，所以作业设计以课文学习为依托，努力凸显综合性学习单元的特点，通过交流会、推介会等有趣的形式吸引学生参与其中。注重从书本走向生活，从积累走向运用，既是对学生学习情况的诊断过程，也是不断加深其对汉字文化感悟的过程。

2."表达驱动"教学理念,推动学生增强文化自信。本设计中通过表达引发需要语言的动机,从两方面进行了训练:一是以多样的活动推动学生口头表达;二是在小组合作过程中,为学生提供了书面表达语言建构的条件,为推动学生挖掘文字内涵、热爱汉字以增强文化自信奠定基础。

本单元作业贯穿于课前、课中、课后,作业形式丰富多样,极大地提升了学生听说读写的能力。作业设计前路漫漫,还有很多地方值得我们思考和改进!

李锦锦　北京市通州区贡院小学

梳理课文结构，创绘宣传海报

——以部编版小学语文六年级上册第六单元《只有一个地球》一课为例

作业自主

在"双减"政策的要求下，通过合理的分层，鼓励不同层级的学生自主设计、完成、评价作业的形式，改"大水漫灌"为"精准滴灌"，兼顾整体教学公平与学生合理差异，能够进一步巩固教学效果，实现"减负不减效"的预定目标。

板块一：学生作业学生创

学生创设

在作业设计的过程中，应注重发挥学生的主观能动性，让学生参与到创意提出、素材收集、流程设计、展示评价等环节之中，在情境中沉浸式感受语言的操练与应用。我们结合"双减"要求，明确标准，划分基础性作业、拓展性作业和提升性作业三个层次，由学生根据兴趣，自主设计作业。

一、基础性作业

鉴于《只有一个地球》议论说理的特点，教学重点在读懂课文。在课堂教学环节，学生熟悉了字词、句子，初步了解了文章结构。学生为了更好地理解课文内容，便根据课堂教学，以设计绘制表格或流程图、梳理行文结构、理清文章逻辑结构等与"读懂"密切相关的任务作为作业。让学生在梳理过程中读懂课文，借助表格或流程图理解论证过程，实现以作业巩固教学的目的。

二、拓展性作业

拓展性作业意在鼓励学生在理解课文主旨的基础上，将环保理念贯彻到生活中，作业自由度较大。综合考虑作业目的、时间成本、可操作性等因素，学生把设计标语、广告词、海报、宣传画，开展环保宣传活动，呼吁大众重视环保作为作业内容，将作业重点落实在"做"上，在"做"的过程中获得语文体验与训练。

三、提升性作业

提升性作业主要指向学生语文核心素养，侧重于融汇实践。在完成前两类作业后，学生对作业进行了系统的归纳，提出将作业与课后服务结合，开展实践活动的新作业形式。其主要任务有搜集与环境保护相关的俗语、谚语、诗句，并结合学生自己设计的广告词、标语、手抄报等素材，开展一次环境保护宣传主题活动。该作业意在培养学生的动手能力、组织能力与协调能力，在完成作业过程中，学生可以感受我国人与自然和谐共生的哲学思维，突出教育立德树人的核心思想。

教师支持

教师支持主要体现在确定作业框架，明确每个层级的作业要求，指导学生设计每个层级的作业类型，帮助学生解决作业设计中遇到的问题。学生初步完成设计后，老师评估作业的可行性，对作业进行补充完善。由教师把握最为关键的评价与反馈环节，在各层级作业类型确定后，根据相应的作业类型，设计评价形式与评价标准。

板块二：学生作业学生做

学生实践

一、基础性作业

基础性作业立足于教学活动，学生在梳理课文内容、绘制思维导图的过程中，因观察角度不一样，制作的思维导图也不一样，因此他们对课文的理解也各有特色。

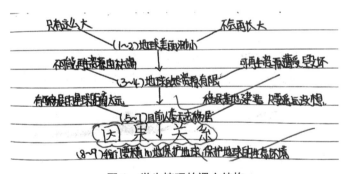

图1　学生梳理的课文结构

二、拓展性作业

拓展性作业门槛低、上限高，基础稍弱的学生可以凭借生活经验完成，而有足够知识储备的学生可以进行发挥，设计出高水平的广告词，在诸多作业中，有一位学生设计的标语具有较高的文学素养："二木为林，林青水绿方显山河美；三人成众，众睦人和才得生态兴。"学生在介绍设计用意时表明：其祖父酷爱对联，受祖父影响和启发，写下了这条标语，目的是号召所有人团结起来保护绿水青山大美山河。

三、提升性作业

提升性作业主要指向学生的语文核心素养，重在提升学生的综合能力。

教师支持

基础性作业方面，教师在开始课程之前，带领学生复习梳理课文结构、提取关键信息、绘制思维导图的相关方法以及分析课文内容的切入点等相关知识。拓展性作业方面，教师提前搜集了广告词、标语和口号，有意识地进行渗透，作好铺垫。提升性作业方面，教师承担了统筹、组织与协调的任务，如提供场地、保障物资、组织活动等。学生在教师搭建好的平台上进行交流、展示、评价，形成双向反馈，从而提升能力、深化教学效果。

板块三：学生作业学生评

学生自评

教师先结合学生设计的作业形式确定评价形式和评价标准，核心评价标准包括：基础性作业，要求课文结构梳理清晰、逻辑关系准确；表格设计科学，流程图简洁、美观，能直观反映课文内容。拓展性作业，要求广告词等新颖、有吸引力，设计意图表达清晰准确。提升性作业，要求素材符合要求，主题活动推动顺畅，学生积极参与。明确作业评价要求、评价角度和评价切入点，让学生能够比较准确地评价自己和他人的作业。

学生互评

互评是学生作业的重要环节，在互评过程中，学生会将自己的作业与同学的作业进行对比分析，在思维层面再次"做"一遍作业，同时能帮助学生互通有无，拓展思路，提升作业效果。

教师支持

在上述评价形式中，学生自评、互评存在较大的随意性，因此在评价环节，教师更加侧重于从三个方面来对学生进行支持和指导。

一是明确标准，在学生进行自评、互评前，向学生明确各类型作业的评价标准，将标准量化、细化、实例化，让学生在评价自己与其他同学时有据可循。

二是提供思路，指导学生从作业的立意、准确度、美观度等角度出发，对自己和同学的作业完成情况进行点评，指导学生形成自己的评价方法和流程，避免学生出现无从下手的情况。

三是规范纠正，若存在学生自评、互评极高（低）的情况，教师需要及时介入，对学生的评价进行纠正，深挖原因并进行处置，化解矛盾，促进教学和班级管理双进步。

板块四：学生"创做评"中的教师反思

学生自主设计作业的实践，需要主动适应"双减"政策分层分类的需要，注重实现"教—学—评"一致性，明确"为什么设计作业""设计什么样的作业""作业做到什么程度"等作业核心要素。将作业设计的重心落实到"怎样做作业"上来，为学生提供具体指导，保证作业适应小学生的认知和发展水平。

1. 立足语文要素，发展核心素养。设计作业时需要把发展学生语文核心素养作为出发点，教师需要给予学生指导，同时倡导自主性，鼓励学生自主实践，促进学生全面发展。

2. 立足思维过程，培养思维能力。学生设计作业时，需要立足于语文思维的培养，完成作业应注重语言应用，在运用中提升思维能力，并以思维能力的提升反哺语言运用，实现双向推进。

3. 立足文化审美，深化文化自信。在作业设计中，渗透人文内涵、历史文化、思维方式及人文传统，给学生以文化滋养，循序渐进地树立文化自信，增强学生对民族和身份的认同。

张歌　刘文竹　北京市顺义区教育研究和教师研修中心附属实验小学

借语言文字，寻艺术之美

——以部编版小学语文六年级上册第七单元为例

作业自主

"双减"背景下的教学提倡"减负增效"。中高年级可以适当布置一定量的纸笔作业，因此在新课标学习任务群的指导下，单元整体作业设计是"减负增效"的一条有效途径。单元整体作业设计有利于落实核心素养。

《义务教育语文课程标准（2022年版）》指出语文课程围绕核心素养，体现课程性质，反映课程理念，确立课程目标。

语文课程内容主要以学习任务群组织与呈现。设计语文学习任务，要围绕特定学习主题，确定具有内在逻辑关联的语文实践活动。语文学习任务群由相互关联的系列学习任务组成，共同指向学生的核心素养发展，具有情境性、实践性、综合性。本单元属于"发展型任务群"中的"文学阅读与创意表达"。

第三学段的学习内容为阅读表现人与社会的优秀文学作品，走进广阔的文学艺术世界，学习品味作品语言、欣赏艺术形象，复述印象深刻的故事情节，积累多样的情感体验，学习联想与想象，尝试富有创意地表达。

板块一：学生作业学生创

学生创设

本单元围绕"艺术之美"这个主题展开，由《文言文二则》《月光曲》《京剧趣谈》三篇课文及口语交际、习作和语文园地组成，从音乐、绘画、戏曲等不同角度折射出艺术的魅力。《文言文二则》由两篇文言文组成:《伯牙鼓琴》表现了音乐艺术的魅力和朋友间的真挚情谊;《书戴嵩画牛》揭示了绘画要尊重事实的道理。《月光曲》讲述了贝多芬即兴创作《月光曲》的传说故事，告诉我们美好乐曲的产生不仅来自丰富的想象力，更来自高尚而真挚的情感。《京剧趣谈》介绍了马鞭、亮相等戏剧知识，表达了作者对京剧的喜爱和对传统文化的自豪。本单元的语文要素是"借助语言文字展开想象，体会艺术之美"。

根据单元人文主题、语文要素和习作设定情境"我的拿手好戏——比武大会之艺术鉴赏活动"。通过《文言文二则》充分感受借助语言文字展开想象体会艺术之美，《月光曲》和《京剧趣谈》则是通过借助语言文字展开想象感受怎样把艺术之美写得具体可感，再利用口语交际进行习作前的表达铺垫，为完成本次"我的拿手好戏——比武大会之艺术鉴赏活动"的实施提供支架。

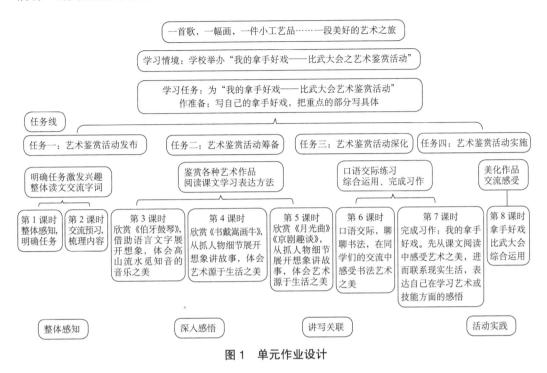

图 1 单元作业设计

引导学生展开想象是小学阶段阅读教学的重要内容，每个阶段的侧重点都不同。在学生已有的展开想象的能力基础上，本单元侧重引导学生借助语言文字从不同角度展开想象，进入课文中的情境，感受艺术的魅力，以加深对课文的理解和感悟。同时本单元的习作要求是"写自己的拿手好戏，把重点部分写具体"。习作内容紧扣单元学习内容，先从课文阅读中感受艺术之美，进而联系现实生活，表达自己在学习艺术或技能方面的感悟。

表 1 语文要素梳理

要 求	单 元
试着一边读一边想象画面，体会优美生动的词句。	三下第一单元
走进想象的世界，感受想象的神奇。	三下第五单元
边读边想象画面，感受自然之美。	四上第一单元
感受课文中丰富的想象，深入了解内容。	六上第一单元
借助语言文字展开想象，体会艺术之美。	六上第七单元

> 1. 查找本单元相关的资料。
> 2. 走进艺术殿堂：
> （1）积累学习其他感兴趣的文言文；
> （2）聆听贝多芬的其他代表作：降 E 大调第三交响曲《英雄》、c 小调第五交响曲《命运》等；
> （3）欣赏京剧名段：《空城计》《霸王别姬》《智取威虎山》等。
> 3. 设计制作艺术鉴赏录，记录每次艺术鉴赏的感受体悟等。

图 2　拓展型作业

教师支持

在进行单元整体作业设计时，要加强课时作业之间的关联性和进阶性。这样才符合学生的认知规律，有助于学生巩固知识，形成知识框架，最终实现能力提升以及核心素养的形成。

板块二：学生作业学生做

学生实践

单元伊始的《文言文二则》一课的学习目标是充分感受借助语言文字展开想象体会艺术之美，因此可以设计课前预习作业，课上进行分享汇报，把学习的主动权还给学生，更有助于提升学生的学习能力。

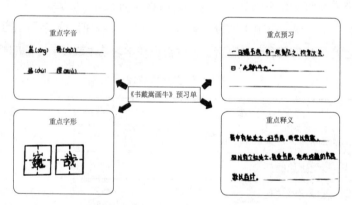

图 3　《文言文二则》学生作业

之后的《月光曲》和《京剧趣谈》两课则是通过借助语言文字展开想象感受怎样把艺术之美写得具体可感。因此，把这两课进行整合学习，也是以预习单的形式布置任务，再通过课上反馈进行重难点突破。

通过欣赏课文感悟如何将艺术之美写得具体可感	课题	借助语言文字展开想象的地方	体会到的艺术之美	从五感中哪个感觉中感受到的艺术之美
	《月光曲》		1.结构美 2.文字美 3.品模 4.艺术美	从听觉中感到的艺术美
	《京剧趣谈》		京剧静态亮相时无声胜有声美 京剧道具的妙用美	从视觉、听觉中感受到的艺术美 从视觉中感到的艺术之美

图 4 《月光曲》《京剧趣谈》学生作业

最后，再利用口语交际进行习作前的表达铺垫。也是以课前准备口语交际需要的资料为支架进行课堂目标的实施。同时，也为最终的习作"我的拿手好戏"的完成打下基础。在与同学们进行分享交流的同时也是欣赏艺术、感受艺术、学习艺术之美的过程。

> 以下任务任选其一完成即可：
> 1. 查找自己喜欢的书法家的资料与同学分享。
> 2. 查找自己喜欢的书法作品资料与同学分享。
> 3. 梳理自己学习书法的心路历程与同学分享。

图 5 口语交际作业

教师支持

在教授新课时，采用逐层递进的形式进行，由开始的自主预习汇报到深入分析文本，再到自主运用表达，教师提供预习单以及学习提示为学生搭建学习支架，既调动学生学习的积极性，又培养学生学习的自主性。

板块三：学生作业学生评

学生自评

最终完成本单元习作任务"我的拿手好戏"。有了之前体会各种艺术形式带来的美的体验，加之在口语交际中分享自己学习一项艺术形式的过程，都为把自己的拿手好戏写具体作出铺垫。

学生互评

同时，基于多元智能理论，倡导评价主体由单一化走向多元化。同学互评，一直是习作教学的评价方法之一。习作就是在同学互评、自我修改中不断提升，逐渐完善的。通过阅读同学的习作，分享自己的感受及评价，双向受益。

教师支持

在学生进行自评和互评后,教师应给予适当的点评总结,针对不同层次的同学提出修改建议,重在启发学生。

板块四:学生"创做评"中的教师反思

为落实"双减"政策,减负不减质,对单元整体作业的设计进行初期的尝试探究。虽然尽量尝试设计出具有整体性、关联性、递进性的单元整体作业,但是还是存在很多不足。今后还是要紧抓单元作业设计这个抓手,真正撬动课后学习方式的变革,真正做到"提质减负"。

马晓檬　北京教育科学研究院通州区第一实验小学

我眼中的鲁迅
——以部编版小学语文六年级上册第八单元"走进鲁迅"为例

作业自主

2021年,《关于进一步减轻义务教育阶段学生作业负担和校外培训负担的意见》明确提出要"全面压减作业总量和时长,减轻学生过重作业负担"。《义务教育语文课程标准(2022年版)》提出要注重学科的实践性,让学生更多地直接接触语文材料,在实践中体会、掌握运用语文的规律。从作业设计上来看,要落实文件精神,我们要从课标的要求和教材内容编排出发,关注学生自主性和发展性的培养,注重在实践中提升学生核心素养,结合真实的生活情境,以任务为驱动,帮助创设借助课内学习和课外自主完成的作业设计,实现单元学习目标和培养目标。

板块一:学生作业学生创

学生创设

本单元以"走近鲁迅"为主题组织学习内容,通过设计任务情境引导学生学会借助资料初步认识和了解鲁迅,感受鲁迅这位"文学巨匠""民族旗帜"高尚的品格和伟大的成就。因此教师将本单元的学习任务情境确定为"我眼中的鲁迅——纪念鲁迅140周年诞辰"创意表达实践活动,面向学生进行方案的设计、征集布展。学生在实地参观展览馆之后,根据展览馆的设计原则制定学习评价,结合单元学习内容,以小组为单位进行作业设计,选择自己想要介绍的鲁迅主题,并围绕主题进行展品的设计与制作。尝试用自己喜欢的方式去了解鲁迅,选择合适的材料来策划鲁迅纪念展,并向其他同学介绍"我眼中的鲁迅"。

教师支持

一、实施阶段

在学生进行小组作业之前,教师将鲁迅的相关资料进行了拓展与分享,帮助学生提炼鲁迅身上革命家、文学家、教育家、设计师等多重身份,并结合展览的要点进行归纳,明确小组完成的作业中可以选择的展示形式及完成方式。在任务之初,指导学生在一定时间内根据任务要求制定作业完成规划表,并且进行有效分工;作业完成持续时间是两周,每周一至周五的完成进度由组长掌控,教师进行监督管理,对于学生存在的疑问要给予及时的引导和帮助。

二、具体操作流程

经过前期学生的自主了解和兴趣点创立小组，进行作业设计。在完成的过程中，我们围绕语文学科任务群的操作方法，将学生设计的作业中需要的学科教师引入到项目中来，给学生上课，为学生提供专业支持。

为了给鲁迅写一首歌，音乐老师给学生讲解歌词创作，语文老师针对小组主题和内容帮助学生填词；为了剪辑关于鲁迅的宣传小视频，信息科技老师讲解视频剪辑的知识；书法老师配合鲁迅的名言警句指导学生进行作品的练习；美术老师结合鲁迅美术方面的作品和思想给学生进行拓展和提升。

在语文大单元整体学习的任务群下，对相关学科知识进行有力的补充和支持，帮助学生更深入地了解鲁迅，认识鲁迅，宣传鲁迅，让学生对鲁迅的学习兴趣进一步提升，也让学生的作业成果更丰富。

板块二：学生作业学生做

学生实践

学生通过课内和课外的学习，自主完成以小组为单位的"我眼中的鲁迅"纪念展展品。因为有跨学科的活动，学生的展品非常丰富。从学习的效果上看，学生的语言文字运用能力有了很大的提高。尤其是在用文字给鲁迅写的歌词、诗歌、作文上，可以很清晰地看到学生在认识鲁迅的过程中不仅拓展了自己利用语文材料自主学习的能力，也提高了自己在综合实践中运用语文的能力，同时也感受到语文学习的无限乐趣。

图1　学生的绘画作品

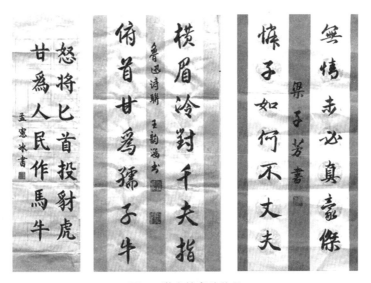

图2　学生的书法作品

图3　学生为鲁迅作词

图4　学生的文创作品

怀鲁迅
六（2）班　董依

我从来没有见过他，只听别人说过，他是"永恒的不朽之魂"。我只是听说，在他逝世时，这个国家就像是失去了魂，人们更是一个个都哭得断肠，悲得夸张。在那一瞬，万物都像失去了生机似的，到处充满了悲伤。

万国殡仪馆里，从早到晚，不是哭声就是寂静，但那老人却面带微笑，丝毫没有死人脸上的苍白。他好像就在我们身边，从未远去，但我们再也看不见他了。

他像一盏明灯，为"昏昏睡去"的人们指引方向。

但这形容似乎并不贴切，因为我认为，他比明灯更亮，他甚至已经无法用语言形容了，他是中华人民的信仰。

但是人死终究不能复生，他真的离开我们了，永远……

可我总记得那不屈的战士，在昏沉的夜。

草
——《悼念鲁迅先生》
六（2）班　张柏涵

山丘上，
生长着一丛丛青绿的草。
蟋蟀和夜莺轻唱着小夜曲，
老树沙沙地为它们伴奏。

突然一天，
山丘上出现了一些怪物——
它们疯狂的大声嘶吼，
用它们的牙齿，
摧毁了这山丘上的一切！

最后，它们放了一把火，
把山丘烧成了一片焦土。
夜莺哭泣着飞来，
又飞了去。

又一个春天来了，
那山丘上，
竟生长出了一丛绿油油的草，
在风里，
不断生长，
拔高。

秋天到了，
那丛草，
向四面八方撒出了生命的种子。
只要春风吹来，
它必会生长，
装点整个大地。

图5　学生写给鲁迅的诗文

教师支持

在学生完成作业的过程中，写给鲁迅的作品对学生来说是最难的。教师在学生着手进行之前就要给学生提供范例，指导学生学习写作的方法，并且结合自己的感受，写出真情实感。学生选择自己喜欢的表达方式，把对鲁迅的认识和感受写出来，降低了对习作的畏难情绪，也提高了写作能力。

板块三：学生作业学生评

学生自评

学生先在小组内交流自己完成的鲁迅主题相关作品，然后按照小组汇报评价维度进行自我点评和修改，并商量小组汇报的形式和内容。

表1 小组评价表

评价维度	1星	2星	3星	4星	5星
主题与鲁迅相关，值得研究。（10分）					
内容围绕主题，丰富具体。（20分）					
资料运用合理，关联度高。（40分）					
成果丰富，贴近主题，形式适宜，吸引人。（20分）					
小组分工合理，协作完成。（10分）					

学生互评

教师给予充足的时间，先以小组为单位进行作品的介绍，完成作品的展示之后，再请学生自由去阅读、欣赏，并按照小组评价表的维度对作品进行评价，各小组根据同学的点评和打分进行交流和修改。

教师支持

在自评和互评后，教师对学生作品进行点评，按照单元教学目标和作业设计目标从优缺点两方面进行评价，并进行适当点拨，提示学生从凝练作品语言、提炼人物精神、体现创造性和独特想法这几个方面进一步完善与提升，学生思考后加以修正，此举动重在提示启发，以培养学生自主学习的能力。

板块四：学生"创做评"中的教师反思

在本次"我眼中的鲁迅"学习任务群的作业完成过程中，学生充分体会到自主学习的丰富多彩，通过以小组为单位开展大主题下的小组学习任务的创设、实践和评价，不仅提高了自己学习知识解决问题的能力、合作探究的能力和小组交流沟通的能力，还为自己在实践中体会、掌握运用语言文字打下了基础。同时，在学生"创做评"的过程中，也引发了教师的教学反思。

1. 研读教材，根据单元训练点创设情境。本单元是人物主题单元，教材所选的四篇课文意在通过借助鲁迅的小说、散文、别人写的关于鲁迅的文章来激发学生对鲁迅的学习兴趣，通过课内的学习激发学生拓展课外资料，课下深入阅读并走近鲁迅，引导学生学习运用资料了解鲁迅，体会这位"文学巨匠"的高尚品格和伟大成就。我们借助给鲁迅办纪念展这一真实的情景任务激发学生去了解鲁迅，认识鲁迅，并在完成成果的过程中对鲁迅的认识进一步加深，也锻炼学生运用资料解决问题的能力。

2. 把准目标，设计大单元整体作业。把握单元大任务、大情境，结合单元语文要素和课文内容引导学生以小组为单位设计作业，引导学生在作业实践中感悟鲁迅的魅力，体会人物精神，进一步提升语言表达能力。

3. 情境带入，以学生为中心实现个性化学习。在完成"我眼中的鲁迅"纪念展作业的过程中，学生的思维特别发散，成果形式多样而新颖，内容涉及广泛。学生利用自己的特长来完成自己的成果，用现代的学习手段将一个离我们比较遥远的人拉近到我们身边，在活动中感受他的独特之处与精神魅力，并且在整个年级都掀起了一股"迅哥儿"学习的热潮，真正将鲁迅身上的精神延续到自己的日常生活中来，落实核心素养。

陈慧　北京市通州区贡院小学

依托学习任务群，巧设创意性作业
——以部编版小学语文六年级上册第八单元"走进鲁迅"为例

作业自主

语文作业与语文课堂共同为培养学生的语文核心素养提供途径。在"双减"背景下，作业设计应打破形式单一、缺乏实践性、操作机械、缺乏创意性等问题。在配合《义务教育语文课程标准（2022年版）》所倡导的语文学习任务群以及语文课程内容组织方式的情况下，作业设计还要基于单元统整理念，指向单元语文要素，以"大概念"统领"大任务"，以"大任务"驱动"小活动"，结构化设计单元项目作业。

学生将依托项目化学习，开展具有实践性、弹性化、跨学科的开放性作业实践，全面提升核心素养。

板块一：学生作业学生创

学生创设

部编版语文教材六年级上册第八单元阅读要素为"借助相关资料，理解课文主要内容"，表达要素为"通过事情写一个人，表达出自己的情感"。综合本单元各部分内容，笔者提炼出单元大概念：阅读前，要学会搜集与课文相关的资料；阅读时，学生应在五年级"结合资料""学会搜集资料"的基础上，学会根据不同文本甄别、筛选所选资料，真正为理解文章内容而服务；习作时，要选择有代表性的事例，在对事例的叙述中刻画人物形象，表达个人情感。

表1 单元作业设计

单元主题：走进鲁迅					
子主题 课时	初识鲁迅	鲁迅的童年	鲁迅的梦想	后人眼中的鲁迅	寻找鲁迅
课时内容	单元导语页	《少年闰土》	《好的故事》	《我的伯父鲁迅先生》《有的人——纪念鲁迅有感》	习作：有你，真好
学习要点	明确单元学习要素，初步了解鲁迅。	认识闰土，了解少年鲁迅的内心世界。	借助课后练习题以及阅读链接的作品评价，引导学生理解鲁迅先生对美好生活的向往。	借助之前学过的课文以及相关资料，体会鲁迅的无私精神、忧国忧民的爱国情怀。	通过外貌、语言、行动、神态以及环境的刻画等，抓住典型事例进行描写。

一、初识鲁迅

由于写作背景相对久远，学生对鲁迅及其所在社会环境并不了解，对其作品也不熟悉，所以在第一课时，教师结合单元导语简要介绍鲁迅及其生活年代，学生由此产生了探索鲁迅的兴趣，以作业为引领，查找筛选自己感兴趣的资料，形成对鲁迅的初步了解。

活动一：建造鲁迅档案馆。

请各位档案员任意搜集关于鲁迅的资料，将这些资料按照你的逻辑进行整理归纳，制作一张关于鲁迅的档案卡片。

注：要注意对比资料的可信度。

二、鲁迅的童年

在学习了《少年闰土》之后，学生认识到少年闰土在鲁迅记忆中的美好形象，并尝试通过多种方式将自己的理解表达出来。

活动二：鲁迅眼中的少年。

在《少年闰土》中，你看到一位怎样的少年，闰土在鲁迅心中留下了怎样的印象？你可以用自己擅长的方式根据课文将鲁迅心中少年闰土的样子表现出来。

在学习《少年闰土》之后，学生对于少年鲁迅的内心世界有了一个初步的认识，为进一步加深对鲁迅的了解，学生自发找到原文《故乡》进行阅读，并与之产生了共情，由此教师举办了朗读者活动，为学生提供表达感情的出口。

活动三：朗读者：《故乡》中的少年。

报名参加朗读者活动，活动内容：（1）一分钟介绍《故乡》的写作背景。（2）朗读《故乡》原文，能够将自己的感受融入到朗读中。

三、鲁迅的梦想

通过对《好的故事》的学习，学生一方面透过精妙的语言见到了鲁迅梦境中美丽的景色，另一方面结合阅读链接体会到了好的梦境代表的是鲁迅对美好生活的祈盼，依此作业设计了两个内容。

活动四：鲁迅的梦境。

将你觉得文中写得最美的地方摘录下来，做成一个读书卡。

对于鲁迅的梦境，你有什么思考？请将你的思考和依据记录下来。

四、后人眼中的鲁迅

在《我的伯父鲁迅先生》和《有的人——纪念鲁迅有感》的学习中，学生从不同视角了解到了不一样的鲁迅，因此以作业的形式为学生的心得体会提供表达舞台。

活动五：亲人眼中的鲁迅。

通过《我的伯父鲁迅先生》你看到了一位怎样的鲁迅？请你将周晔眼中的伯父重现在大家面前。

活动六：我眼中的鲁迅。

在重新认识鲁迅之后，你想对他说些什么？为他做些什么？

五、寻找鲁迅

通过一个单元的学习，学生对鲁迅有了更深一步的了解和情感，以此为契机寻找身边像鲁迅一样的人，将视角拉回到现实生活中，形成文学作品和生活实际的联动。

活动七：寻找"鲁迅"。

鲁迅虽然已经不在了，可是他的言行、他的精神激励着一代又一代人。在你的身边，有没有一位这样的人，曾给你鼓励、助你奋进、让你温暖呢？请你找到他/她，并以"有你，真好"为题表达你的情感。

教师支持

在本单元的学习过程中，教师通过明确的问题引导学生一步步掌握借助资料辅助阅读的学习方法，通过有内在逻辑关系的活动设置检验学生的学习成果，通过多样的作业形式，增强学生对作业的兴趣。

板块二：学生作业学生做

学生实践

图1　活动一"建造鲁迅档案馆"学生作业

图2 活动二"鲁迅眼中的少年"学生作业

图3 活动五"亲人眼中的鲁迅"学生作业

图4 活动六"我眼中的鲁迅"学生作业

教师支持

在授课过程中，教师通过课文讲解、写作背景融合、创设情境、结合生活等多维度整合、立体式教学，使得学生在习得阅读和写作方法的同时，对鲁迅的了解也一步步深入，其面对作业的情感投入也有所增加，更能调动学生的积极性。

板块三：学生作业学生评

学生自评

表2 学生自评表

	评估项目	自我评估
1	我一直积极参与活动。	
2	我的作品有自己的创造和思考。	
3	我学会了如何借助资料来辅助阅读。	
4	我对鲁迅及其生活年代更加了解。	

学生互评

引导学生互相评价，使整个作业的完成过程都做到了以学生为主体，充分发挥学生的主观能动性。互相评价为学生提供了发现、研究、探索的空间。学生在评价的过程中，倾听别人发言，进行评价交流，深入学习，最终获得知识。

教师支持

在学生完成自评和互评之后，教师将根据学生特点和知识水平进行个性化、有针对性的评价，而不是统一标准一刀切。在学生完成作业的基础上通过具有导向性的评价，让学生增强信心，并深化思考。

板块四：学生"创做评"中的教师反思

虽然在作业的布置上注重了面向全体，关注人的差异，有弹性地为学生提供适合的作业方式。但是，在学生设计自主性作业的过程中，我对学生的指导只关注了内容，而忽略了学生的信息技术水平，导致近五分之二的学生由于对电脑运用的熟练程度不高，上网查资料有些吃力，返回来再请教老师，再去查，使得作业效率有所降低。

杜美杰　北京市通州区后南仓小学

多姿多彩的各地习俗
——以部编版小学语文六年级下册第一单元为例

作业自主

《义务教育语文课程标准（2022年版）》明确地提出"促进学生自主、合作、探究的学习方式"，其中包括学生作业的自主。因此，"双减"背景下，优化作业设计，多层次满足不同学生的需求，让学生做学习的主人；引导学生自评作业，发现问题，及时整改完善；开展学生个人自评、小组互评、集体评等方式，学人之长补己之短，在评价中激励成长。

在教师的指导下，引导学生参与作业设计，一方面有利于提高学生学习语文的积极性，另一方面多样化、创新性的作业内容能够给学生耳目一新的感觉，激发学生的自主性，增强自身学习动力。学生真正做了学习的主人，在责任感和使命感的驱动下，高质量完成作业的自觉性显著提高。与此同时，学生在设计、完成和评价作业的过程中能够将其内化为自身良好的习惯，对学生的未来发展意义重大。

板块一：学生作业学生创

学生创设

部编版六年级下册第一单元以"民风民俗"为主题，安排了《北京的春节》《腊八粥》《古诗三首》《藏戏》四篇课文、口语交际、习作"家乡的风俗"以及语文园地。单元课文体裁和题材不同，但都充满了浓郁的民俗风情，有着深厚的文化内涵。单元语文要素是"分清内容的主次，体会作者是如何详写主要部分的"。

立足单元整体和单元核心要素，教师以"多姿多彩的各地习俗"为主题，结合课文内容创设"了解课文中的习俗""节日诗词大比拼""流传至今的习俗""介绍家乡的习俗"这四个活动情境，引领学生根据活动情境，自主选择自己喜欢的内容，设计自己感兴趣的作业。教师要鼓励学生自己创编作业，自己选择计划、探究、体验、学习，既满足学生的求知欲望，又兼顾不同层次学生的接受能力；鼓励学生去设计多梯级的作业，给学生留有自主选择的空间，发挥学生的主动性。

表1 单元整体框架设计

作业名称	多姿多彩的各地习俗			
	任务一	任务二	任务三	任务四
了解课文中的习俗	1. 了解课文中与节日有关的习俗,并记录下来。	2. 整理习俗相关资料,并制作成课件。	3. 全班分享。	4. 整理资料,制作班级民风民俗合辑。
节日诗词大比拼	1. 看图猜诗词,根据图片了解古诗中的习俗。	2. 读古诗猜节日,了解传统节日中的习俗。	3. 读诗词,知风俗。	4. 搜集古诗经典作品进行书法比赛,选择优秀作品展示。
流传至今的习俗	1. 认识元宵节。	2. 了解清明节。	3. 知晓重阳节。	4. 制作节日手抄报,全班分享,评选出最佳制作人,颁发奖状。
介绍家乡的习俗	1. 和小伙伴讲一讲家乡的习俗。	2. 抄写与家乡习俗有关的名言。	3. 画一画家乡的习俗。	4. 全班分享。

活动一：了解课文中的习俗

学生在品读文本中，了解不同节日的特点，制作成课件，全班交流。

活动二：节日诗词大比拼

让学生在读诗猜节日中，深入了解节日中的习俗。搜集古诗经典作品进行书法比赛，选择优秀作品在板报上展示，感受优秀传统文化的魅力，最后积累相关古诗，全班展示。

活动三：流传至今的习俗

指导学生搜集元宵节、清明节和重阳节的相关资料，制作成手抄报全班交流分享，最后贴在教室壁报上，宣传中华传统文化。

活动四：介绍家乡的习俗

学生介绍自己家乡的风俗习惯，讲一讲、画一画、写一写与家乡节日有关的风俗。

教师支持

教师积极引导学生主动参与、自主实践，并给予适当的指导与帮助，激发学生持久的参与热情。从作业的选择及设计的科学性、兴趣化、能力化等方面进行指导评价，从小组的组织、分工、合作、态度、习惯等方面进行组织指导。帮助学生依据学习目标自主设计既能达成目标自己又感兴趣的作业。

板块二：学生作业学生做

学生实践

一、了解课文中的习俗

学生制作关于课文中习俗的课件，配上解说文字，表现了自己对课文内容的理解与评价，初步感受各地各民族的风俗习惯，知晓这四篇课文所展现的都与"传统节日""风俗习惯"相关。理解节日是一种纪念，节日风俗是一种仪式感，纪念节日的风俗习惯是多种多样的。

图1　学生课件作品

二、节日诗词大比拼

《义务教育语文课程标准（2022年版）》课程内容中明确地提出"弘扬中华传统美德，以古代诗词、传统节日、风俗习惯为载体"。学生设计并完成与古诗有关的作业，知道了节日习俗，感受到了传统文化的魅力。

图2　学生看图猜节日

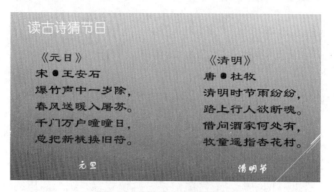

图3 学生读古诗猜节日

图4 学生摘抄带有节日的古诗

三、流传至今的习俗

许多传统的风俗习惯都是一个地区或者民族历史文化的载体,通过学习风俗习惯,我们可以更好地理解过去的故事和文化背景,从而增加我们的文化认同感和归属感。

图5 学生制作清明节手抄报

四、介绍家乡的习俗

家乡是文化传承的承载者。向同学介绍家乡的风俗习惯，传播家乡文化，让更多的人了解我国各地不同的民风民俗。

歌仙节

我的家乡在广西壮族自治区防城港市，这里每年三月三都有歌仙节。

"三月三"是广西壮族地区最大的歌圩日，又称"歌仙节"，是广西壮、汉、瑶、苗、侗等世居民族的重要节日，在当地群众心目中的地位不亚于春节。这一天，家家户户制作五色糯米饭，染红彩蛋，欢度节日，有的持续两三天。各地歌节有特定的聚会场地，有的以竹子和布匹搭成歌棚，接待外村歌手。参加者以未婚男女青年为主体，老人小孩子亦来游乐助兴。在歌坪场四周摊贩云集，各种日用百货应有尽有，民间贸易非常活跃。较大的歌圩，方圆几十里成千上万的男女老少都前来参加。人山人海，歌声此起彼伏，热闹非凡。

大家以歌传情，以歌会友，山歌的内容丰富多彩。"三月三"歌仙节，经过千百年来的历史陶冶，经久不衰，显示了顽强的生命力和不同凡响的艺术创造力。

介绍家乡——河北省沧州市

我的家乡在河北省沧州市，是一个历史悠久、文化丰富的地方。沧州有着深厚的武术文化传统，民间武术起源于汉代，兴盛于明代，至清代形成了一个武术之乡。历史上，沧州曾是犯军发配之地，也是叛将蔽身之所，因此武术门派和拳法在这里得到了丰富和发展。

沧州还以其铁狮子而闻名，这尊铁狮子已有超过一千年的历史，是全国重点文物保护单位。它由山东的李云带领工匠精心铸造，高约1.5米，重约40吨，气势磅礴，栩栩如生，体现了中国古代工匠的高超技艺。

家乡的金丝小枣和鸭梨也享有盛名，小枣红润甜美，鸭梨黄澄澄、金灿灿，非常诱人。黄骅的冬枣也很出名。

沧州不仅是生我养我的地方，也是让梦想启航的地方。我爱我的家乡！

教师支持

学生在学习了解课文中的习俗时，需要教师再次指导学生梳理四篇课文的相同点和不同点，聚焦内容的主次、表达的重点和详略安排；在节日诗词大比拼活动中，组织学生小组合作分工完成出题，并对学生所出的题进行检查是否超纲，并组织学生积累民风民俗相关的古诗；介绍流传至今的风俗和家乡的习俗，都需要指导学生做好前期的材料搜集和整理工作，然后全班交流、展示、评选，最后在教室进行作品展览。

板块三：学生作业学生评

学生自评

结合本单元的语文要素和单元主题引导学生从以下几个方面进行评价，了解自己对本单元重点内容的掌握应用情况。

表2 "多姿多彩的各地习俗"学生自评表

评价标准	等级（自评）
课件内容符合单元主题。	☆☆☆☆☆
正确根据图片猜出古诗中的习俗。	☆☆☆☆☆
根据古诗正确猜出对应的习俗。	☆☆☆☆☆
愿意介绍家乡的习俗。	☆☆☆☆☆

学生互评

表3 "多姿多彩的各地习俗"学生互评表

评价标准	等级（互评）
正确、流利、有感情地朗读搜集的古诗。	☆☆☆☆☆
所写的古诗作品正确、美观。	☆☆☆☆☆
手抄报符合主题要求，排版有序，色彩搭配美观。	☆☆☆☆☆
介绍家乡的习俗内容精彩，吸引人。	☆☆☆☆☆

教师支持

在学生自评和互评的过程中，教师一定要关注学生自评和互评的内容，学生是否抓住重点，教师在适当的时机给予学生提示和复批。指导学生掌握评价方法，从不同的角度去评价等，并适时给予学生肯定与鼓励。

板块四：学生"创做评"中的教师反思

怎样让学生主动参与设计作业？让学生成为作业设计的主体，不是一句空话，需要教师大胆放手。教师应给予学生资料、技术方面的支持，采用多种方式鼓励学生主动设计作业。

此外，教师的指导作用也是格外重要的。当学生自主设计作业遇到问题时，教师要及时指导。在活动初期，教师应创设多种情境，让学生自主选择自己喜欢的内容，自主设计作业。在学生大量搜集资料时，教师要引导学生根据活动主题选择适合自己的资料，进行整理。当然，还要引导学生重视自评和互评。只有学生在这些方面得到充分的支持，才能设计高质量的有效作业。

孟艳蕊　李春梅　北京市朝阳区花家地实验小学

徜徉世界名著主题公园

——以部编版小学语文六年级下册第二单元"走进外国名著"为例

作业自主

《义务教育语文课程标准（2022年版）》指出，要创设真实而富有意义的学习情境，凸显语文学习的实践性，设计主题考察、跨媒介创意表达等多种类型的作业，培养学生自主学习和综合学习的能力。在"双减"政策下，作业的高质量设计成为了校内减负的关键。

为响应"双减"政策，落实新课标的学习要求，笔者在设计部编版小学语文六年级下册第二单元的单元作业时，围绕单元中的三部外国文学名著，采取学生创设、教师指导的方式，师生共同设计并完成了以"徜徉世界名著主题公园"为主题的三个相互联系、层层递进的实践性活动作业。通过本次作业的设计、完成与评价，既让学生获得了愉快又深刻的学习体验，体现学生在学习中的主体性，又让学生在语言、知识、技能和思想修养等方面得到了综合性提升，朝着深度阅读、高阶思维的领域发展。

板块一：学生作业学生创

学生创设

本单元围绕"跟随外国文学名著的脚步，去发现更广阔的世界"这一主题，编排了《鲁滨逊漂流记（节选）》《骑鹅旅行记（节选）》与《汤姆·索亚历险记（节选）》三篇课文，旨在引导学生通过阅读这些作品，感受各国风土人情，跟随主人公体验成长的欢乐与艰辛。

学生们从单元人文主题中的"脚步"一词汲取灵感，仿照现实中主题公园的设计思路，在笔者的指导下，创设情境，将本单元中的三部外国文学名著设置为"世界名著主题公园"中的三大园区，将单元整体作业设计为主题园区中的打卡游览活动。学生们设计出制作名著人物卡片、写作名著梗概、绘制思维导图、课本剧演绎、书中人物配音互动等多学科融合的作业形式，班级内分为三个小组，小组内生生互动，协力完成一个名著主题园区的打卡游览活动，并进行展示反馈。

教师支持

在设计作业时，要关注读过整本书与只读过作品片段的学生的实际情况，设计不同类型的作业任务；同时要尊重学生的个性差异，设计不同层次的作业任务，全面促进每一个学生的发展。

因此，笔者指导学生将丰富多样的作业在形式和内容上进行整合、完善，最终在每一主题园区形成了"名著长廊""手偶剧场"和"沉浸式体验馆"三个相互联系、层层递进的实践性活动（如图1所示）。

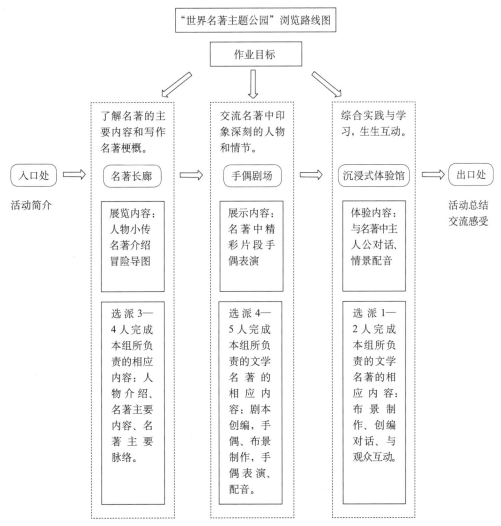

图1　单元整体作业框架设计

板块二：学生作业学生做

学生实践

活动一："名著长廊"属于基础性学习，侧重语文、戏剧学科，由班级内语文基础较为扎实的同学来实践，在"人物小传""名著介绍"和"冒险导图"三个活动中分别形成主要人物介绍、名著梗概和思维导图等文字材料（如图2、3、4所示）。

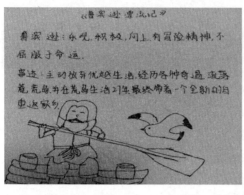

图 2 "人物小传"设计

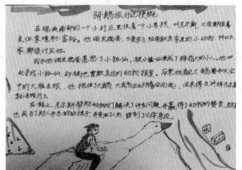

图 3 "名著介绍"设计

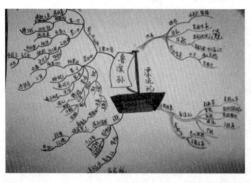

图 4 "冒险导图"设计

活动二:"手偶剧场"属于拓展性学习,语文、美术、劳技、戏剧等多学科参与,由班级内学习较好、思维较开阔的同学来实践,在"剧本写作""布景设计"和"手偶表演"三个活动中分别形成改编剧本、布景设计和手偶表演等多类型材料及成果(如图5、6、7所示)。

旁白：汤姆和贝琪在山洞里迷失了方向，正在寻找出路。
汤姆：贝琪，跟紧我，相信我，我一定能带着你走出山洞的！
贝琪：汤姆，在这时候，不用安慰我了，山洞那么大，我们怎么可能找到出口呢？
汤姆：你待在原地不要动，我用风筝线探路，你守住风筝线的尾部，不要离开！
旁白：贝琪握住了风筝线静静地等待着汤姆的归来。
先演一段。
旁白：过了一会儿，汤姆带着风筝线回来了。
汤姆：贝琪，我找到出口了！
贝琪：你只不过是想让我走起来罢了，不要再安慰我了。
汤姆：你快来啊，我真的找到出口了！
旁白：贝琪将信将疑地跟在汤姆后边。
汤姆：我看见了！阳光！那里是出口！
旁白：汤姆和贝琪终于离开了阴森的山洞。

尼尔斯：这大概是一场梦、一种幻觉吧！过一会儿我肯定还会再变成一个人。（他站在镜子前面闭上眼睛，过了好几分钟才睁开。当时他估计怪样子肯定消失了。可是怪样子并没有消失，他仍然像刚才一样小。）
尼尔斯：我一定要想出一个办法来，不能让自己变成小狐仙（忽然想起母亲讲过，小狐仙平时都是住在牛棚里的）。有了！我去找小狐仙商量，让他把我变回人形。
旁白：他立刻决定到那里去看看是否能找到它。幸好房门半开着，不然他还够不到锁无法开门呢，而现在他没碰到任何障碍就跑出去了。
麻雀：叽叽，叽叽，快看放鹅娃尼尔斯！快看拇指大的小人儿！快看拇指大的小人儿尼尔斯·豪尔耶松！
公鸡：他活该，咯咯里咕，他扯过我的鸡冠！
旁白：然而最奇怪的是男孩听懂了它们说的话。他感到大为吃惊，竟一动不动地站在台阶上听了起来。
尼尔斯：这可能是因为我变成了小狐仙的缘故吧！肯定是由于这个原因，我才听懂了禽兽的话语。
鸡：他活该，他活该！（不停地叫着）
旁白：尼尔斯实在无法忍受，捡起一块石头朝它们扔了过去。

图5 "剧本写作"设计

图6 "布景设计"设计

图7 "手偶表演"设计

活动三："沉浸式体验馆"属于挑战性学习，多学科知识灵活融合，由班级内学习自主性较好、整体素养较高的同学来实践，在"对话创编""布景制作"和"配音互动"三个活动中分别形成原创剧本、配音与实时生生互动等高要求材料及成果（如图8、9、10所示）。

> A：嘿，鲁滨逊，你现在陷在一个可怕的荒岛上，没有重见天日的希望啦。
> B：但我还活着，没有像我同船的伙伴们一样，被水淹死。
> A：可是你现在被剔出来，与世隔绝，困苦万分。
> B：但我也从全体船员中被剔出来，独免一死；我既然从死亡里逃离出来，那我一定也会有机会脱离这个境地。
> A：可是你现在与人类隔绝，仿佛一个隐士。
> B：但我并未因为没有粮食，饿死在这不毛之地啊。
> A：哈哈，你没有衣服！
> B：但我是在一个热带气候里，即使有衣服，也穿不住。
> A：你没有可以说话的人，也没有人来解除你的愁闷。
> B：但幸运的是船在海岸附近，我可以从里面取出许多有用的东西，使我终身用之不尽。
> A：好吧，你赢了，你真是乐观向上、勇敢机智的鲁滨逊啊！

图 8 "对话创编"设计

图 9 "布景制作"设计

图 10 "配音互动"设计

教师支持

整体来看，"名著长廊"这一环节完成情况较好，学生们在完成这一作业后对这三部名著作品都有了一个初步的了解。在完成"手偶剧场"和"沉浸式体验馆"的环节时，由于这些外国文学名著对学生来说时代比较久远，不同国家之间的文化差异也进一步加大了学生阅读理解与实践的难度，在学生对这些名著作品不够了解的情况下，作业中出现了剧本内容生硬、配音互动套路化等问题。因此，在对名著作品进行改编创作并多样演绎时，教师要提示学生自己查找相关的背景资料，解决阅读与实践时的疑难处、困惑处，深入研究名著作品，不要对作品内容的理解只浮于表面。

板块三：学生作业学生评

学生自评

设计名著长廊游览自评表（如表 1 所示），在学生以小组为单位进行展示后，学生对自己的作业进行自我评价。

表 1　名著长廊游览自评表

游览项目	评价标准	学生自评	我的收获
人物小传	1. 形象鲜明生动 2. 列举典型事例		
名著介绍	1. 重要内容不遗漏 2. 语言简洁、连贯、清楚		
冒险导图	1. 条理清晰 2. 内容完整		

学生互评

在分组展示作业成果后，各小组选派代表填写名著长廊游览互评表（如表 2 所示），对其他小组的作业进行评价并提出建议，作业完成小组在听取他人意见的基础上进一步修改。

表 2　名著长廊游览互评表

游览项目	评价标准	学生互评	我的建议
人物小传	1. 形象鲜明生动 2. 列举典型事例		
名著介绍	1. 重要内容不遗漏 2. 语言简洁、连贯、清楚		
冒险导图	1. 条理清晰 2. 内容完整		

教师支持

在学生自评和学生互评后，教师对学生的修订稿进行评价和提示性的批改，针对不同层次、不同基础的学生的作业采用不同的批改方式，以鼓励为主，重在提示启发，以培养学生自主学习的能力。

板块四：学生"创做评"中的教师反思

学生在完成作业的过程中，通过自主创设、实践与评价的方式，不仅培养了自主探究与合作学习的能力，更是落实了语文核心素养。同时，也引发了教师的教学反思。

1. 在创设与实践作业时，要尊重学生的学习体验，在学生自主合作完成学习任务的时候，要相信学生的能力，及时鼓励，但不要过多干预，培养学生独立思考、合作学习的能力，增强学生的学习信心。

2. 本次作业采用项目式学习的方式设计活动，融合多门学科，体现了新课标中语文学习任务群和跨学科学习的特点与要求。但在入眼、入耳、入心的体验学习中，要时刻把握好设计这些活动的目的，不要舍本逐末，要时刻将重点放在落实本单元学习目标上，不要因过于重视活动的形式而忽视了设计这些活动的根本意义。

3. 要重视小组合作学习，引导学生小组分工合作完成活动任务并进行展示，在展示的过程中，生生互评，互促互进，提高学生合作学习的能力。

4. 活动结束后，应及时与学生进行总结，分享感受，充分发挥作业育人的作用。

秦明萃　张伟　北京市通州区龙旺庄小学

读革命经典，探红色印记

——以部编版小学语文六年级下册第四单元"奋斗的历程"为例

作业自主

就小学语文学科而言，如何教学才能有效地提升学生的语文核心素养显得格外重要。《义务教育语文课程标准（2022年版）》明确指出："义务教育语文课程培养的核心素养是学生在积极的语文实践活动中积累、建构并在真实的语言运用情境中表现出来的，是文化自信和语言运用、思维能力、审美创造的综合体现。"在"双减"政策下，为减轻学生负担，切实达到提质增效的目的，找准单元整体教学的关键核心素养，充分挖掘可开发、可运用的潜在资源，以单元主题为引领，以学习任务为载体，发现学生学习中的问题，提供及时的帮助和反馈，促进学生更有效地开展学习。

板块一：学生作业学生创

学生创设

部编版小学语文重视革命文化传统教育，六年级下册第四单元就是语文学科开展革命文化教育的重要体现。学生围绕"奋斗的历程"这一主题，落实"关注外貌、神态、言行的描写，体会人物品质"和"查阅相关资料，加深对课文的理解"两个语文要素，开展了综合性学习。学生通过系列学习活动，梳理学过的内容，对比、探究相同点和不同点，将散乱的知识结构化、统整化，使之对党的奋斗历程和共产党人的革命精神有整体认知，激发了他们爱党、爱国的情感，从而树立远大的理想。为此制定了作业目标，并设计了作业框架。在"读红色经典，绘丹心长卷"的单元任务驱动下，作业呈梯度落实核心要素。

表1 单元整体框架设计

读红色经典，绘丹心长卷				
搜集资料 感悟志向	梳理资料　加深理解 品味细节　感受品质			运用资料 多样表达
查阅积累	查阅筛选	梳理探究	综合运用	表达实践
搜集红诗，制作诗集，初步体会丹心的含义。（基础）（周作业）	课后查阅筛选李大钊的相关资料，加深对人物品质的理解。（拓展）（20分钟）	查阅梳理英雄的资料，关注人物描写，探究共同的理想和追求。（探究）（20分钟）	观察身边人，记录他无私奉献的言行，综合运用资料进行人物、细节、片段描写。（实践）（30分钟）	传承红色基因，选择多种形式提升表达。（实践）（20分钟）
初识丹心	革命先驱的 红色初心	时代英雄的 碧血丹心	共产党员的 根本宗旨	我们的丹心

本次作业，学生在搜集、梳理资料的过程中获得情感体验，拓宽知识的深度和广度。

作业一：学生通过多途径积累红色诗词，为后续学习提供资料支持，在筛选、分类的过程中，获得了对语言和人物形象的认识，加深对文本的理解，初识革命者的革命理想和信念。

作业一：制作诗集，初识丹心

【作业目标】

多途径积累红色诗词，提升搜集信息的能力。

【作业内容】

古人崇尚以诗言志，革命者们也以诗歌铭记历史，表达志向。让我们搜集红色诗词感受革命者的心路历程和坚定信仰。

★ 搜集红色诗词，了解诗词背景。

★ 筛选出最打动你内心的诗歌，摘抄下来。

★ 对选中的诗词进行分类，可以按作者分类，如革命领袖写的、革命英雄写的；可以按内容分类，如歌颂中国共产党的、歌颂祖国壮丽山河的；可以按时期分类，如抗战时期的、新中国成立初期的……然后，制成班级红色诗集。

预估时间：一周

图1 学生作业一

作业二：通过课堂学习，学生知道《十六年前的回忆》按时间顺序写了几件事，但仅仅阅读课文，理解人物形象和品质不够深入。结合课文和课前查阅的资料内容，提出和李大钊相关的新问题。因此，设计此作业更好地加深了对李大钊和革命先驱们的理解。

作业二：探寻李大钊的红色初心

【作业目标】

筛选能表现李大钊品质的相关资料，继续运用"关注人物神态、语言、动作"的方法，体会人物品质，并结合相关资料尝试解决提出的新问题。

【作业内容】

查阅"李大钊主要革命事迹"的相关资料，关注其外貌、神态、言行等描写，体会李大钊的品质，用词语记录对李大钊的新认识。如果你还有什么新问题，也可以再查阅资料解决问题。

选做：如果有条件，可以寻访李大钊在北京生活、工作的轨迹，如李大钊故居、李大钊烈士陵园、国立蒙藏学校旧址等，结合查阅到的李大钊事迹相关资料，绘制"李大钊北京红色印记"，并提供相关地址或网址，推荐给他人，继续了解李大钊或其他革命先驱。

预估时长：20分钟

图2 学生作业二

作业三：学生通过查阅资料、观影等方式了解到不同时期的英雄形象，在梳理资料、对比探究的过程中，关注细节，体会品质。将课后作业与课堂学习融合，将静态的学习支架转化为动态的学习活动，进而走进人物的精神世界。

> **作业三：绘英雄图谱，了解时代英雄的碧血丹心**
>
> 【作业目标】
>
> 通过查阅图文、影视资料，梳理战斗时期与和平年代的英雄事迹，关注他们的言行，对比探究中发现人物的共同理想，形成自己的认识。
>
> 【作业内容】
>
> 前期，同学们查阅了有关先烈的资料，一个个鲜活的形象印刻在我们心中。和平年代需要英雄吗？谁又是新时代的英雄呢？请同学们继续查阅资料，绘出最令你佩服的一位英雄，上榜我们的丹心长卷。
>
> 1. 查阅资料——关联本单元的主题内容和附录中推荐的影视作品、新闻报道，了解更多和平年代的英雄人物。
>
> 2. 梳理资料——结合前期查阅的资料，按时期进行分类，并用喜欢的方式梳理出各类代表人物，发现他们的崇高理想。
>
> 3. 榜样推荐——哪个形象最令你敬佩呢？结合打动你的感动瞬间绘成英雄谱（注意用到我们学过的细节描写的方法），推荐到丹心长卷中。
>
> 预估时长：20分钟

图3　学生作业三

教师支持

教师帮助学生设计了几个主题序列，指导学生梳理了关于"百年奋斗历程"的相关知识，查阅"百年奋斗历程"中涌现的中华优秀儿女所想、所说、所做，使学生逐步从对革命者贴标签式的认识向理解革命精神内涵进阶；从了解课本知识回到生活中，为学生树立正确的人生观、价值观奠定基础。

板块二：学生作业学生做

学生实践

本作业设计关注语文核心素养维度，突出了基础性、拓展性、实践性。学生通过查阅资料，进行分类梳理，将作业灵活应用于课前、课后；通过制作诗集、寻访红色足迹、制作英雄谱、观察采访、录音频制作二维码等课后实践作业，使学生在多感官参与的情况下深刻理解人物形象。在大任务的驱动下，自主选择研究方向，小组合作完成作业。

1. 学生制作红色诗集。
2. 学生绘制戍边英雄谱。
3. 学生自主设计采访问卷。

教师支持

教师将课文作为一个起点，通过帮助学生整合多方资源，引导学生分析文本中的细节描写；同时多元关联课外资料，拓宽了学生知识的深度和广度，实现作业层层进阶。学生在多种作业的实践中完成对人物形象的深刻认识和对文本的理解,在语言运用实践中获得思维能力的提升,情感、态度、价值观的感召。

板块三:学生作业学生评

学生自评

学生自由组成小组,选择喜欢的研究方向完成资料的搜集和梳理,并依托本单元的语文要素,设定评价标准。在小组合作之后,教师给予学生充足的时间对照评价标准讨论,引导各小组成员自我评价实施效果。

表2 学生自评、互评表

评价标准	评价等级	评价任务	学生自评	学生互评
1.能借助资料,与文本对接,感受人物的坚定信念和崇高品质,形成自己的认识。	合 格	绘红色诗集: 借助资料搜集红色诗歌,感受革命者的一片丹心。		
2.能借助资料并梳理资料,与文本对接,从不同角度进行理解,感受人物的坚定信念和崇高品质,形成自己的认识。	良 好	绘李大钊的红色初心: 借助资料,发现革命先驱的红色初心。		
		绘成边英雄谱: 梳理查阅的资料,推选时代英雄。		
3.能借助并运用资料,与文本对接,从多个角度加深理解,在人物的坚定信念和崇高品质中受到感染和熏陶,形成自己的认识。	优 秀	绘观察访谈录: 搜集并运用资料,访谈身边默默奉献的人。		
		绘我们的丹心: 运用查阅的资料和学习的方法,创意表达自己的赤子之心。		

学生互评

将评价的主动权交给学生,学生更易接受,评价效果更好。在小组协作过程中,记录作业完成过程,分享阶段性成果。一方面,从同学的作业中学到对方的长处,看到自己的不足,不断认识自我、完善自我,使学生成为学习的主人;另一方面,可以促进各组成员互相交流,彼此激励,更好地完善本组的学习成果。

教师支持

学生在学习过程中参照评价标准不断修正、规范自己的学习，完成自我认知、自我促进。教师可通过学生的作业完成情况，清楚地知道学生是否走进了人物的内心，便于有针对性地进行指导；同时通过学生的创意表达，评价其是否真正习得了写法，进一步了解学生对语文要素的落实情况。阅读看联结，表达看转化，联结与转化互为评价，这也体现了"双减"背景下"教—学—评"一体化的学习模式。

板块四：学生"创做评"中的教师反思

学生通过自主设计、自主实践的过程，持续激发学习兴趣，达成目标的驱动作用。在教中学，学中评，实现"教—学—评"一体化的自然融通。

1. 从分散到统整，盘活丰富的教学资源。学生基于核心素养整体架构单元作业内容，体悟理想与信念，从理解到表达的转换中，实现双线结构的发展。在一次次梳理、对比资料中提升分析判断力，优化语言经验，将阅读延伸至更广阔的世界，提升思想认识和教育价值。

2. 查阅相关资料，丰富学生的阅读体验。由于革命传统教育题材的课文所写的事件与学生生活体验存在较大的差距，学生阅读课文通常是一种横向单一的平面阅读，不了解背景，影响对文本的理解。作业设计中借助影视作品、网上纪念馆、图片等资源，引领学生走进红色经典作品，实现对人物品质的立体感知。

3. 活动化作业设计，走进真实的内心世界。作业将语文学习与生活相融合，鼓励学生走进生活，从文字阅读走进真实情境，从认识书中人物到寻访身边人，激发学生学语文、用语文的兴趣，提高学生的语文素养。如"绘制英雄谱"，通过资料的筛选梳理，探究发现共同点，突破学生对人物片面、标签式的认识，向立体、真实的理解与感受迸发，调动了学生的学习内驱力，激发了学生深入探究的学习兴趣。

刘晓群　赵瑞莲　杨霞　北京市石景山区古城第二小学

数学篇

单元整体教学促作业整合，模拟购物活动促班级发展
——以北京版小学数学一年级下册《认识人民币》为例

作业自主

《义务教育数学课程标准（2022年版）》中提到要对课程内容进行结构化整合，引导学生在真实情境中发现问题和提出问题，而"综合与实践"领域正是以培养学生综合运用所学知识和方法解决实际问题的能力为目标，对于低年级学生主要采用主题式学习的方式，引导学生综合运用数学学科和跨学科的知识与方法解决问题。

根据新课标要求和单元内容分析，我们发现北京版一年级下册《认识人民币》《旅游购物》以及《分类》这三课，正是需要学生在综合实践中积累购物经验，从而发展量感和数据意识。因此，在"双减"背景下，我们进行了大单元整合教学，从学生生活本位出发，依托学校里每个班都设置的班级超市，在解决超市运营和管理的问题中，通过跨学科学习，让学生的核心素养得到发展。

板块一：学生作业学生创

学生创设

班级超市是学生非常喜爱的校园一角，随着它的建立，一系列现实问题摆在同学们面前，比如"拿什么进行购物交易？""班级超市里要卖些什么东西呢？"等，为了解决这些问题，同学们设计了如下三个实践作业。

作业一：设计年级通用货币

通过认识人民币上的元素，为年级设计统一的通用货币，并制定年级币设计评价量规，完成"年级通用货币设计单"。为了解决"拿什么进行购物交易？"的问题，学生设计了此作业，在完成这项作业时，学生充分了解货币的含义及价值，发展金融素养和应用意识。

作业二：制订班级超市采购方案

选择合适的方式，调查统计班级同学喜爱的物品，制定班级超市的采购方案。为了解决"班级超市里要卖些什么东西呢？"的问题，学生设计了此作业，在实际的任务中初步建立统计调查的概念，形成初步的数据意识。

作业三：实施班级超市购物交易

利用年级币进行班级超市购物交易。同学们拿着自主设计的年级币，在班级超市体验实际购买过程，在真实的购物活动中发展数感和听说能力。

教师支持

作业一：设计年级通用货币

本作业设计目标：

1. 金融素养：认识人民币，了解人民币的基本特征（如面值、防伪标志等），知道人民币的单位是元、角、分。

2. 应用意识：能够参照人民币的基本特征，设计的年级通用货币包含年级设计元素（校徽、2021级、四个班级图标的合体、学校风景图案等），满足不同购买方案的需求。

学生在实际问题的驱动下通过课上观察人民币，了解货币的意义，从而迁移人民币的设计要素，创造出适合班级超市使用的年级币。学生在完成作业的过程中既需要认真观察人民币的要素，理解其含义，又要思考通用货币面额制定的道理。

作业二：制订班级超市采购方案

本作业设计目标：分类并统计班级同学喜爱的物品，能够根据统计结果来合理作决策，发展数据意识。

学生根据同学们喜爱物品的特征，依据标准进行分类，并运用图画、文字或表格的形式记录并描述分类结果，学生在完成本次作业时，会运用数学语言表达现实世界，形成初步的数据意识，为后续学习统计中的数据分类打好基础。

作业三：实施班级超市购物交易

本作业设计目标：

1. 数感：掌握人民币的计算以及不同单位之间的换算，准确计算出采购方案所需要的钱数，并用以指导实际购物交易。

2. 听说：能够借助相关信息清晰表达自己的观点，能够听懂英语中关于询问数量的对话并进行交流。

学生在完成本次作业时，会在真实的情境中合理使用年级币，并能进行简单的单位换算，之后在老师的引导下反思并述说购物的过程，形成对货币多少的量感和初步的金融素养。

板块二：学生作业学生做

学生实践

作业一：设计年级通用货币

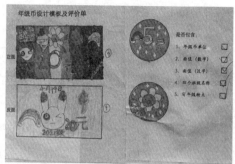

图 1　年级币设计图及学生自评

作业二：制订班级超市采购方案

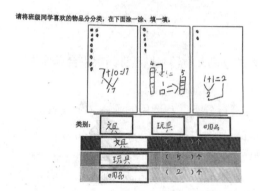
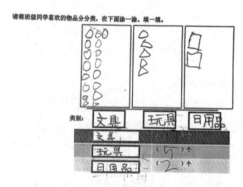

图 2　班级物品喜爱调查表

作业三：实施班级超市购物交易

图 3　班级超市采购清单

教师支持

为了完成作业一设计年级通用货币，教师先在课堂上为学生提供了"认识人民币学习单"（如图4所示），通过观察、梳理、总结人民币的基本特征，将经验迁移到年级币的设计中来。同学们经过小组合作与沟通交流，整理完成后又共同制定了年级币上至少要包含的元素，即年级币设计图评价量规。大家将最符合评价量规的年级币设计图交给工厂并制作出成品（如图5所示），在年级内进行流通、交易，并设置了优秀年级币展（如图6所示）。

图4 认识人民币学习单

图5 年级币成品

图6 优秀年级币展

为了完成作业二制订班级超市采购方案，教师在课上让学生亲身经历数据收集、数据分类，引导学生用语言简单描述分类的过程及标准，并将数据结果呈现在统计表中（如图7所示）。教师为学生提供了"班级物品喜爱调查表"，学生在统计数据时，有的用图形表示商品，边数边画得到商品的数量，还有的先分一分，再数一数得到了商品数量。

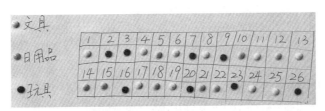

图7 学生喜爱物品数据统计表

为了完成作业三实施班级超市购物交易，教师提前为学生提供脚手架——复核清单，帮助学生反思和检查计算是否正确以及是否在预算内。在复核过程中，有的小组同学没有理解数量、单价和总价之间的关系,在复核的时候将4角+3角算成了9角,教师可以询问如何回顾,强调此做法的重要性。最后,教师为同学们真实采购了大家喜爱的物品放入班级超市货架,为班级超市开业打下基础。

板块三:学生作业学生评

学生自评

为了让师生更好地了解本次单元整体作业对学生素养和能力的考查情况,设计了作业完成情况评价表(如表1所示)。通过对作业完成过程和实施结果的回顾反思,让学生实现对自我的回顾与反思,部分学生自评如图8所示。

表1 作业完成情况自我评价表

作业完成过程			
过程简要记录	教师布置该作业的目的是否明确?	是	否
	教师给予的实施建议是否可行?	是	否
	自我实施作业前是否有清晰规划?	是	否
	自我实施作业时,遇到问题是如何解决的?		
	自我实施作业时,整合了哪些领域的知识、能力等?		
实践活动收获	自我实施后,达到了哪些预期目标?		
	自我实施作业后,得到哪些意外收获?		
	期望该类作业今后有何调整?		

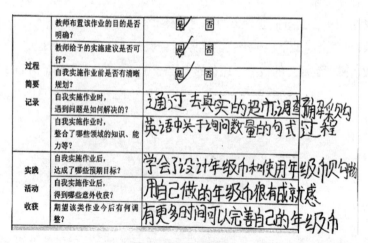

图8 学生自评结果

学生互评

针对作业一、二，学生们在参观优秀年级币展时，互相欣赏、交流、评价作业的完成情况。学生互评既是一个向同伴学习的好机会，也是自我反思作品与目标之间差距的好时机。对于作业三，我们给老师和同学设计了"采购过程评价表"（如表2所示），老师和同学们根据评价对象在购物交易中对于数学、英语学科知识与团队合作能力的表现，进行评价打星。

表2 采购过程评价表

评价内容	等级
学生是否知道1元=10角。	☆☆☆☆☆
学生是否知道1角=10分。	☆☆☆☆☆
1. 小组成员能否正确使用英文与供货商进行交流（如能听懂关于物品数量的对话，包括："How many … do you have?""How many … can you see?""I have …""I can see …"。 2. 能用"How many … do you have?""How many … can you see?"询问物品数量，并用"I have …""I can see …"应答。	☆☆☆☆☆
小组成员之间以及与供货商的交流中，能够借助相关信息说清楚自己的观点。	☆☆☆☆☆
小组成员之间能够相互合作，使用良好的沟通和社交技巧与他人有效互动，并保持积极的关系。	☆☆☆☆☆
小组成员能根据现场的售卖情况，对原有的模拟购买方案进行调整，作出合理决策。	☆☆☆☆☆

教师支持

教师根据学生单元整体作业中重点考察的五个素养——金融素养、应用意识、数据意识、数感能力和听说能力，从三个水平进行评价，设计了表3中的表现性任务评价量规。

表3 单元作业评价表

水平＼维度	金融素养	应用意识	数据意识	数感能力	听说能力
水平三	能够认识人民币，了解人民币的基本特征（如面值、防伪标志等），知道人民币的单位是元、角、分。	能够参照人民币的基本特征，设计出包含多种年级设计元素（校徽、2021级、四个班级图标的合体、学校风景图案等）满足不同购买方案需求的年级币。	能够分类并统计班级同学喜爱的物品，能够根据统计结果来合理作决策。	能够掌握人民币的计算以及不同单位之间的换算，准确计算出采购方案所需要的钱数，并用以指导实际购物交易。	能够借助相关信息清晰表达自己的观点，能够听懂英语中关于询问数量的对话并进行交流。

续 表

水平＼维度	金融素养	应用意识	数据意识	数感能力	听说能力
水平二	能够认识人民币，了解人民币的基本特征（如面值、防伪标志等）。	能够参照人民币的基本特征，设计出包含一种年级设计元素（校徽、2021级、四个班级图标的合体、学校风景图案等）满足不同购买方案需求的年级币。	能够分类并统计班级同学喜爱的物品，能够根据统计结果来尝试作决策。	能够掌握人民币的计算以及不同单位之间的换算，能够较为准确的计算出采购方案所需要的钱数，并用以指导实际购物交易。	能够借助相关信息较为清晰表达自己的观点，能够听懂英语中关于询问数量的对话并进行交流。
水平一	能够认识人民币。	能够参照人民币的基本特征，设计出包含一种年级设计元素（校徽、2021级、四个班级图标的合体、学校风景图案等）满足购买方案需求的年级币。	能够尝试分类并统计班级同学喜爱的物品，能够根据统计结果来尝试作决策。	能够掌握人民币的计算以及不同单位之间的换算，计算出采购方案所需要的钱数会出现问题，实际购物交易时易出现问题。	能够借助相关信息较为清晰表达自己的观点，用英文询问数量并进行交流时易出现问题。
教师评价	☆☆☆☆☆	☆☆☆☆☆	☆☆☆☆☆	☆☆☆☆☆	☆☆☆☆☆

板块四：学生"创做评"中的教师反思

通过让学生自主整合设计单元大作业，不论是老师还是学生都收获颇丰，具体来看，本次作业设计具有以下两个特点。

1. 单元作业设计呈系统性。通过单元整体教学，结合班级超市运营的实际问题，学生自主设计了单元大作业，在作业任务的驱动下，学生在课堂上认识人民币和设计年级币的兴趣极高，完成作业的主动性大幅提高，推动班级超市的发展，促进了班级建设，增强了同学们的集体荣誉感。在作业实践中，学生有几点变化：一是学生对元、角、分模型的感知更具系统性，经历了观察、分类、设计、交易的全过程，量感、数据意识得到发展；二是学生经历了完整的购物交易过程，从制订方案、实施交易到调整反思，学生不仅仅解决了问题，而且在直观模型的辅助下体会了价值，问题解决能力得到发展；三是在团队合作中，学生学会了与人沟通，互动反思、乐学善学的素养得到发展。

2. 多学科任务驱动下的作业呈多元性。实践性作业"设计年级通用货币""制订班级超市采购方案""实施班级超市购物交易"有机结合了艺术、道法、英语等多学科的知识，充分调动学生的元认知，增强了学生对知识系统性的把握与应用。在作业任务的总体引领下，学生的核心素养得到全面发展，具体体现在：一是学生在考虑年级币外观和实用性时，审美情趣得到发展;二是学生在制订采购方案时,不仅要进行元、角、分的单位换算,还要考虑本金的限制,在对解决问题的方案或结果进行解释或反思的过程中,问题解决能力得到发展;三是学生在购物交易时,语言表达与逻辑思维得到发展。在跨学科任务的驱动下,学生的应用意识得到发展,素养与思维得到进阶。

杜莞顿　王励　北京十一未来城学校

王颖　北京市昌平区回龙观第二小学

经验为引，素养导向
——以北京版小学数学一年级下册《认识图形》为例

作业自主

"双减"政策下，新课改的目标明确指出培养学生具有终身学习的愿望和能力，掌握适应时代发展需要的基础知识和基本技能，学会搜集、判断和处理信息，养成创新精神和实践能力，这就要求我们要从培养学生的主观能动性上下功夫。作业，是课堂教与学的延伸，是小学数学教学中不容忽视的重要环节。笔者结合多年的教学经验，从平时的教学观察入手，以《义务教育数学课程标准（2022年版）》所强调的小学阶段核心素养要侧重对经验的感悟为导向，结合《认识图形》这一课，进行作业优化设计。

板块一：学生作业学生创

学生创设

一年级的学生虽然还比较小，但是已经具有一定的自主性。而且，一年级的学生富有创造力，能够主动探索，勇敢创造，我们就必须有意识地引导学生发挥自主性，同时进一步把学生的创造力解放出来，用他们智慧的双手拼出各种各样有创意的图案。在愉快的拼创过程中，不仅能够让孩子认识不同图形的特征，同时也能激发他们的创新能力，这使得核心素养导向下的小学数学作业的自主设计具有了一定的基础。

教师支持

为了让学生动手拼创，加深对图形的认识，教师从核心素养着手，整体优化作业设计。从主题和目标分析、系统呈现、全面反馈、深刻反思等方面，以核心素养为导向，优化设计《认识图形》的课后作业。

以教材内容为依托，以教学目标实现为基准，以知识技能的巩固为基本，以数学思想方法的发展为灵魂，以数学应用意识的提高为目的，达成数学态度精神的最高目标，从作业内容、目标、路径、类型、难度这五个方面优化作业设计。作业内容分层设计，学生可以根据自己的能力和兴趣进行选择。

表1 《认识图形》分层作业设计

题 目	目标达成	路 径	类 型	难 度
1	1. 直观认识平面图形，能辨认和区分。 2. 感受图形与生活的联系，从数学的角度感知生活。	连线题	书面题	低
2	直观感受平面图形特征，能辨认和区分。	填空题	书面题	低
3	初步感受平面图形之间的关系。	判断题	书面题	高
4	培养观察能力、抽象思维能力。	填空题	书面题	中
5	1. 建立数学模型，摸索解决方法。 2. 感受数学与生活的联系，提高数学应用能力。	填空题	书面题	中
6	1. 感受图形之间的关系。 2. 体验数学学习的乐趣，增加学习兴趣。	实操题	动手操作 小组交流	低
7	对生活进行观察，发现生活中的数学，提高数学抽象思维能力。	实操题	实践操作 合作研讨	中
8	1. 在操作中发散数学思维。 2. 激发数学学习的好奇心、求知欲。	实操题	动手操作	高

其中，前7题必做，第8题选做，每道题对应相应的作业目的，但有不同的交叉。如此一来，学生可以根据自己的能力和兴趣进行选择。

板块二：学生作业学生做

学生实践

一、学中玩，玩中学

学生主动探索，勇敢创造，用他们手中的彩纸、胶水、剪刀、彩笔等工具，裁剪出正方形、长方形、三角形等各种形状的图形，然后自由拼接，进行"图形大变身"，从中体验生活教材数学化的快乐。简单的图形，成为学生爱不释手的玩具，尽情地发挥自己的想象，围成自己的"世外桃源"。

在学中玩，在玩中学，在上述基础上，说说"图形大变身"这幅画中，有几个□，有几个▱，有几个△，有几个○。

 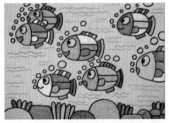

图1 图形大变身

图2 《认识图形》第6题

二、做一做，练一练

数学是一门生活化的学科，最终要回归生活。《义务教育数学课程标准（2022年版）》强调数学课程要培养学生的核心素养，包括会用数学的眼光观察现实世界，会用数学的思维思考现实世界，会用数学的语言表达现实世界。学生结合本课学习内容和任务要求完成作业。

老师在讲授完各种图形后，常规课后作业经过学生自主设计，改为了"生活化场景作业"，于是变成了以下的作业题，既让学生熟练地掌握了各类图形，又让作业更富有实践性和趣味性。

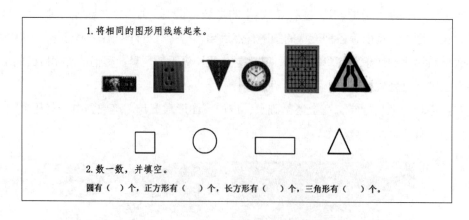

3. 对的打√,错的打×。

(1) 两个三角形一定能拼成一个平行四边形。(　)

(2) 两个相同的长方形一定能拼成一个正方形。(　)

4. 想一想,填上相应的数字。

用 ▢ 做成一个 ▢,数字"3"的对面是(　)

5. 数一数图中的墙体还缺(　)块砖。

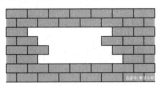

6. 认识七巧板,并拼图形,向同学说一说你拼的是什么。

7. 看一看,说一说。

除了下图中列举的东西,你生活中的平面图形还有哪些?

8. 移动3根火柴,使它变成3个大小相同的正方形。除此之外,你还能移动出什么形状来?

图3 《认识图形》课后作业

教师支持

《义务教育数学课程标准（2022年版）》明确指出，低年级的教师在教学过程中要充分利用学生的生活经验，设计生动、有趣的教学活动。根据新课标的理念，教学内容设计如图3所示，在初步认识、直观感知的基础上，培养学生的动手操作能力、感知表达能力、数学与生活的联系能力，能够学会用数学的眼光来观察生活当中的事情。

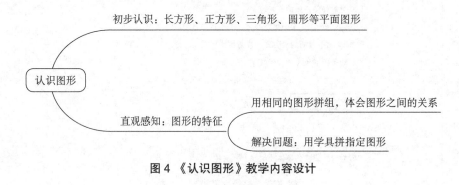

图4 《认识图形》教学内容设计

板块三：学生作业学生评

学生自评

学生是作业设计的检测者，所以还要通过学生的视角来检测作业设计的效果。教师设计了如下几个维度，由学生进行自我评价。

表2 学生评价量表

评价要素	非常同意	同 意	一 般	不同意	非常不同意
1.用心发现生活中的数学。					
2.理解题意得出正确的结论。					
3.认真去发现数学解题方法。					
4.积极参与小组合作探究。					

学生互评

题6至题7是实操题，需要学生在动手操作中得到答案，并且进行组内交流。答案往往不唯一，这成为学生喜欢的作业类型。学生对待各题目的态度见图5所示。在动作操作中，学生体会了图形之间的关系，提高了学习兴趣；与此同时，向伙伴介绍自己的思路，又提高了自己的语言组织和逻辑思考能力，有利于学生多元智能的发展。

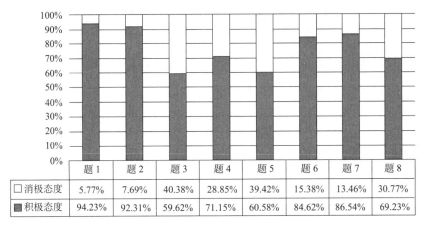

图 5 学生对《认识图形》作业题目的态度

题 8 因为是选做题,学生根据自己的能力和兴趣自主选择做还是不做。从完成度来看,所有的学生都做了,可以看出学生有着数学学习的好奇心和求知欲。但是,由于题目有一定的难度,所以多数学生是以小组合作的方式完成的,由此可见,小学生对于具有挑战性的题目有合作探究的意识。

教师支持

将题 1 至题 5 的情况导入到平台,让学生能够看到整体的作业情况;观察题 6 和题 7 学生的组内交流情况,抓住重难点,整体把控、及时反馈、适当引导;观察题 8 的完成情况,对具有合作探究精神的小组给予适当的语言激励,鼓励有能力的学生带动基础薄弱的学生,激发学生的探究欲望。

在上述设计的作业中,题 1 至题 5 是常规作业题,答案是惟一的,旨在检测学生的知识掌握情况。学生的答题情况如下图 6 所示,可见题 1、题 2 学生的完成效果比较好;题 3 的正确率则比较低,仅为 61.54%,可见抽象理解图形之间的关系难度系数比较高;题 4、题 5 的正确率分别是 76.92%、66.35%。可见学生对待题 1、2 这类简单的题目比较积极,但是对 3、4、5 这种稍微增加难度的题目就带有一定的抵触情绪。

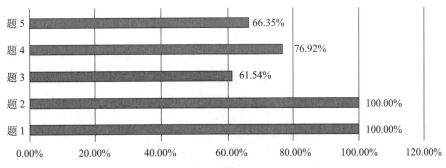

图 6 《认识图形》作业题 1 至题 5 正确率情况

数学篇 141

板块四：学生"创做评"中的教师反思

　　虽然作业设计面向的是学生，但是学生的作业情况能够帮助教师更好地进行自我评价反思。从作业反馈来看，笔者从作业设计的适切性、结构性、科学性、创造性四个方面进行自我评价反思。整体来看，作业设计打破了单一的作业形式，覆盖了各类题型，也覆盖了所有的教学目标；考虑了不同学生的能力水平，对作业进行了适当的分层；将小组合作探究纳入其中，发展学生的数学思维；总体上围绕着数学核心素养设计作业，能够有效地培养学生的核心素养。

　　但是，还有一些地方需要进一步改进：相对欠缺的是适切性方面，作业难易比例的分配还有待于进一步地优化调整，结合学情分析合理设计题目的难易程度，才能更好地达成学习目标；鉴于小学生之间的合作探究能力有限，可以适当地增加同伴合作作业，提高他们的合作意识和合作探究能力，也有利于他们进一步接受更大的挑战。

刘戈　北京市通州区后南仓小学紫运校区

主题活动引领，快乐创新数学画

——以北京版小学数学二年级上册"解决实际问题"综合实践活动为例

作业自主

《义务教育数学课程标准（2022年版）》优化了课程内容结构，把解决实际问题划分到综合与实践的学习领域。综合与实践是让学生在实际情境和真实问题中，运用数学和其他学科的知识与方法，经历发现问题、提出问题、分析问题、解决问题的过程，感悟数学知识之间、数学与其他学科知识之间的联系，积累活动经验，感悟思想方法，形成创新意识，提高解决实际问题的能力，发展核心素养。

低年级学生年龄小、形象思维强，爱用画画表达自己的意愿。教师可以充分利用生活实例，在数学学习中多采用主题式学习，将数学知识融入活动中。将实际问题中的数量关系通过图画作品表达出来，使得学生更容易接受和理解。

板块一：学生作业学生创

学生创设

数学作业不仅要考虑数学自身的特点，更应遵循学生学习的心理规律，强调从学生已有的生活经验出发。因此，教师可以尝试为学生提供自主设计作业的机会，在设计作业的过程中让学生成为作业设计的主体。

在二年级学习乘除法后，学生具备一定的解决实际问题的能力，但是掌握的情况却参差不齐。在布置作业时，教师往往很难兼顾差异。怎样布置有质又有趣的作业，让每一位学生在感兴趣的同时又能提高解题能力呢？教师可以尝试让学生结合画画，自行设计作业。

学生在小学阶段喜欢画一画，拼一拼，剪一剪。因此，教师可以根据这个特点，抓住学生喜欢玩雪、画雪人、剪雪花这个契机，组织"快乐数学，创新数学"自主设计作业主题活动。

学生根据活动要求，自主设计作业，并以自己解决问题的能力，编出多样的实际问题。下页图1是学生在活动中创造的数学画。实践是巩固学生基础知识，强化数学意识的重要环节。学生在绘画编题中学习知识、掌握知识，从实际运用中体会到数学学习的乐趣。

图1 雪人讲故事

教师支持

学生在设计之初，会出现"不知如何下手"的情况，教师可以事先提出活动要求：下雪啦，我们和小雪人一起做游戏吧！请你设计一份数学作业，让小雪人讲出数学故事。格式和内容都自主设计。

板块二：学生作业学生做

学生实践

学生在教师的指导下，根据自身实际学习情况，设计适合自己难度和需求的作业，并按计划完成。这种方式可以帮助学生避免无效的劳动，同时，使学生体验自主探究和发现知识的喜悦。

二年级学生已经学过分数和倍数关系的乘除法实际问题。为了避免枯燥重复性的作业，可以把练习课设计成综合与实践的主题活动，主题是"游乐场里的数学画"。

对于游乐场学生并不陌生，许多游乐项目学生都体验过。主题活动第一步：学生介绍喜欢的游乐项目。第二步：学生绘画游乐项目。第三步：学生讲一讲作品中的数学故事。一位学生看着画编出数学故事："我坐摩天轮，发现摩天轮一个车厢可以坐2人，有5个车厢，一共坐多少人？"一石激起千层浪，他的回答让其他学生发现，原来图画里真的藏着数学故事。大家都争先恐后地把自己的画讲出来，于是一幅幅"游乐场里的数学画"诞生了。

图2 游乐场里的数学画

主题活动使学生感受到数学与生活的密切联系，让每一位学生真正走进数学，喜欢数学；也培养和激发了学生自主探索的积极性，实现了学生的自主发展；更提升了学生数学学习的兴趣和核心素养能力。

教师支持

作为教师要重视作业的设计，体现"以人为本"的教育观念。以课本内容为出发点，延伸到课外数学知识，以学生理解的薄弱点为突破口，通过学生自主探究和教师引导的教学模式，使学生掌握数学知识，提高数学综合能力。

板块三：学生作业学生评

学生自评

低年级学生应尝试以自主评价为主的多种评价方式，比如让学生议一议、评一评、改一改等，让他们充分地参与学习，认识自我，进而提升学习的主动性。"游乐场里的数学画"主题活动后，学生拿着作品，开展了自我评价。

表1 学生自评、互评表

	画面整洁☆☆	字迹工整☆☆	故事完整☆☆	加分项☆☆
1				
2				

学生互评

小组评价是对自我评价的重要补充。生生之间多向交流，强化学生参与学习活动的积极性，也促使学生在共同活动中增强了自主学习的效果。

小组评价鼓励人人参与，在评价时，最少说出对方一个值得学习的地方和需要改进的地方。学生按小组展开充分、自由的讨论和评价，通过评价可以使思路更加清晰和严谨，同时又能相互取长补短，共同提高。

教师支持

主题活动的评价是综合与实践的重要组成部分，应当多关注过程性评价。特别是对低年级学生来说，科学有效的评价有助于学生认识自我、建立自信。

板块四：学生"创做评"中的教师反思

对于低年级学生来说，在完成主题式作业的过程中，通过自主创作、自主实践与自主评价的方式，不仅帮助学生将数学与生活紧密联系，还在创作中激发了想象力，提升了数学素养。在学生"创做评"的过程中，也引发了教师的教学反思。

1. 低年级数学作业设计要注重培养学生独立思考的能力。教师要知道，教学的目的不仅仅是向学生传授知识，更是要培养学生的素养和能力。教师要引导学生学会独立思考，在解决问题时提高创新意识。

2. 低年级数学作业设计要引导学生养成动手探索的习惯。低年级作业不仅仅要体现在作业本上，更要体现在动手探索的过程中。布置作业时可以有意识地设计主题实践性活动，如分一分、摆一摆、画一画、圈一圈、数一数等。动手操作是学生认识事物的重要手段，在操作过程中可以获得直接经验，所以作业设计要注意引导学生养成动手探索的习惯。

3. 低年级数学作业设计要兼顾不同学生的发展需要。新课标提出：坚持创新导向，凸显学生主体地位，关注学生个性化、多样化的学习和发展需求。教师要使每个学生都能得到最大限度的发展，就要做到因材施教。作业设计要兼顾不同学生的发展需要。

作为教师不仅要传授学生相关的理论知识，还要注重学生实践运用能力的培养。自主型作业的设计和实施能够有效地调动学生学习数学的积极性，充分发挥学生在作业过程中的主体作用，从而有效地提高学生的数学学习兴趣，培养数学能力，发展数学思维。

纪菲　北京教育科学研究院通州区第一实验小学杨庄校区

自主管理时间

——以北京版小学数学三年级上册"做聪明的时间管理者"综合实践活动为例

作业自主

"双减"政策落地,新课标颁布,学习方式的变革,有效实践作业的创新与设计备受师生们的重视与喜爱。学生自主参与实践作业的"创做评"活动,更易激发学生学习的内驱力,学生在亲身经历、动手实践、交流合作等学习方式中形成分析问题、解决问题的能力,在批判性反思评价过程中,促进自主学习能力的提升,发展核心素养。

"做聪明的时间管理者"数学综合实践活动是基于我对班级 36 名学生为期一周的观察。

表 1 三年级学生"时间意识"观察情况

观察内容		做到人数	做到的占总人数的百分比
听到铃声马上进教室		31 人	86.1%
自习课写作业	抓紧时间写作业	11 人	30.6%
	有拖拉行为	13 人	36.1%
	缺乏持久性	7 人	19.4%
	不做事	5 人	13.9%

我发现多数学生缺乏时间意识,受年龄和经验的影响,他们很难具有主动进行时间管理、科学合理安排时间的能力,随时制订活动方案的意识和能力就更薄弱。

基于学情,结合北京版小学数学三年级上册《24 时记时法》的教学内容,我组织学生以活动为载体,开展"做聪明的时间管理者"数学系列综合实践活动,且设计并实施了相关实践作业。

板块一:学生作业学生创

学生创设

制订计划是每个人必备的能力,学生缺乏时间规划意识与能力,需要老师有意识地去培养。结合学情和《24 时记时法》的学习内容,引导学生品味"做"的过程,组织学生思考"做聪明的时间管理者"需要考虑的问题要素,在对比、分类、辨析中整合优化信息,确定时间计划表中的必备内容,并自主设计周末一天的活动时间计划。

表2 ____月____日活动时间计划表

学校: 班级: 姓名:

开始时间	结束时间	计划安排内容	执行情况完成画"√"

教师支持

教师活动前与家长沟通好，不要人为地去干预、打扰学生们的活动时间的计划与落实。活动中，精心组织学生经历自主作业的设计与落实、评价标准的制定与评价的过程，感受数学与生活的密切关系，培养学生有序思考与时间应用的能力。

板块二：学生作业学生做

学生实践

学生利用周末时间，都能依照个人第一次制订的活动时间计划去严格落实，不仅丰富了实践体验，还提高了时间应用能力，更是拥有了一次"我的时间我做主"的快乐，并将实施情况进行了真实记录与说明。

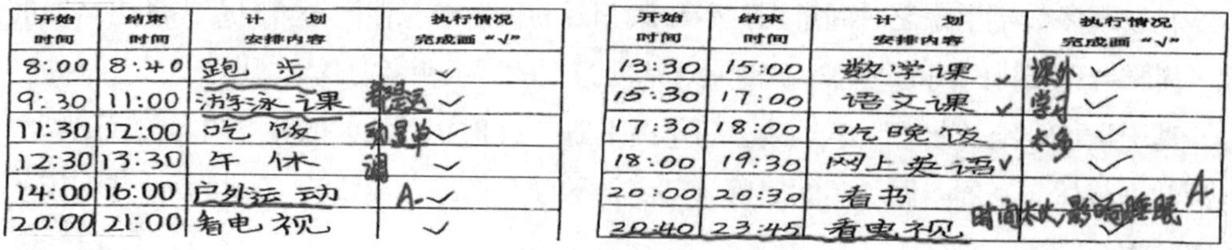

开始时间	结束时间	计划安排内容	执行情况完成画"√"
8:00	8:40	跑步	√
9:30	11:00	游泳课	√
11:30	12:00	吃饭	√
12:30	13:30	午休	√
14:00	16:00	户外运动	A √
20:00	21:00	看电视	√

开始时间	结束时间	计划安排内容	执行情况完成画"√"
13:30	15:00	数学课	√
15:30	17:00	语文课	√
17:30	18:00	吃晚饭	√
18:00	19:30	网上英语	√
20:00	20:30	看书	√ A
20:40	23:45	看电视	时间太长，影响睡眠

图1 学生活动时间计划表

教师支持

大部分学生能够落实活动时间计划，只有极个别学生因自身原因使得某一项活动未按时间节点完成，也都说明了情况。若从活动内容及安排的时间点或时长上看，就会发现很多是不科学、不合理、不利于学生身体健康发育的，比如连续学习时间过长，吃完饭就去上课，学习效率低，影响胃消化；看电视太晚，睡眠不足，影响发育等。

为帮助学生真正成为聪明的时间规划者与管理者，老师为学生搭建展示、分享、交流作业的平台，组织学生单独展示分享作业后对作业进行集体"会诊"，发现问题、提出问题、分析问题、解决问题。同时，结合学生作业中出现的不足，引导学生制定出做时间计划的评价标准，也是学生再次制订时间计划的参考依据。

表3 小组评价单

学校：				班级：			姓名：	
评价内容	记录准确 1分	内容丰富 1分	劳逸结合 2分	科学合理 2分	完成情况			总分 10分
					全部按时完成4分	有一项没完成2分	有两项没完成2分	有三项没完成1分	
得分									

学生研讨出评价标准后，老师组织学生依据标准自查，反思问题，提出改进措施，并进行了第二次的更加完善的周末活动时间计划的制订，如图2所示。

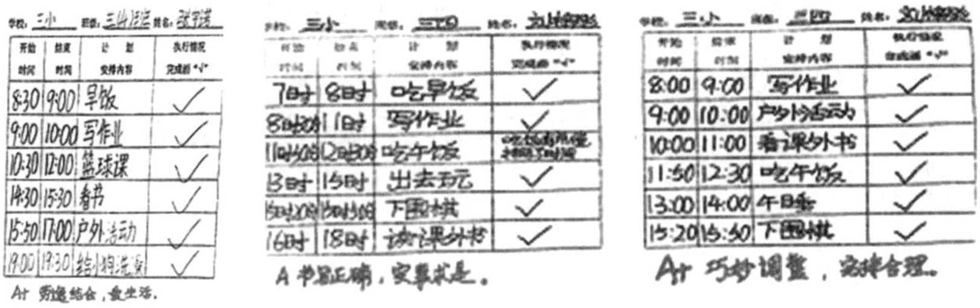

图2 改进后学生活动时间计划表

从学生前后两次制订活动时间计划的对比中，能够明显看到学生已经能够有意识地依照标准去进行规划，实现学以致用。原来设计的都是学习活动，内容单一，不够科学，到后来考虑到劳逸结合，内容丰富，还加进了"给小狗洗澡"，很富有生活情趣。原来设计的写作业时间过长，部分计划没有落实，到后来的计划中缩短了写作业时长，调整了原来上、下午的活动时间，做到劳逸结合，安排科学合理，且"拖拉"问题也得到了解决。

板块三：学生作业学生评

学生自评

好习惯的养成不是一朝一夕的事，学生既然懂得了时间宝贵，做计划重要且必要，那就每日填写"个人时间计划落实评价记录单"，以评价促养成，让学生成为真正"聪明的时间管理者"，活动后劲十足。

表4 个人时间计划落实评价记录单

学校：		班级：		姓名：	
日 期					
计 划					

数学篇 149

续表

学校：		班级：		姓名：	
落实					
评价					

 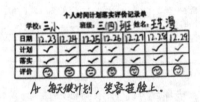 

图3 学生个人时间计划落实评价记录单

从"个人时间计划落实评价记录单"中，我们可以看出学生的规划意识已经初步养成，每天坚持规划，记录形式简单，评价体现个性化。通过访谈，学生非常喜欢"个人时间计划落实评价记录单"这种评价方式，简单无负担，还能起到督促提醒作用，有利于养成做时间计划的好习惯。

学生互评

学生依据标准制订活动时间计划并落实的情况如何呢？课上为学生搭建展示交流的平台，组织学生以小组为单位做好分工，对同伴作品进行客观分析与评价，并完成下面评价表的填写，培养学生的合作意识与评价鉴赏力。

表5 小组评价单

学校：									
评价内容	记录准确1分	内容丰富1分	劳逸结合2分	科学合理2分	完成情况				总分10分
					全部按时完成4分	有一项没完成2分	有两项没完成2分	有三项没完成1分	
得分									

表6 组员分工记录表

第____组　　组长____

组员	任务

表7 学生作品评价表

第_____组　　　组长_____

作品名称	评价意见	评价人

教师支持

老师相信学生，为学生搭建展示自我的平台，突出学生的主体作用，鼓励学生积极思考，大胆发表自己的见解，提倡合作交流，学会尊重与悦纳他人，意见不同，商量解决。评价他人，公平公正，能够担当责任。

板块四：学生"创做评"中的教师反思

学生在"做聪明的时间管理者"综合实践作业的"创做评"中，我最大的感受就是相信学生，变"教师教"为"学生学"。老师给足时间与空间，鼓励学生自主探究，为学生搭建一个宽松自主、利于思考、方便发言、彰显自信的平台。重视集体交流与评价，每个学生都作为评价者，在审视同伴作品、倾听同伴分享的过程中，学习完善自我认知，同时发现并指出同伴存在的不足，提出自己的改进意见。每个学生都在借助集体的智慧打开思维，不断实现自我完善，培养了自己的批判性思维。今天的教师，一定要有大局观，肯于打破学科壁垒，以发展的眼光在实践中提高学生的审辨创新能力，领悟做人的道理，学会做人做事。

陈雪梅　北京市昌平区回龙观中心小学

图形创作，数学之美
——以北京版小学数学四年级下册《图形变换》为例

作业自主

《义务教育数学课程标准（2022年版）》指出，要让学生"会用数学的眼光观察现实世界，会用数学的思维思考现实世界，会用数学的语言表达现实世界"。但要落实"三会"目标，促进学生的思维发展是关键，作业是实现学生思维能力提升的重要载体。课外作业作为教学活动的延伸，发挥着重要价值，可以强化学生对数学知识的理解，优化知识结构，提升数学思维，实现学生的自主学习，对于减轻学生课业负担意义重大。"双减"背景下作业设计的转向由"零散"到"整合"，由"工具"到"发展"，从"随意"到"严谨"，以落实核心素养为导向。在教学中我们致力于探索"双减"背景下小学数学单元作业设计新方法，让数学作业更有态度，更有高度，更有维度，也更有温度。

板块一：学生作业学生创

学生创设

学生是学习的主人，也是作业设计的主人，"双减"背景下的作业设计从"他主"到"自主"的转变，可以更好地帮助学生学会学习，学会有效学习，学会深度学习，调动学生学习的主动性和创造性。在学习《图形变换》这一课时，涉及轴对称图形、图形的平移和旋转等内容，需要学生在充分认识图形变化特点的基础上画出变换后的图形，能从变化的角度欣赏生活中的图案，重在发展学生的空间观念，锻炼学生的想象力和创造力，以及发现图形美和数学美。基于此，教师引导学生从单元整体出发自主设计了单元综合型作业，主要包括单元综合运用——"图形创作，数学之美"，即选择一个或多个基本图形，利用图形的平移、旋转和轴对称创作一幅美丽的图案，给自己的作品取一个名字并进行简单介绍。在画的过程中，结合所学知识进行整体设计，在想象中培养创造性思维。

教师支持

作业实施前教师在课堂上先向学生展示了生活中有很多的物体都是通过图形的平移、旋转和轴对称而设计的，并通过具体的案例向学生展示了图形的变换方法和过程。接着欣赏了一些学生设计的作品，学生在这个过程中感受了图形变换的神奇以及数学的几何美，从而顺理成章地布置任务，发布设计好的任务单，便于学生应用图形的变换原理设计并创造富有自己主题意义的精美图案。

板块二：学生作业学生做

学生实践

通过案例赏析、构思设计，学生们充分利用图形变换的特征设计出了主题鲜明、极具创意的作品，在创作中尽展数学之美。他们的作品或展现春日的美好，或凸显数学的神奇，或结合生活又超越生活，给人无限遐想。作品中融合了数学知识、文学素养与艺术设计，充分彰显作业育人。

图1 学生作品设计

教师支持

学生利用周末时间进行自主设计，来到学校后，老师会针对学生设计的作品进行指导，比如图形画的不规范、未能体现变换的要求、缺乏自己的创造力、涂色不均匀、缺乏主题等，并让学生根据老师的建议进行完善，这样自主设计再辅之教师指导后进行修改，一幅幅精彩的作品就诞生了。

板块三：学生作业学生评

学生自评

学生作品出炉后，我们开展了作品评选活动，先是小组内评选，再是班级内评选，评选充分发挥学生的主体作用，利用评选量表对作品进行打分，包括自评和组内成员互评。评选量表分为六个方面：作品主题明确，有较好的寓意；图形使用准确，符合设计要求；色彩搭配丰富，作品整齐美观；图案设计丰富，有一定挑战性；作品有自己的创意和想象力；能向同伴清楚介绍自己的作品。

学生互评

一、组内评选

在评价过程中，除学生自评外，还通过分组让每位学生结合评分标准向组内其他成员介绍自己的作品，结合组内互评的方式实现评价主体多元化。最终根据自评及互评的分数算出每一幅作品的平均分，每组根据得分情况选出本组得分最高的作品参加班级内评选。在这个过程中，每一位学生都积极参与其中，认真倾听，客观评价。

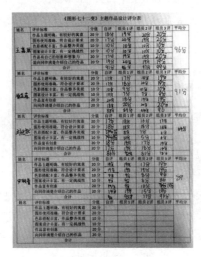

图 2　学生作品评价量表

二、班级评选

每组推选一幅作品参加班级的评选，老师将学生的作品贴在班级黑板上，每个学生有三票，可以把这三票投给自己欣赏的作品，通过班级评选选出票数最多的三幅作品，进行班级的汇报展示。

图 3　班级作品评选

教师支持

在进行评选之前教师要设计好评价量表，给学生解读评选要求，让其有据可依。在学生经历创作、修改完善、评选等一系列活动过程后，优秀作品也就脱颖而出了。最后，我们需要给学生搭建展示的舞台，让其被看见、被肯定、被欣赏。班级评选出优秀作品，让学生在班级内分享自己是如何进行创作的，以及创作灵感的来源等，展示的同学侃侃而谈，台下的观众听得津津有味。成果分享结束，教师进行最终点评，并给予孩子们一定的奖励。

板块四：学生"创做评"中的教师反思

在单元整体视角下进行作业设计，既能帮助教师理清教材脉络，看清全局，删减原有重复性作业，丰富作业形式，也有利于学生建构对知识的系统理解，启发学生从不同层面运用所学知识，提升学科素养。在进行作业设计时，我们需关注以下几点：

1.立足整体，梳理关联，优化单元作业目标。整体视域下的单元作业设计必须先梳理、统整单元教学目标与内容，形成逻辑关联，要一以贯之地以理解与运用单元教学目标为起点，以学生共有的学情为依据，以学生达成目标的水平层次差异为要素，从"知识技能""问题解决""数学思考"和"情感态度"四个维度进行细化。教师通过合理的设计引导学生置身其中去看、去想、去表达，让学生在作业练习中寻找合适的突破点，促进"思考力和价值观"总体目标的实现。

2.素养导向，多维融通，关注学生学习体验。单元作业的实施体现开放性，使学生作业过程富有变化，让学生在兴致盎然中做作业，关注学生的学习体验。学生在这次活动中充分感受到了学习方式的改变，不仅仅是局限在一间教室，也不仅仅是一问一答式的学习，学生对于知识的学习来源、知识的应用和学习的场所都有了新的体验。

3.延展时空，多元评价，促进课内外一体化。在单元整体作业设计中，评价是不可或缺的一环。单元作业评价的评价者不仅可以是教师，还可以是学生自己、家长；评价内容不仅要看对单元知识的掌握程度，还要看学生作业完成态度、素养养成等各个方面的达成度；评价方式由过程性评价、分层评价、整体评价相结合。通过把评价看作改进学生学习的有力工具，用评价促思考，以评价促提升，使评价成为作业"瘦身"的原动力。

张士平　陈晓晓　李梦娜　北京市昌平第二实验小学

图形的趣味作业

——以北京版小学数学五年级上册《多边形的认识和测量》为例

作业自主

《义务教育数学课程标准（2022年版）》明确指出，学生的数学学习活动应当是一个生动活泼、主动和富有个性的过程；学习内容应采用不同的表达方式，以满足学生多样化的学习需求，拓宽学生的学习领域，丰富学生的视野，激发学生学习数学的兴趣。因此，作业的设计成为每个教师的必修课，设计出满足学生的发展需求、促进学生综合素质提高的作业，成为广大教师的追求目标。

板块一：学生作业学生创

学生创设

图形与几何部分，一直是小学数学四大领域之一，学生想到从以下三个方面设计作业。

一、图形家族——图形的概念及特征

图形的认识主要包括两个方面：一方面是对图形自身特征的认识，它是进一步研究图形的基础；另一方面是对图形各元素之间、图形与图形之间的关系的认识，主要包括大小、位置、形状之间的关系。为此，对于图形的认识，学生设计了如下主题作业。

作业内容：

1. _____，我怎么记住你？
2. 认识图形大家族。
3. 平行四边形，你排老几？
4. 三角形里谁最美？

选择其中一个题目，画一画、写一写，设计一份精美的数学小报。

二、图形大探索——图形学习的回顾和反思

《多边形的认识与测量》这一课不仅需要掌握面积公式，更要理解面积公式推导的过程和背后的意义。多边形的内角和也是如此，不仅要知其然，还要知其所以然。为此，学生设计以下主题作业。

作业内容：

1. _____，我们怎么求你的面积？
2. 内角和大探索。

请你选择其中一个主题，开展探索。

三、图形运用——图形在生活中的应用

探究性作业的背后往往是科学现象的解释和数学推理的深度融合，设计蕴含科学知识、生活常识的作业能培养学生的探究能力和应用意识。为此，学生设计以下主题作业。

作业内容：

1. 停车位为什么设计成平行四边形？
2. 水渠横截面为什么要修成梯形？

教师支持

一、图形家族——图形的概念及特征

本作业设计目的：加深学生对图形本质特征的认识与理解，体会图形之间的区别与联系。

学生在完成这个作业的过程中，一方面需要对每种图形进行表述和介绍，一方面能够提升对每种图形概念和特征的进一步认识。

二、图形大探索——图形学习的回顾和反思

本作业设计目的：经历多边形面积公式的推导过程及多边形内角和的探索过程。

学生在做这样的数学作业时，能够尽可能地发挥自己的聪明才智，开放地进行选择、创编等，慢慢提升创造和审美能力。

三、图形运用——图形在生活中的应用

本作业设计目的：联系生活实际，用所学知识解释生活现象。

一次简单的作业，一次不简单的经历。学生在做作业的过程中，通过各种渠道搜集资料，了解常见生活现象背后的原因。

板块二：学生作业学生做

学生实践

一、图形家族——图形的概念及特征

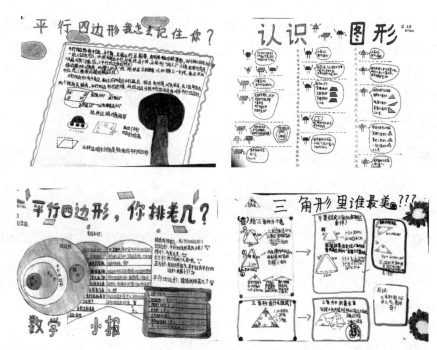

图 1　平面图形的认识

二、图形大探索——图形学习的回顾和反思

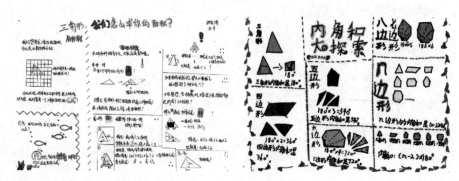

图 2　三角形的内角和

三、图形运用——图形在生活中的应用

图3　图形运用

教师支持

作品1（图1第1张图）：学生为了记住平行四边形，作业里边不仅有关于边和角的特征介绍，还提到了长方形是特殊的平行四边形，关注到了图形之间的关系。

作品2（图1第2张图）：在这一作业中，学生让平行四边形、梯形和三角形以第一人称的口吻介绍自己，充满童真童趣，还拉近了学生和知识间的距离。在介绍三种图形时，不仅从边和角的角度介绍了各自的特征，还提到图形的内角和、图形的面积公式。

作品3（图1第3张图）：在"平行四边形，你排老几？"这个作业中，学生在对图形进行排序时，已经无形地在对图形进行比较，发现图形间的相同点和不同点，建立图形之间的联系，并用集合圈表示出来，此题学生完成得非常好。

作品4（图1第4张图）：在"三角形里谁最美？"这个作业中，学生能根据边和角的特点对三角形进行分类，分类过程中感受到了图形之间的共性和区别。

作品5（图2第1张图）：在"三角形，我们怎么求你的面积？"作业中，学生不仅呈现了书上介绍的数方格和拼摆成平行四边形的方法，有的学生还想到了割补法和折纸法，借助中位线和构造直角的方法，把三角形转化成平行四边形或长方形，进而求出三角形的面积。

作品6（图2第2张图）：在"内角和大探索"作业中，学生先用折纸的方法探究出三角形的内角和是180°，接着把四边形等多边形都分割成若干个三角形，进而推导出多边形的内角和，最后归纳总结出n边形的内角和公式。

作品7（图3第1张图）：在"停车位为什么是平行四边形"这个作业中，学生为解答这个问题，特意搜集相关的数学小资料，发现停车位之所以设计成平行四边形是因为掉头方便，并且避免刮到其他的车。

作品8（图3第2张图）：在"水渠横截面为什么要修成梯形？"这一作业中，学生解答了这个问题。因为下部水压比上部大，为防止破坝，把水渠截面修成梯形，以便承受下部更大水压。

数学篇　159

板块三：学生作业学生评

学生自评

学生对自己作业的正确评价可以促进他们的内省，从而改进他们的作业和学习习惯。当然，这种自我评价也不是脱离作业结果和作业态度的孤芳自赏，学生需要综合多个评价角度，最终形成对自己的正确认识。

为帮助师生共同了解学生的作业情况及效果，设计了如下图所示的学生作品自我评价单。

```
        学生作品自我评价单
班级：            姓名：

1. 作品的名字是《        》。
2. 我的想法：


3. 过程中遇到不懂的问题，我是这样做的：


4. 完成作品后，我的感受：

```

图 4　学生作品自我评价单

此自我评价单设计的宗旨是让学生不仅知道他们的作业任务，而且掌握作品的自我评价方法。

学生互评

学生通过文字、图画、照片等多种方式记录探究过程，班级进行学生间的互评，在评价中不仅能够反馈总结学生的探究式作业完成情况，而且能够培养学生学会分享，在倾听交流中吸纳同伴的智慧。

图 5　学生互评展示

教师支持

教师有针对性地对部分学生的作品进行一对一及时反馈,给予精准指导,提升学生的自信心,激励学生的自主学习,促进学生发展。评价主要聚焦在学生的研究过程,关注对学生研究过程的评价,主要对研究过程中是否积极思考,是否积极参与小组的合作学习与交流,是否能利用所学知识解决问题等方面。

表1 教师评价标准

评价标准	教师评价(画☆或评语)
完成情况如何	
研究过程中是否积极思考	
是否积极参与小组的合作学习与交流	
是否能利用所学知识解决问题	

板块四:学生"创做评"中的教师反思

本作业为教师提供了一种很好的思路,不仅仅是减少了作业总量。从作业形式来看,数学作业不再是枯燥无味的解题,而是一项项丰富多彩的数学活动。学生在丰富的数学活动中,真正理解数学知识,感受数学的魅力,形成创新的能力。我们以活泼有趣的形式,让孩子们在实践中运用知识。从作业的反馈和评价方式来看,新型的作业管理机制要求评价多元,多维的评价机制和评价角度给了不同水平的孩子更多的可能,课堂、教学、作业都能做到充分尊重学生,尊重差异,因材施教。

陈曦 李雅 李颖 北京市中关村第一小学顺义学校

巧用统计，科学预测
——以北京版五年级上册《统计图表与可能性》为例

作业自主

《义务教育数学课程标准（2022年版）》确立了核心素养导向的课程目标，强调课程内容的组织"重点是对内容进行结构化整合，探索发展学生核心素养的路径"。由此可见，素养导向下教学实践中要突出结构化、整体化，体现一致性。这就要求教师在处理教材时，要围绕着核心内容与关键能力组织有联系的知识群进行教学。因此，对五年级《统计图表与可能性》这一课内容进行结构化整合，确立了以"巧用统计，科学预测"为主体的大单元教学，同时进行了与之相应的作业设计，通过完成大单元作业，学生将散乱的知识进行整合，实现知识结构的整体性及系统化学习，从而体现出大单元作业设计的应用价值。

板块一：学生作业学生创

学生创设

《统计图表与可能性》是科学分析现实生活中随机现象的内容，与日常生活密切相关。因此，在设计相关练习时，缩减了大量机械重复的技能练习，更多地融入和学生生活相关的综合实践作业，重点培养学生的数据意识，发展应用意识。

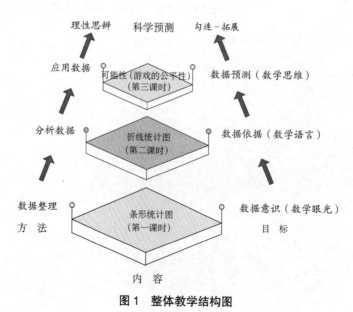

图1 整体教学结构图

第一课时聚焦条形统计图的认识与应用,学生在自主绘制统计图中,经历条形统计图的形成过程。在读图分析数据中,作出简单的判断,提出合理的建议。本节课后,学生迫不及待地想了解全班同学最喜爱的饭菜情况,并想给供餐公司提出自己的建议。以下是学生的作业设计。

1. 调查全班同学最喜爱的蔬菜情况并记录在统计表中。

种类					
人数					

2. 请利用本节课学的知识,将统计表中的信息整理成条形统计图。

3. 从图中你了解到哪些信息?根据你所了解的信息为供餐公司提出合理化建议。

图2 学生作业设计

第二课时聚焦折线统计图的认识与应用,学生通过用折线统计图绘制磷虾的活动轨迹(表1所示),能把数据整理成折线统计图(图3所示);通过读图分析数据,应用数据设计捕捞方案,体会折线统计图表达的意义及应用价值。

表1 磷虾活动情况统计表

时间(小时)	12:00	14:00	16:00	18:00	20:00	22:00	24:00
深度(米)	80	78	75	70	35	22	20

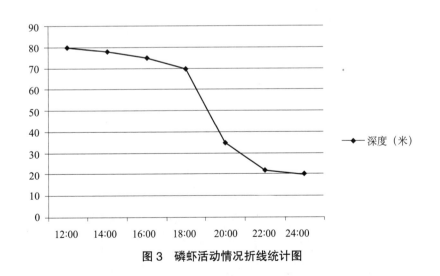

图3 磷虾活动情况折线统计图

折线统计图在生活中有广泛的应用,请学生们设计一个数学综合实践活动,有学生提出了研究生活中的数学——豆苗的生长(表2、图4所示)。

数学篇   163

表2 豆苗生长情况记录表

时间	第5天	第6天	第7天	第8天	第9天	第10天	第11天	第12天
豆苗								

第5天 第6天 第7天 第8天 第9天 第11天 第12天

图4 小组豆苗生长情况统计图

第三课时借助统计活动研究概率,用条形统计图(图5、图6所示)整理数据、分析数据,研究可能性。通过探究抛硬币决定去现场观看世界杯的公平性这一问题,学生经历抛硬币收集数据,用统计图分析数据,最后发现规律等活动,感知数据的随机性和实验次数足够多时所呈现的规律性。从而形成重论据、有条理、合乎逻辑的思维品质。

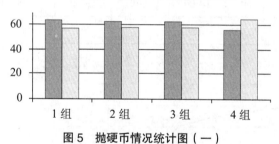

图5 抛硬币情况统计图(一)

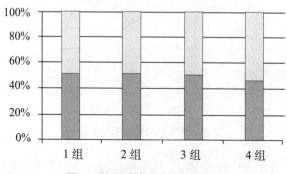

图6 抛硬币情况统计图(二)

这节课后，学生自主设计探究活动：在跳棋游戏中，掷骰子决定谁先走，点数大于3的自己先走，点数小于3的对方先走，游戏规则是否公平？

教师支持

在"巧用统计，科学预测"主体单元的学习中，以任务来统领教学，利用任务驱动，调动学生的学习主动性，引导学生自主探究。在自主探究过程中，学生能够借助已有的知识对新知识进行思考，使得新旧知识相互融合，加快了知识体系的建构，为学生在课后自主完成实践性作业提供了支撑。

板块二：学生作业学生做

学生实践

通过主体单元学习，使知识学习整体化，思维能力向纵深方向发展。学生在自主完成本单元中三个实践作业（图7、图8、图9所示）的过程中，经历收集数据、分析数据并作出判断的过程，体会数据中蕴含的信息，帮助学生建立"数据意识"。

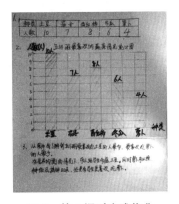

图7 第1课时实践作业

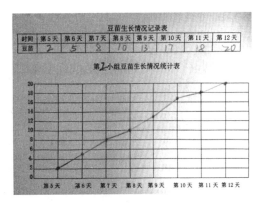

图8 第2课时实践作业

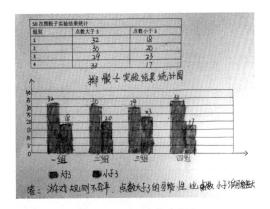

图9 第3课时实践作业

教师支持

在"巧用统计，科学预测"单元主题教学中教师做到了以下两点，从而为学生后期的实践活动奠定了坚实的基础。

1.建立"承重墙"——以"数据"为核心，统领统计与概率。落实核心素养，培育学生数据意识和应用意识。

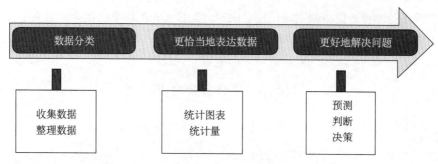

图10　以"数据"为核心的表达（一致性）

2.打通"隔断墙"——沟通"统计"与"概率"的内在联系。

统计学家卡利安普迪·拉达克里希纳·拉奥先生在他的统计学哲理论著中指出："在终极的分析中，一切知识都是历史；在抽象的意义下，一切科学都是数学；在理性的基础上，所有的判断都是统计学。"关于小学数学统计图表与可能性教学的判断，就是建立在统计基础之上——阅读的统计、实践的统计、思考的统计。通过主题单元的学习沟通了"统计"与"概率"的内在联系，打通了"隔断墙"。

板块三：学生作业学生评

学生自评

学生完成实践作业后，从以下几方面进行了自评。

表3　学生作业自评

评价内容 \ 作业内容	实践作业1	实践作业2	实践作业3
完成质量			
满意度			
待改进的地方			

学生互评

教师组织学生作业展示后，进行了小组互评。

表4 学生作业互评

分组 评价内容	1组	2组	3组	4组	5组
完成质量					
满意度					
待改进的地方					

教师支持

对于小学生来说，练习可以巩固对知识的理解和掌握，评价可以反馈学习效果，及时准确做出教学调整以提高教学效果。在进行全班展示、小组互评后，教师让学生再次进行自评，并对作业进行修正。同时，教师给予及时的指导，以期在自主学习和互相学习中，取长补短，取得更大的进步。

板块四：学生"创做评"中的教师反思

大单元作业设计可以更好地考查学生知识掌握水平，培养学生数学学科核心素养。在学生进行"创做评"作业设计中，教师进行了以下思考：

1. 设计实践类作业，提升作业质量。数学单元作业的设计需要丰富作业内容，对于此，可以设计一些实践类的作业，培养和锻炼学生的综合素质能力。让学生能够学以致用，确保了学生的学习质量和效果，从而促进学生综合素质能力的发展，对于促进学生实现全面发展发挥了重要作用。

2. 有机结合日常生活，提升作业的实用性。小学阶段学生逻辑思维能力、抽象思维能力、辩证思维能力以及实践应用能力发展不够成熟，对于一些抽象复杂的知识不能真正理解和认识，这会影响学生的学习兴趣以及学生自身主观能动性的发挥。对于此，在设计单元作业时，需要有机结合日常生活，辅助学生加深对于数学问题的认识，提升学生的学习效率和质量。在作业设计中，将学生日常生活元素融入单元作业中，不但可以激发学生的兴趣，而且可以减轻学生的学习压力，并且增加学生的社会阅历，丰富学生的生活经验，有助于提升作业的实用性。

马菁改　北京市昌平区史各庄中心小学

探究数学奥秘，感悟图形魅力

——以北京版小学数学五年级上册《密铺》为例

作业自主

在数学教学中，作业是学生进行学习的一项基本活动形式，是课堂的继续和延伸。《义务教育数学课程标准（2022年版）》强调数学课程要培养学生的核心素养。数学作业的设计，要从学生已有经验出发，面向全体，设计高质量、有新意、有乐趣、形式多样的作业。同时教师在教学时要做到"教—学—评"一致，以评促教，以评促学，实现三者在完成作业的过程中能够相互影响、相互促进，使学生真正成为学习的主动者。

板块一：学生作业学生创

学生创设

学生通过搜集各种图片、文字、视频资源了解并拓展"密铺"知识，感悟平面图形相关知识在生活实际中的普遍应用，培养学生欣赏美的能力，提高创新能力。学生根据主题目标，结合自身的认知特点和学习需求设计主题内容的作业，从而建构对本次主题的深层认知，发展能力，实现学生数学素养的综合提升。

表1 《密铺》整体框架设计

单元主题：了解奥运知识，感悟奥运精神		
子主题	学习目标	内容框架图
探究"密铺"	理解"密铺"的含义，了解"密铺"的条件，培养空间观念。	

续 表

子主题	学习目标	内容框架图
欣赏与设计	通过欣赏生活和艺术品中的"密铺",提升鉴赏美的能力和创新能力。	

表2 《密铺》作业设计

作业形式	作业内容	完成形式
1."密铺"历史的介绍(PPT)。	1.知识介绍、生活中的"密铺"现象及欣赏。	小组
2.主题内容手抄报。	2.知识梳理。	独立
3."密铺"图形创意设计。	3.设计神奇美丽的"密铺"图案。	独立

教师支持

学生在设计本单元作业前,教师引导学生观察身边的事物,通过探究强化主题的核心素养,引领学生深入思考数学与生活的密切联系,进而确定主题作业目标。教师帮助学生通过设计单元作业逐步构建主题知识结构,拓展学生视野,激发自主创造。教师对学生设计的作业给予说明、提示以及最后的把关,使学生设计的作业做到可操作、可交流、可评价。

板块二:学生作业学生做

学生实践

学生通过完成三种主题内容的作业,对"密铺"知识有更全面、更深入的认识,完成知识系统的重构。学生在欣赏生活中及艺术品中的"密铺",在自主创造、设计图形的过程中欣赏数学美,享受数学美所带来的愉悦。学生通过搜集图文和视频资料、制作PPT以及设计版面、绘制图形等活动，拓展视野，提高搜集、整理、分析信息及创新设计的能力，进而提高自主探究与合作交流的能力。

表3 学生作业设计案例

作业形式："密铺"的历史PPT	作业内容："密铺"现象及欣赏	完成形式：小组
学生作业		
设计意图	通过搜集、整理、制作、介绍等活动，拓展学生视野，感受数学与艺术的完美结合，培养学生用数学的眼光观察生活、发现生活、分析生活、解决生活问题的意识和习惯。	
学生作业		
设计意图	学生回顾、搜集、梳理"密铺"相关知识，重新建构知识系统结构。	
学生作业		
设计意图	通过自主创造、设计"密铺"图案，培养学生的创新与审美能力。	

教师支持

布置单元作业时，教师着眼于学生的生长点，为学生设计有难度、有广度、有梯度、自己感兴趣的作业，充分调动学生的积极主动性，激发潜能，达到作业的预期目标，力争做到：人人有参与，人人有收获，人人有提升。教师指导学生结合自身特长、能力水平和兴趣点，选择合适的作业内容和作业形式，引导学生通过梳理教材，网上搜集资料，小组合作、提炼、归纳、总结等方式，提升概括总结的能力；通过PPT的制作和介绍，开阔视野，提高语言的表达能力，感受艺术家的人格魅力。

板块三：学生作业学生评

学生自评

新课标指出作业评价应充分发挥学生的主体作用。学生完成作业后，留给学生充分的交流时间，通过组内交流分享，引导学生进行以下评价。

表4　学生作业自评、互评、师评表

姓名：		作业形式：		作业内容：		
评价内容＼评价方式	学生自评	小组同学1_____评价	小组同学2_____评价	教师评价	合　计
内容正确具体	☆☆☆	☆☆☆	☆☆☆	☆☆☆	
PPT制作精美	☆☆☆	☆☆☆	☆☆☆	☆☆☆	
语言表达清晰	☆☆☆	☆☆☆	☆☆☆	☆☆☆	
积极主动解决问题	☆☆☆	☆☆☆	☆☆☆	☆☆☆	
积极主动交流	☆☆☆	☆☆☆	☆☆☆	☆☆☆	
备注：根据实际情况，公平公正地对自己及同伴作出评价，并进行反思，及时改正。					

学生互评

在进行生生互评时，组长组织好活动的秩序，认真欣赏、倾听，根据表格标准客观评价学生作品，在互评中思考，并进行星级量化评价。各组长推荐优秀的作品全班分享交流，然后学生根据教师评价再次进行主动反思和再修改。在评价中取长补短、总结经验，进而达到提升学习效果的目的。

> 教师支持

教师深入理解新课标的理念，以核心素养为导向，尊重个体差异，设计不同层次的评价量规，使学生获得积极的情感体验，增强学习的积极主动性。教师可以通过全班讲解的方式帮助学生了解评价标准和评价方式，鼓励学生开展自评、互评，从而增强学习自信心，发挥作业评价的有效性。

板块四：学生"创做评"中的教师反思

学生通过主题内容联系生活实际，自主创设多样的作业形式，并通过小组合作、欣赏交流等活动方式，多样的评价机制，为今后的学习积累经验。同时，在学生"创做评"的过程中，引发教师的思考：

1. 以学生为主体，尊重学生的个性发展。教师在教学过程中要充分尊重和发挥学生的主体性，因材施教。学生在自主设计、自主选择作业内容、自主完成作业的过程中，通过搜集整理资料，根据自己的特长，选择适合自己的作业内容、形式，最大限度上帮助不同层次的学生都能在完成作业的过程中，能力得到提高，个性得到发展，充分体现数学学习的育人功能。

2. 核心素养导向下的作业设计，应当基于对主题内容的深入分析、目标达成，充分发挥作业与"教—学—评"的协同作用。学生在完成作业的同时，感受生活中的美——用自己的眼睛去发现美，用自己的心灵去感受美，用自己的智慧去创造美，让数学学习在细微处发生，从而进一步激发学生爱生活、爱学习的美好情感。

3. 作业评价的设计，不仅要为学生提供有针对性的反馈，还要起到激励、促进学生积极主动、自主学习的作用。教师要指导学生善于进行自我评价和相互评价，引导他们学会认识自己和同伴的学习过程及结果，反思自己的学习状况，并对同学的学习状况提出自己的看法。重视评价对象的自我认识、自我反思、自我调控、自我完善的作用，时刻关注核心素养在学习过程中的持续发展。

曹彦东　北京市通州区后南仓小学

感悟运算一致性，创编思维路径作业
——以北京版小学数学五年级上册《小数除法》为例

作业自主

当前，在"双减"的大背景下，为了全面贯彻党的教育方针，提高教学质量，实施素质教育，落实《义务教育数学课程标准（2022年版）》，培养学生的数学核心素养，提升课堂教学质量，优化小学数学作业设计是值得认真思考、深入研究的课题。从当前作业设计情况来看，很多作业内容零散且琐碎；作业形式单一而枯燥；作业评价存在重检查轻激励，重结论轻过程，重判定轻分享等现象。因此，在新课程理念下，小学数学教师应该在全身心投入教学的同时，对课后作业的联系性、创造性和趣味性等进行探索。本次单元作业的设计就是以作业为依托，提升教学质量，促进学生数学核心素养的培养。

板块一：学生作业学生创

学生创设

北京版小学数学五年级上册第二单元主题为"依托小数除法，感悟运算一致性"。新课标第三学段的内容中明确提出：能进行简单的小数、分数的四则运算，感悟运算的一致性，发展运算能力和推理意识。能运用常见的数量关系解决实际问题，能合理解释结果的实际意义，逐步形成模型意识和几何直观，提高解决问题的能力。从整数除法到小数除法，因其形式相似，利用将未知转化为已知的思想，基本实现了整数除法与小数除法运算的一致性。数学来源于生活又应用于生活，小数除法的应用来源于生活中的很多方面，同时应用小数除法可以解决生活中很多相关的实际问题。

因此，学生在学习小数除法这一单元时，会有如下的思维路径：为什么要学习小数除法？如何计算小数除法？应用小数除法如何解决现实问题？单元整体教学框架如表1所示。根据学习主题，学生能自创出三类作业，如表2所示。

表1 单元整体框架设计

单元主题：依托小数除法，感悟运算一致性		
子主题	学习目标	内容框架图
生活中的小数除法	感悟学习小数除法的用处。	小数除法→数量关系→数学模型→行程问题／价钱问题／工程问题／……

续 表

子主题	学习目标	内容框架图
小数除法的算理与算法	结合生活情境，经历小数除法算法和算理的自主探究过程，体验转化的数学思想，感悟运算一致性。	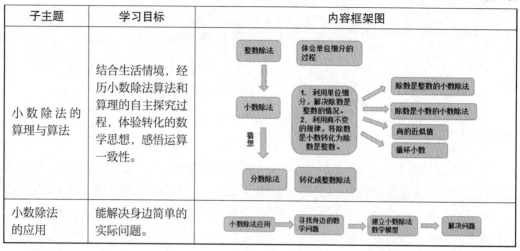
小数除法的应用	能解决身边简单的实际问题。	小数除法应用 → 寻找身边的数学问题 → 建立小数除法数学模型 → 解决问题

表 2　单元作业设计

学习主题	作业内容	完成形式
主题一：生活中的小数除法	寻找自己身边能用小数除法解决的实际问题数学模型。	小组合作
主题二：小数除法算理与算法	探究整数除法、小数除法、分数除法的运算一致性。	小组合作
主题三：小数除法的应用	尝试用小数除法解决自己遇到的相关问题。	小组合作

教师支持

学生在设计单元作业前，教师引导学生回忆学过的数量关系及整数四则运算、小数的意义和性质、小数点位置的移动引起小数大小的变化、小数加减法、商不变的性质等原有知识基础。强化本单元的素养立意，带领学生深入研究本单元的学习内容，与前面学过的整数除法及后续学习的分数除法建立起联系，如下图所示。

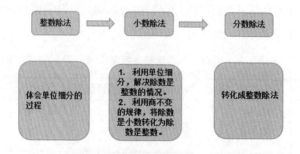

图 1　整数除法与小数除法、分数除法的联系图

教师对学生设计的作业给予把关，使学生们设计的作业做到可操作、可观测、可评价。

板块二：学生作业学生做

学生实践

学生在完成作业的过程中不仅能对小数除法有完整的认识与掌握，能够与学过的整数除法及后面要学习的分数除法建立起联系，深刻体会到运算一致性，而且能拓展自己的视野，提高自主探究和合作互助的能力。

表3 学生单元作业设计

作业形式	手抄报	作业内容	寻找身边能用小数除法解决实际问题的数学模型	完成形式	小组合作
学生作业					
设计意图	感悟到学习小数除法的用处，能找到生活中应用小数除法解决问题的多种数学模型。				
作业形式	知识结构图	作业内容	探究除法运算一致性	完成形式	小组合作
学生作业					
设计意图	学生通过对比和梳理整数除法和小数除法之间的区别与联系，利用将未知转化为已知的思想，体会运算一致性，并且利用这种方法尝试猜想还没学过的分数除法如何计算。				
作业形式	数学小报	作业内容	小数除法的妙用	完成形式	小组合作
学生作业					
设计意图	结合生活实际，学生感悟学习小数除法的用处，不仅能解决生活中的实际问题，还能解答其他学科之间相关的问题。				

教师支持

布置单元作业时，教师着眼于知识间的联系性，为学生提供带有难度的内容，调动其积极性，发挥其潜能。通过不同作业形式满足不同水平学生的学习。做到人人乐于参与，人人都有所收获。

板块三：学生作业学生评

学生自评

随着新课标理念的推行，作业评价也应该让学生参与其中。学生在学习的过程中，既是作业评价活动的参与者和合作者，同时也是设计者。

表4 学生作业自评、互评、师评表

姓名：	作业形式：		作业内容：		
评价方式 评价内容	学生自评	同伴1 ____评价	同伴2 ____评价	教师评价	得 分
书写工整、清晰度					
答案正确度					
文字表达流畅度					
书写内容完整度					
备注：根据作业完成的质量程度（很好、好、一般、差），可以分A、B、C、D四个等级打分。					

学生互评

互评在学生完成作业的过程中十分重要，它符合数学课程标准所提倡的评价主体多样。综合运用教师评价、学生自评、学生互评等方式，对学生的学习情况进行全方位的考查。学生将自己完成的单元作业交给同伴评价或者在小组内评价，并根据上述四个方面提出各自的意见（如表4所示），本人在听取他人意见的基础上进一步改正。

教师支持

教师在学生评价前，明确作业的要求及评价标准，促进学生有效运用评价策略。对于不同层次的学生，教师在对其进行描述性评价时要有所不同，重点都是为了增强学生学习数学的信心，提高学生学习数学的兴趣。

板块四：学生"创做评"中的教师反思

学生在完成作业的过程中，通过自主创作、自主实践与多种评价方式，培养学生养成良好的学习习惯，促进学生核心素养的发展。同时，在学生"创做评"的过程中，也引发了教师的一些反思。

1. 在进行作业设计时，从单元整体出发，对整个单元进行剖析，发现知识之间的内在联系，设计出基于整个单元的具有连续性、递进性的作业，使学生形成一个完整的、网状形的知识结构。

2. 在新课标的引领下，教师要坚守人人都能获得成功的数学教育，使不同的学生在数学上得到不同的发展，逐步形成适应终身发展需要的核心素养。设计作业前，教师要对学生的知识与能力水平进行分析并做到心中有数，再设定符合学情的单元作业，使不同层次的学生都能够有所提高。

3. 在评价结果上，教师更多地关注学生的进步，关注学生已有的学业水平与提升空间，为后续的教学提供参考。

张丹　北京教育科学研究院通州区第一实验小学杨庄校区

探究分数奥秘，响应"双减"政策

——以北京版小学数学六年级上册《分数乘分数》为例

作业自主

"双减"政策落实以后，更加强调作业应以育人为要义，作业应是有温度、有价值、可选择的。教师要引导学生从内心重新认识作业的意义，变"要我做"为"我会做"，从而有效地减轻学生的作业负担，切实提高作业的有效性。

教师将数学作业的设计权交给学生，充分发挥学生的主观能动性。学生根据学习的知识内容，通过搜集相关的作业设计，结合生活日常，设计出"分层次"的数学作业。

板块一：学生作业学生创

学生创设

《分数乘分数》是小学数学六年级上册第一单元"分数乘法"第二课时的内容。本节课是本单元的重点，其中培养学生的计算能力是本节课的重点，分数乘分数的计算方法的推导过程是本节课的难点。分数乘分数这一课堂知识内容较为抽象，学生通过观察，思考日常生活中与分数相关的内容，创设出了以下几个实践操作类作业，学生根据自己的能力选择一项或几项完成。

1. 涂一涂，画一画，体验分数乘分数的计算方法的推导过程，感悟分数在生活中的运用。（涂画是学生最喜爱的数学学习方式，学生以此设计出不同的分数算式，启发思维。）

2. 观察算式找规律。（体验分数计算方法的多样性和解决问题的多样化。）

3. 寻找生活中有关分数乘分数的实际问题。

教师支持

教师在学生进行作业设计时引导学生要根据自己的学习情况设计适合自己的作业。鼓励不同层次的学生设计作业时要有不同的设计思路，指引学生的作业从模仿练习、变式练习、发展练习三类出发，使每个学生有所收获。面对学困生，改变以往的作业必须全部完成的机械死板的面貌，给他们自由发挥的空间。设计"分层次"的作业，给学生减压，使学生都能够成为学习成果的共享者。

板块二：学生作业学生做

学生实践

A类作业：从日常生活实际出发，使学生在对分数意义理解的基础上，对分数乘分数有更具体、更形象的理解。通过形式多样的看一看、填一填、涂一涂体验分数乘分数的计算法则推导的过程，从而培养学生观察、分析、理解的能力。

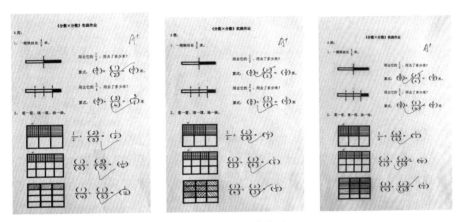

图1　学生A类作业

B类作业：通过计算、观察、分析、交流使学生对分数乘分数的计算法则有深层的认识（两个分数相乘，交换分数分子或分母的位置，积不变），从而使学生体会到计算方法的多样化，培养学生的创新意识。学生通过思考、计算、讨论，打破了以往"两个数的积比和大"的思维定势，对分数乘分数的意义有更进一步的认识，初步明白一个分数乘真分数的积越来越小，为下节课的学习作好铺垫。

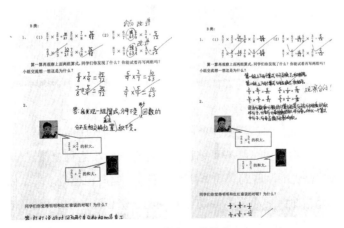

图2　学生B类作业

> **教师支持**

学生在进行自主作业设计时，教师激发学生对生活常见现象进行思考，使学生创设生活中用分数表示铁丝长度的问题，经过教师专业调整之后选定为作业题目。教师为学生创造机会，从课本延伸到生活实践，使学生感受到数学和生活是密不可分的，认识到生活中处处有数学，生活离不开数学，很多数学知识在生活中都可以用到。此外，作业实践过程中积极去引导鼓励学生突破固有的思维模式，灵活地思考数学问题，胆大心细。给予学困生一些提示，使学生有解决 B 类问题的方向，增强他们的自信心，从而使学生都有所进步。

板块三：学生作业学生评

> **学生自评**

学生完成作业之后，教师给予学生时间思索在完成作业中所遇到的问题，并引导学生从是否了解分数在生活中的意义，是否知道分数乘分数的计算法则的推导过程，是否把分数加法与分数乘法的计算相混淆，是否明白一个分数乘一个真分数的积越来越小这几个方面评价这一课时的学习状况。

> **学生互评**

传统的教师统一给作业直接打分的评价模式相对单一，难以帮助学生明确自身的不足之处。采用生生互评的方式，学生之间依据以上标准互相批改作业。生生互评的方式使学生积极地进行讨论，学生之间互相表扬，认可做得好的地方，同时指出同学作业中出现的问题，提出各自的见解，然后改正。对于学困生，向学习好的同学请教他们做题的思路，以便自己在做题时运用，克服一些有难度的题。对于能力较强的学生，学生之间提出不同的或更好的学习方法方面的建议，共同进步。

> **教师支持**

1. 教师培养学生良好的学习习惯。学生互评期间，选择一个或多个小组示范互评作业的活动流程，规范互评作业的做法。

2. 教师给予班里互批互评、汇报作业的同学一个权利，让他来评价一下刚才自己在讲话时哪些小组和个人听得认真，哪些不够认真，他有权给小组打分，这样做不但可以调动孩子们发言的积极性，也能让他们深刻体会到当别人发言时自己应该怎么做才是对的。

3. 教师及时总结每个学习小组汇报的作业问题，带领同学统一回顾知识内容，讲解有难度的知识，使同学们不再心存疑惑。

板块四：学生"创做评"中的教师反思

学生通过这一个课时的学习，自主设计"分层次"的作业，并通过自评、生生互评的作业评价方式，切实提高了自身的作业质量，增强了自主学习能力、小组合作能力。与此同时，教师通过这一课时的作业设计的实践，引发如下的感悟：

1. 教师要改变以往的教学思想观念，不再只是注重作业的数量，而轻视学生数学能力的培养，为学生减轻压力。传统的课堂教师把精力更多放在公式概念的理解和推理论证上，追求严密的思维程序，却忽视了学生对问题的假设与猜想，淡化了学生对问题的深层探索。新型的教学观念更加重视学生的自主能力，明确作业量的多少和学生完成作业的质量不是成正相关的关系。

2. 在学生互评阶段，教师对学生之间的作业评价要多元化，激发学生的兴趣，以创新思维为主，不能以正确性作为唯一的评价标准，对于有创新观点的同学要加以鼓励，提高学生对这种模式的兴致。

3. 小学数学"分层次"的作业设计可以大面积提高学生的素质，转化学困生，最大限度地考虑学生的个性差异和内在潜力，较好地处理面向全体与照顾个别的矛盾，充分体现因材施教的原则。

王海燕　北京市通州区后南仓小学

寻找生活中的百分数

——以北京版小学数学六年级上册《百分数》为例

作业自主

《义务教育数学课程标准（2022年版）》中指出：要发挥评价的育人导向作用，坚持以评促学，以评促教，其中作业就是教学评价的主要手段之一。在自主教育的背景下，不仅可以让学生成为课堂的主人，还可以鼓励学生创设作业。学生在设计作业的过程中，需要自己思考和确定学习目标，并且找到适合达成这些目标的学习资源和方法，能够培养自主学习的能力，也能进一步理解学科知识和技能的关键点。同时，在学生创设作业的过程中，有利于培养学生的创新思维，根据学生的兴趣和特长进行量身定做，满足不同学生的学习需求。下面就以北京版小学数学六年级上册《百分数》一课为例加以论述。

板块一：学生作业学生创

学生创设

一、关注对数学概念本质的理解

学生精准把握本单元学习目标和知识点，经过一致商讨，认为要想深入理解百分数的含义，应该从本质出发，因此学生设计了"生活中的百分数信息发布会"这一情境，直指百分数概念，既能加深对百分数意义的理性认识，又能感受生活中百分数的广泛应用。

表 1　生活中的百分数信息发布会

一、信息发布会的目的
为进一步加深对百分数本质的理解，同时感悟现实世界中蕴含着很多与数学有关的知识，逐步养成用数学的眼光观察现实世界的意识与习惯。
二、信息发布会前期准备
1. 组长带头，完成组内分工。 2. 组内成员收集信息，选择合适的方式呈现信息。 3. 整理信息，对信息的真实性作出判断。

续 表

三、信息发布会流程
1. 组内分享各自搜集到的信息。 2. "读读写写"信息中涉及的百分数。 3. 用喜欢的方法表示百分数的含义 4. 将搜集到的信息分类，观察这些百分数有什么共同点？有什么区别？

二、设计存款方案，培养应用意识和实践能力

搜集百分数在生活中的应用时，有的学生发现银行中也存在很多百分数，于是学生走进银行，深入了解理财与存款等相关内容，发现"钱"中有更多的奥秘。为了将这一发现分享给更多的同学，于是学生创设了"设计存款方案"的活动。

表2　设计存款方案

任务一	请同学们自行调查都有哪些储蓄和理财方式？并将涉及的知识记录下来。
任务二	同学们平时都会有一些零花钱或者压岁钱，如果把这笔钱存入北京银行，想要存三年，你能设计出多少种存款的方案呢？（至少设计三种）结合每种方案，计算出利息分别是多少。
	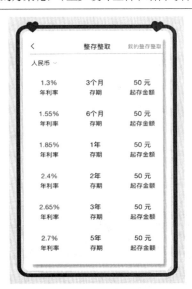

三、制定跳绳标准，体会百分数的统计意义

在体育健康训练中，通常按照国家对青少年的标准对学生跳绳情况作出评价。在这样的现实背景下，学生不由得思考是否可以用百分数制定跳绳标准呢？

数学篇　183

表 3 制定跳绳标准

任务一	将 36 位同学分成男生和女生两组，将男生和女生的成绩进行整理、分析和表达，小组合作，分别制定男生、女生的跳绳标准。 （1）根据什么制定标准？为什么这样考虑？ （2）标准的等级怎么划分？为什么这样划分？
任务二	撰写实践报告。每位同学将制定跳绳标准的心路历程，特别是遇到困惑时的解决过程记录下来。

教师支持

新课标中将百分数从原来的"数与代数"领域调整到"统计与概率"领域，因此在具体教学中教师要注重落实标准的新要求，让学生充分感受百分数的统计意义，知道百分数是人们判断与决策的重要依据，形成初步的数据意识和应用意识。

板块二：学生作业学生做

学生实践

一、信息发布会

在"生活中的百分数信息发布会"的交流活动中，学生自主搜集各色各样、现实的、富有意义的百分数，充分感受到了百分数与生活的密切联系，也通过描述数据，进一步理解百分数的意义。

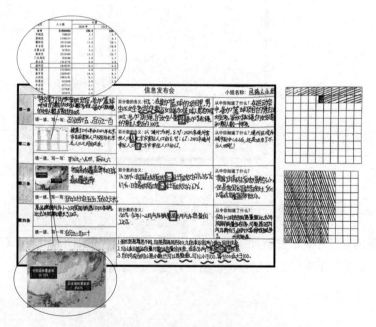

图 1 "生活中的百分数信息发布会"学生作业

二、设计存款方案

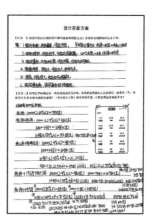

图2 "设计存款方案"学生作业

学生借助网络、询问家长,自行调查储蓄和理财方式,从实际生活出发,为设计存款方案作铺垫。聚焦具体情境,既巩固了百分数的知识,又培养了学生自主探究的能力,使学生经历分析和解决问题的过程。

三、制定跳绳标准

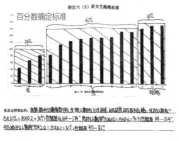

图3 制定六(5)班女生跳绳标准　　图4 制定六(5)班男生跳绳标准

通过对制定跳绳标准的讨论,学生感受到百分数的统计价值。把同学们跳绳的个数从小到大排列,可以选择某位同学的跳绳个数作为达标线。通过这位同学在学生总数中的位置,就能知道大约百分之多少的学生能够达标,从而培养学生的数据意识,体会百分数可以帮助人们作出决策。

教师支持

在学生实践的过程中,教师与学生一同深入活动,及时评价,及时反馈。当学生遇到问题或困惑时,教师鼓励学生利用集体的力量解决疑惑,在必要时适当提供引导和帮助。

板块三：学生作业学生评

学生自评

课堂评价说到底是一种促进学生自主学习积极性、支持学生主动改善学习、培养学生学习能力的手段。学生可以从一般素养和学科素养两个方面进行自评。一般素养包含搜集整理、交流合作、表达展示。学科素养包括学习理解、实践应用。

学生互评

学生互评在完成作业的过程中非常重要（参照学生自评）。学生相互评价往往是站在同一个高度来看问题，这样更直接，也更容易被学生所接受。而且学生在评价别人的同时，自己也会加深认识，使自己成为学习的主人，提高思维能力和语言表达能力。

教师支持

在学生自评和互评前，教师需要引导学生在评价时更多关注学习本身，学生就会对"自评"产生正确的认识和良好的期望。指导、鼓励学生正确使用评价方法和评价工具，不断反思自己的"元认知"，让学生在学习实践中真切认识到修改和改进是个持续不断的过程。

板块四：学生"创做评"中的教师反思

在"双减"背景下，本作业设计严格控制作业量，形式多样，内容丰富，多角度巩固核心知识。学生在创设作业的过程中，结合学习目标和知识点，了解自己应该学习什么，以及如何在作业中运用这些知识点来巩固和拓展自己的学习成果。此外，学生也根据自己的兴趣、好奇点、实际情况进行作业创设，使作业更加具有针对性和实用性。另外，与传统作业"重结果，轻分享"不同的是，我们会通过学校展评的形式开展交流活动，这样既能提升学生的学习兴趣，又能在交流中加深印象，提升质量，也强化了学生学好数学的信心。未来也将给予学生更多自主创设作业的机会，完善作业反馈与评估，引导学生在自主创设作业的过程中，更好地理解学科知识，并在学习过程中获得更多的乐趣和成就感。

李英岩　高丹　北京市通州区龙旺庄小学

自创，自做，自评，"圆"来于此
——以北京版小学数学六年级上册《圆的认识》为例

作业自主

《义务教育数学课程标准（2022年版）》指出，数学课程要确立核心素养导向的课程目标，实施促进学生发展的教学活动，探索激励学习和改进教学的评价，是教学活动的延伸。当前作业不能满足培养核心素养的需求，"双减"政策明确了作业优化方向，注重"教—学—评"一体化，激发学生兴趣，延伸课堂空间，保证作业的科学性和适度性。

板块一：学生作业学生创

学生创设

作业设计要关注学生的主体地位、知识经验和学习过程，重视数学结果的形成过程。教师引导学生在学习过程中生成作业，培养学生发现问题、提出问题、分析问题、解决问题的能力。

"圆的认识"主要包括圆心、半径、直径、轴对称图形。学生能辨认图形中的圆，也认识长方形、正方形、三角形、梯形、平行四边形的特征，具备一定的空间观念。圆是由曲线围成，学生的学习内容由线段围成的图形转变为由曲线围成的图形，多方面内容有变化和发展。为帮助学生理解圆的本质属性设计以下作业（表1所示）。

表1 学生创设作业

单元主题"圆"				
单元子主题	圆的认识	圆的周长	圆的面积	扇　形
单元目标	1.掌握圆的特征，探索圆的周长、面积计算公式，并应用其解决问题。 2.带领学生经历猜想、验证、归纳的过程，发展空间观念。 3.在活动中，使学生感受探究问题的乐趣，增强应用意识。			
课时目标	1.通过实践操作，认识圆各部分名称、特征，体会一中同长。 2.在观察、比较等活动中认识圆，发展推理能力和空间观念。 3.体会数学与生活的密切联系，发展学习兴趣。			

续 表

单元子主题	圆的认识	圆的周长	圆的面积	扇 形
圆的认识	设计意图： 1. 帮助学生巩固直径和半径的概念，为后续学习夯实基础。 2. 引导学生对平面图形间的联系进行描述，体会内在联系。		创设基础作业： 1. 认"直"辨"半"：选自己喜欢的颜色给圆的直径、半径涂上色吧。 2. 寻"同"找"异"。 ○ vs □ □ △ ▱ 相同点与不同点：	
	1. 学生从组合图形中抽象出圆的部分，将其他平面图形各部分与直径、半径建立联系。从不同角度感知特征，发展推理能力和空间观念。		创设探究作业： 1. 慧眼识"径"。 6cm图：r = ( ) cm d = ( ) cm 4cm图：d = ( ) cm r = ( ) cm 10cm图：d = ( ) cm r = ( ) cm 4.8dm图：d = ( ) cm	
	2. 结合经验，帮助学生感悟生活中的数量、图形问题。在画图中感受定点之间的定长，深入体会圆的半径，感悟点、线、面的关系。结合位置与方向，想象并表达物体的空间方位，形成空间观念。		2. 以灯寻船。 下面是一张海域平面图，一艘船距离灯塔400米。（1）这艘船的位置可能在哪儿？请你画出所有可能位置。（2）想要找到这只船的位置，还需知道什么？请说出原因。 （注意：1cm 表示 200 米）	
	3. 学生根据数学信息，想象出题目所描述的物体位置关系，从实物中抽象出组合图形。培养学生用数学的眼光观察世界、用数学的语言表达现实世界。		3. 我的包装我做主：周末妈妈做了一个2厘米厚的6寸*披萨，我打算送给同学，请你帮我设计一个的包装盒。要说清包装盒每条棱的长度及理由。	

---

* 非法定计量单位，1 寸约等于 3.33 厘米。

教师支持

教师帮助学生综合经验和旧知创设问题，从易到难、层层递进，巩固课上所学。引导学生逐步理解圆的特征，从多个角度观察圆，观察直径、半径、圆心，深入感受圆的本质属性，发展学生的推理能力、空间观念。

板块二：学生作业学生做

学生实践

题目1：多数学生能找到圆的直径、半径，将题目中的信息进行联系，完成问题。一部分学生注意力不集中，出现错误。第三幅图只有四分之一圆，一些学生没有准确判断出边长与半径相等。

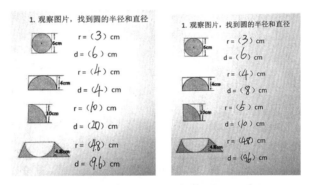

图1 题目1学生作业

题目2：学生能在图中找到距离灯塔400米的位置，但考虑不全面，并没有找到所有的位置。有些学生找到一个位置，有些学生明确了八个方向，找到了一些点代表位置，并没有完全理解题目。学生意识到符合要求的位置很多，但未突破认识。第二问使学生意识到位置需要准确的方向和距离。

图2 题目2学生作业

题目3：一是学生受生活经验影响，无法想象圆与长方体底面位置关系。二是学生不理解6寸代表直径。三是学生没有理解直径与长、宽的关系，无法正确想象图形之间的联系。

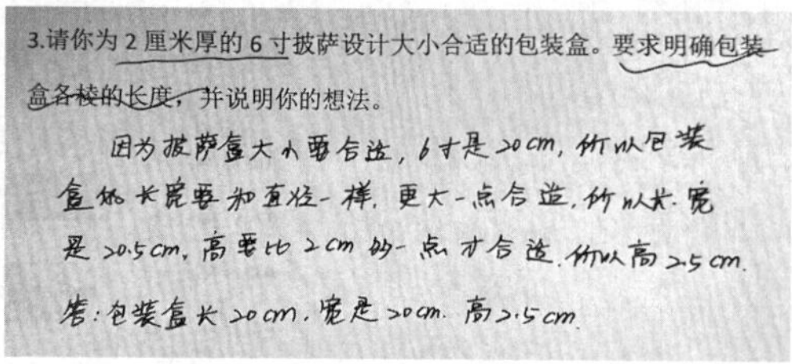
3.请你为2厘米厚的6寸披萨设计大小合适的包装盒。要求明确包装盒各棱的长度，并说明你的想法。

因为披萨盒大小要合适，6寸是20cm，所以包装盒的长宽要和直径一样，更大一点合适，所以长、宽是20.5cm，高要比2cm的一点才合适，所以高2.5cm。

答：包装盒长20cm，宽是20cm，高2.5cm

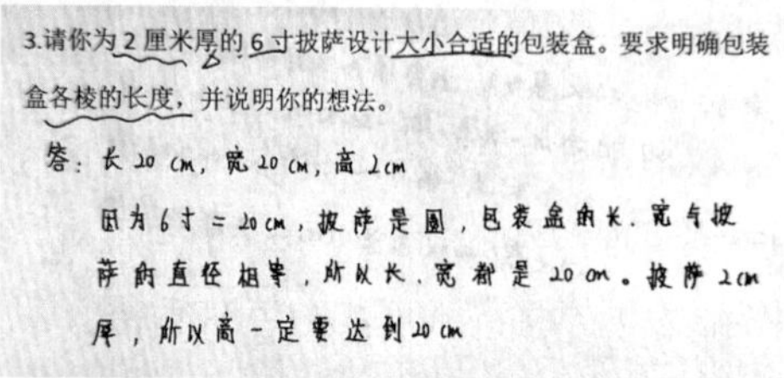
3.请你为2厘米厚的6寸披萨设计大小合适的包装盒。要求明确包装盒各棱的长度，并说明你的想法。

答：长20cm，宽20cm，高2cm

因为6寸=20cm，披萨是圆，包装盒的长、宽与披萨的直径相等，所以长、宽都是20cm。披萨2cm厚，所以高一定要达到20cm

图3　题目3学生作业

教师支持

教师启发学生对圆与其他平面图形的联系进行思考，引导学生关注圆的特征，设计在组合图形中求直径、半径。教师收集学生的经验，筛选与圆特征有关的内容，综合位置方向、比例尺等知识，帮助学生完成设计。培养学生提出问题的能力，又发展学生的空间观念。

板块三：学生作业学生评

学生自评

新课标强调多元评价主体和多样评价方式，鼓励学生自我监控。教师根据本课知识和四基、四能、核心素养等内容，设计自评表。

表2　作业自评、互评表

评价内容	自评				他评			
	好	较好	一般	较差	好	较好	一般	较差
书写整洁，字迹工整。								
合理圈画关键信息。								
想法表述清晰。								
合理应用课上所学圆的相关知识内容。								
对完成质量进行评价。								

学生互评

学生作业互相传阅，任何同学都可以向作者提问，学生根据作业完成、回答情况进行评价。学生有更多的交流、探究机会，既巩固所学，实现思维外化，又发展学生多方面的数学能力，提升学生在活动中的参与感。

教师支持

自评和互评之后，教师为学生公布具体数值答案，针对核心内容讲解，完善解题过程。对于学生未修改的问题，教师用红笔圈画提示，课后与学生交流。根据自评、互评、修改情况，教师给出评价。

板块四：学生"创做评"中的教师反思

作业的"创做评"让学生收获了认可，主体地位得到巩固，情感得到满足。他们多方面感知圆的特征，为空间观念、数学思维能力的发展提供了更多的渠道，引发如下思考。

1. 设计作业要时刻关注核心素养、单元主题。过往作业的安排，主要依据当天的教学内容，没有兼顾课程内容的一致性。我们应该以培养学生的核心素养、思维能力为核心，细化每一次作业目标，把握知识的联系，完成知识建构。

2. 明确学生的主体地位。曾经过多地重视作业的结果，忽视结果产生过程、学生经验、情感体验。因此，作业设计要考虑学生的自主性和发展性，将学生的想法和学科知识内容相结合，布置合理、科学的作业内容，满足学生的情感体验，实现有效学习。

3. 作业评价要坚持以评促学、以评促教。在过往的教学中，教师都会考虑各类评价方式，会把评价机会更多留在课堂，不能满足全班学生的反馈需求。作业评价是很好的反馈机会，多样的评价方式，能够帮助学生实现思维外化。同时，教师能够更好地了解学生学习的过程，为优化教学提供了更多的方向，形成了师生间更好的互促。

贾晓辉　赵晶　北京市通州区潞苑小学

强化操作 注重过程 凸显思维
——以北京版小学数学高年级作业设计为例

作业自主

在"双减"背景下倡导减负提质，教师对于作业也有了新的思考。作为教师除了要思考如何提高课堂的效率外，也要去思考家庭作业要布置点什么；数学作业都是以巩固知识和提高数学兴趣为目的，有多种表现形式。作业不仅可以减轻学生的负担，还可以丰富学生学习数学的方式，提高学生学习数学的兴趣，提高学习数学的综合能力，感受数学来源于生活又应用于生活。

对于数学作业的设计应充分考虑学生的认知规律和心理特点，有效地提高学生的学习兴趣，发挥他们的主观能动作用。在减负提质的教学改革下，我们把作业做了以下的改变。

板块一：学生作业学生创

学生创设

"小"变化"大"不同——课堂作业变了，有过程。

以往的数学课堂作业，大都是根据教学进度完成书上的习题。在"双减"背景下，学生把数学课堂作业变成课上学习单，这样能够充分体现教学过程。以五年级下册"探索规律"课型为例：

第一单元"长方体和正方体"的《探索规律（一）》。
第三单元"因数和倍数"的《2、3、5的倍数特征》。
第四单元"分数的意义和基本性质"的《探索规律（二）》。

以上这些课都是在探索给定情境中隐含的规律、性质或变化趋势。要求学生能在具体情境中，通过观察、计算、操作、思考等方式，探索蕴含在问题情境中的规律，提炼思考问题的方法。并能够用语言、文字或含有字母的式子表示发现的规律。

先来看看第一单元《探索规律（一）》的课堂作业。

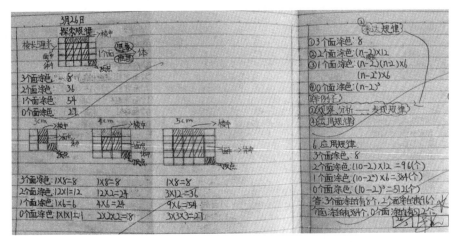

图 1 《探索规律（一）》课堂作业

这样的课堂作业，学生既记录了学习探索的过程，也积累了一定的学习经验。对比《2、3、5 的倍数特征》的课堂作业，可以看出学生的学习过程是什么样的。

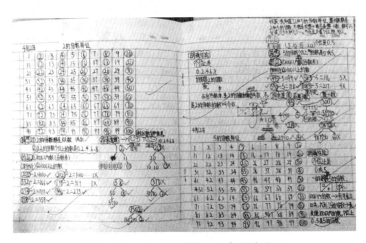

图 2 《2、3、5 的倍数特征》课堂作业

学生借助把数学课堂作业变成课上学习单的记录经验，充分体会到如何探索问题。有了这样的学习经验，学生就有了一定创造作业的能力。例如，我们在教学五年级上册"平行四边形、梯形和三角形"这一单元时，学生根据已有的长方形、正方形面积公式自主探究出平行四边形、梯形和三角形的面积，并积极记录。有了这样的学习经验，学生能够独立探究出新的知识，做到真正的自主学习。后经过学生的补充形成了自己的特色作业。

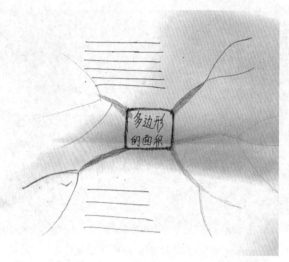

图3 学生设计的"多边形的面积"思维导图模板

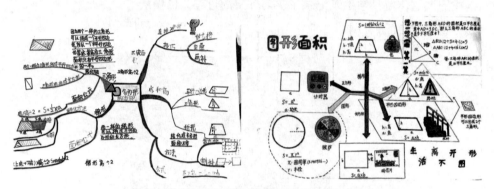

图4 学生完成的"多边形的面积"思维导图

教师支持

在这样的课堂中,学生可以充分经历过程,在过程中掌握基本知识和技能,体会思想方法,积累探索规律的经验。所以,不妨让课堂作业变一变,从习题的罗列到课堂过程的探索展现,这能加强学生课堂的参与度,也对教师备课设计核心活动提出了更高的要求。

板块二:学生作业学生做

学生实践

"小"变化,"大"不同——特色作业变了,有收获。

学生自主进行知识梳理,将零散知识结构化。

在"双减"背景下,如何体现高年级学生的学习特点呢?我们可以在特色作业设计上进行思考。让学生自主梳理知识,体现学生学习后的思维水平,并且同学之间可以相互学习评价。

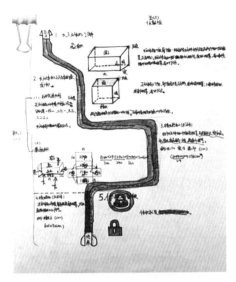

图 5 学生完成的单元知识梳理

教师支持

在新情境下,调动知识经验,在发现问题的基础上提出问题,还需要基于抽象的概括,甚至还需要基于推理的判断。前者,能够在错综复杂的事物中抓住问题的核心,进行条分缕析的陈述;后者,能够提出解决问题的建议,甚至预测问题的结论。能够提出合理的问题,绝不是一件简单的事情。进一步鼓励学生经历从现实世界中发现问题、提出问题,进而分析问题、解决问题的全过程,就是培养学生会用数学的眼光观察现实世界,会用数学的思维思考现实世界,会用数学的语言表达现实世界。

板块三:学生作业学生评

学生自评

为了更好地让学生养成良好的作业习惯,减少作业错误率,全面提升作业品质,我还采取了这样的一些手法——看谁最先达到课堂作业本上连续 10 题无错,给予奖励;若其中出现一题错误,则下一题开始重计,一学期结束后统计连续无错题最多的学生,排出前 10 名,授予"作业正确率之星"称号。同时也可以指导孩子查漏补缺,一般要求学生从以下三方面进行自查:(1)我对这次作业满意吗?可用自己喜欢的符号表示出来。(2)我在自查中查到几处错误,会订正吗?(3)哪些题目有困难,标上记号。让学生以认真的态度和高昂的热情,重新审视自己的学习过程。

学生互评

作业评价中不仅让学生自评,而且让学生互评。学生对他人评价的过程也是学习和交流的过程，如你发现他人的作业中存在什么问题，请给他指出，并指导他订正。这样的评价能更清楚地认识到自己的优势和不足，充分发挥学生之间的互动作用。

在数学作业的改革与实践中，作业不应是单一枯燥的文本，而应是富有色彩、充满情趣、多元的复合体。能让学生将认知学习上升到情绪学习的高度，使学生的知、情、意、行得到协调发展。

教师支持

学生的作业出错，往往原因是多种的。如果没有代表性，在课堂上集体讲解太浪费时间，而且效果不佳；因此，当学生出现较简单的错误时，教师可利用"图案＋评语"的方式进行指导。比如，低年级学生在计算时经常会把数字看错，教师可把数字圈一下，再在旁边画上一只眼睛；再写上评语"你的小圆点呢？（进位符号）""运算顺序对吗？""先找准数量关系式。""单位'1'找错了。""利用逆推方法试试看！"，为学生指明了思考的路线。学生在老师的提示下自己去思考、改正，此时这样的评价可起到明确的效果。评价时重在激励，贵于引导。

板块四：学生"创做评"中的教师反思

1. 改进评价符号，多一份"情"。为学生批改作业是每个老师每天的常规工作。传统的数学作业批改是用"√"或"×"来评判正误，这种方法虽也能评价学生的学习效果，但评价结果带有一定的片面性。新课程实施后，很多教师也对作业评价方式进行了改革，本人进行了激励性评价，比如"看到你的作业就心情愉悦，在仔细一点会更好……"，收到意想不到的效果。

2. 丰富评价素材，多一份"质感"。作业的内容应新鲜、有趣。要激发学生做作业的热情，仅靠作业的外在形式去吸引学生是远远不够的，还必须丰富作业内容，紧紧抓住并留住"那份美妙的情感体验"，转变理念，推陈出新。

韩占杰　郝梓含　北京市顺义区教育研究和教师研修中心附属实验小学

在画与做中发展学生对乘法意义的理解
——以人教版小学数学二年级上册《表内乘法》为例

作业自主

《义务教育数学课程标准（2022年版）》在"课程内容"第一学段中指出：遵循学生的思维特点和认知规律，为学生提供生动有趣的活动，更好地完成从幼儿园阶段到小学阶段的学习过渡。"双减"政策下达后，作为低年级教师的我们如何能保证在有限的课堂内让学生少做练习，还能提升学习的效果？

对于数学教学，在低年级最为重要的就是关注学生数感的培养，但由于低年级学生处于形象思维为主的阶段，我们需要借助几何直观帮助学生认识理解抽象的数学知识。课堂上，我们努力追求将知识以活动的方式让学生经历，设计有效学习任务促进学生感悟数学本质，同时在课上还要引导学生关注知识间的联系，知识与生活的联系，学会分析，利用旧知推理出新问题。面对二年级不能留书面作业的要求，我们根据教学内容，创编了一些新的做法。

板块一：学生作业学生创

学生创设

随着核心素养的不断深入，我们认识到学生需要深度学习，而深度学习离不开对知识本质的理解。在小学阶段的数学学习中，数与运算都占有重要的分量。数是对数量的抽象，是对多少个单位的表达与刻画。帮助学生建立好"承重墙"，打通"隔断墙"，更利于学生学习。

以二年级的《表内乘法》教学为例，我们先学习了数的运算大概念，根据数的运算大概念，梳理具体概念，并根据具体概念设计关键问题、学习任务，在关键课的学习后，让学生根据自己的理解创作作业。

表1 由学生创作的作业设计

课时内容	学习目标	创作的作业
9的乘法口诀学习后的作业	经历口诀编制之后，让学生进一步体会口诀的价值。	师：今天我们一起完成了1—9的乘法口诀，从口诀中我们还发现了一些规律，谁来说说还有什么问题吗？ 生：老师，学习完乘法口诀有什么用吗？ 生：我想问，乘法口诀只到9吗？还有比9大的口诀吗？ 师：今天同学们提出的都是好问题，你们可以任意选一个问题回家进行研究，把你的思考画下来。

教师支持

数的概念的理解也不是一蹴而就的，特别是低年级的学生没有自主设计作业的能力，需要教师设计合适的学习任务与学具，积累足够的生活经验来引导学生学会思考问题。特别是数的概念本身是抽象的，只有为学生提供充分可以感知的现实背景，才能使学生真正理解数的意义，建立数感。因此在学习过程中，我们需要把任务布置得更清晰，更直观。

板块二：学生作业学生做

学生实践

一、观察作业

根据具体概念，我们确定了关键问题、关键子问题和学习任务以及相应的学习作业。在学习完《乘法的初步认识》后，我们设计这样的作业：下节课我们学习 5 的乘法，你可以借助哪些经验来学习，回家想一想、找一找。

课上学生积极反馈：

生：我是借助摆小棒学习的 5 的乘法，1 个 5 就是 5，2 个 5 就是 10，3 个 5 就是 15……

生：我利用手指来学习 5 的乘法，1 个 5 就是 5，2 个 5 就是 10，3 个 5 就是 15……

生：妈妈给我买的发卡上 1 朵花有 5 瓣花瓣，一朵花有 5 瓣，2 朵有 10 瓣，3 朵有 15 瓣。

生：我还可以借助钟表学习 5 的乘法，1 大格是 5，2 大格是 10，3 大格是 15，4 大格是 20，5 大格是 25，一直可以学习到 60 呢。

二、设计作业

学习完表内乘法之后，我们上了一节实践课《设计队列》。学生展示了自己的想法。之后，教师呈现出一副副作品。通过教师的点拨，学生在周末的实践作业中设计出了 36 人的队列。

图 1　学生设计 36 人的队列

三、实践作业

我校语文课程中有一项是"书旅课程",二年级的启始课就是石榴节,学生需要了解石榴的特征,查询关于石榴的古诗,用石榴做一个水果拼盘。既然需要买石榴,可以让学生估一估一个石榴大约有多少粒石榴籽,估完之后再数一数验证一下。以下是学生完成的作品。

图 2　数石榴籽思考过程

教师支持

本单元通过设计不同类型的作业,对于二年级的学生来说,不仅巩固了表内乘法的基础知识,而且增强了学习数学的兴趣,以及会用数学的眼光观察生活,发现生活问题,并能尝试用掌握的知识来解决问题,学生在解决问题的过程中,数感也得到了提升。

板块三:学生作业学生评

学生自评

针对学生的思维导图和拓展作业开展了自评活动。

表 2　学生的自评、互评表

作业内容	评价标准	自 评	互 评
思维导图	全面 ☆ 全面突出重点 ☆☆ 全面突出重点,还有自己的思考或发现 ☆☆☆		
拓展作业	估计合理无方法 ☆ 估计合理有方法 ☆☆ 估计有方法并进行验证 ☆☆☆		

数学篇　199

学生互评

学生在分享过程中根据要求对学生的作品进行口头互评，标准与自评相同。通过这样的学习交流，锻炼了学生会用欣赏的眼光评价作品，且遵守规则、保证公平，也促进了学生间的交流。

教师支持

学生在分享自己的作品后，得到同学的表扬，心情是愉悦的，同时也能虚心接受大家给予的建议。这样的学习方式和学习态度一定会为学生今后的学习打下很好的基础，教师要多多鼓励学生进行自评和互评，进而提升学生的自主学习能力。

板块四：学生"创做评"中的教师反思

1. 营造愉悦氛围，鼓励学生提出问题。创设好的情境可以激发学生的学习兴趣，对于低年级学生，游戏是他们比较感兴趣的，我们大量结合数学游戏，让学生乐于参与，尊重学生的想法，关注他们提出的问题，并鼓励他们自主研究问题。

2. 设计有趣的任务，激励学生乐于参与。从 5 的乘法开始到利用游戏巩固口诀、设计队列等一系列体验作业的完成，学生在游戏、体验、交流、互评的过程中，通过独立思考，自主发现知识间的联系，感悟知识背后的核心本质，促进了深度思考。

3. 借助激励评价，培养学生主动学习。评价给了学生一个标准，让学生明确学习的目标。在平等愉快的学习氛围中，学生能得到肯定、鼓励以及合理的建议，也能助力学生愿意参与，主动学习。学生结合自己的生活举出的很多故事与事例都能得到同伴的表扬，不仅增强了学习的自信心与主动性，更是发展数感的好契机。

陆德霞　北京市石景山区古城第二小学

学以致用，做好"小小调查员"

——以人教版小学数学二年级下册《克与千克的认识》为例

作业自主

《义务教育数学课程标准（2022年版）》指出，不仅要关注学生知识技能的掌握，还要关注学生对基本思想的把握、基本活动经验的积累；不仅要关注学生分析问题、解决问题的能力，还要关注学生发现问题、提出问题的能力。在关注"四基""四能"达成的同时，特别关注核心素养的相应表现。

在学习完《克与千克的认识》，学生和我一起设计他们感兴趣又有意义的实践作业，构建真实的生活场景，通过阅读、感知、称重、估量，促进学生对"克与千克"量感的形成，提升学生解决问题的能力。成功建立数学知识与生活之间的关联，促进学生核心素养的培育。

板块一：学生作业学生创

学生创设

在单元作业设计的过程中，既要有教师对于单元整体的专业把控，还要充分调动学生的主观能动性。教学应该解决学生真正需要、真正想要解决的问题，作业亦是如此。学生提问，学生探究，学生解决。我从学生的前测中提炼出他们关心的关键问题：测量物体质量需要用到哪些质量单位？怎么称重物品的质量？怎么估量物品的质量？以下是他们提出的具体的问题：

1克有多重？
1千克有多重？
克和千克之间有关系吗？
生活中我们熟悉的物品都有多重？
称量物品都有哪些秤？
天平是怎么用来称重的？
秤上的刻度都表示什么意思？
怎么估计一个物体的质量？

我估的准不准？为什么？

……

在和学生们访谈时，他们说得最多的就是在超市和菜市场看到售货员用秤称量物品，而且每种物品都有价格，最后还要算总价格。他们觉得数学的作用可真大！的确，数学来源于生活，又要回归于生活。

学生设计了他们感兴趣的单元实践作业"我是小小调查员"；同时，还在学习后自主绘制数学小报，梳理所学知识，将自己的所学所见所感记录下来；录制自己调查、研究过程的视频与同学分享交流。

教师支持

根据学生的年龄特点和学习规律，将学生提出的关键问题进一步分解，梳理分析教材中的学习任务，设计单元学习任务序列。结合课标、教参，又从量感中的几个维度出发，制定单元学生学习达成度的二维水平划分。

表1 学生单元学习达成度水平划分

水平划分		水平一	水平二	水平三	水平四
质量单位	克和千克	建立1克和1千克的质量观念。	知道1千克=1000克。	会进行简单的单位换算，比较大小。	
度量方法	称重得到的结果	明确称量范围，会根据不同情境选取合适的秤。	了解秤的称重方法。	会在不同的秤上通过刻度读出物体的轻重。	认识到相等的关系的传递性，知道等量的等量相等。
度量结果	估量得到的结果	在具体情境中会自己选定的标准根据已给质量单位对未知物体的质量进行估量。	在具体情境中会自己选定的标准选择合适的单位对未知物体的质量进行估量。	在具体情境中会用自己选定的标准对未知物体的质量进行估量。	

根据学生提供的感兴趣的情境以及要解决的问题，整理作业单。

表2 "我是小小调查员（1）"作业目标与学习目标关系

目标类型	单元TUKE目标	实践作业内容	作业水平指向
T 思维迁移目标	借助学习长度这一概念时的经验，如长度单位统一的必要性，借助身体上的尺进行估计等，迁移到本单元的学习，为后续学习其他常见的量奠定基础。	**我是小小调查员（1）** 1. 调查家里人的体重，并记录在表中。 | 姓名 | | | | | | | 体重（千克） | | | | | | 2. 到超市看一看，掂一掂。哪些物品是用"克"做单位的，各是多少克？哪些物品是用"千克"做单位的，各是多少千克？ | 用"克"做单位的 || 用"千克"做单位的 || | 物品名称 | 重量 | 物品名称 | 重量 | | | | | | | | | | | | | | | |	称重得到的结果水平三：会在不同的秤上通过刻度读出物体的轻重。
U 意义理解目标	1. 结合具体情境和教学活动，建立1克和1千克的质量观念。 2. 通过反复感知不同物体的质量，初步建立质量大小的参照系统。		质量单位水平一：建立1克和1千克的质量观念。
K 知识技能目标	1. 知道1千克=1000克，会进行简单的单位换算。 2. 初步了解天平和常用的"千克"作单位的秤，知道用秤称物体的方法，能够进行简单的计算。 3. 会根据自己选定的标准对未知物体的质量进行估量。		
E 情感态度目标	1. 体会学习质量单位的必要性。 2. 进一步培养学生的量感。		

表3 "我是小小调查员（2）"作业目标与学习目标关系

目标类型	单元TUKE目标	实践作业内容	作业水平指向
T 思维迁移目标	借助学习长度这一概念时的经验，如长度单位统一的必要性，借助身体上的尺进行估计等，迁移到本单元的学习，为后续学习其他常见的量奠定基础。	**我是小小调查员（2）** 1. 估一估你的橡皮多少克？（　　） 估一估大桶的矿泉水（见下图①）多少克？（　　） ① ② 2. 估一估你的笔袋多重？（　　） 估一估大桶的饮料（见上图②）有多重？（　　） 3. 选取一个你不知道质量的物品估一估它多重。 （1）（　　）的重量是（　　）。 （2）说一说你是怎么估的。 （3）用合适的秤将以上物品称一称，看你估的准不准。	估量得到的结果水平一：在具体情境中会用自己选定的标准根据已给质量单位对未知物体的质量进行估量。
U 意义理解目标	1. 结合具体情境和教学活动，建立1克和1千克的质量观念。 2. 通过反复感知不同物体的质量，初步建立质量大小的参照系统。		估量得到的结果水平二：在具体情境中会用自己选定的标准选择合适的单位对未知物体的质量进行估量。
K 知识技能目标	1. 知道1千克=1000克，会进行简单的单位换算。 2. 初步了解天平和常用的"千克"作单位的秤，知道用秤称物体的方法，能够进行简单的计算。 3. 会根据自己选定的标准对未知物体的质量进行估量。		
E 情感态度目标	1. 体会学习质量单位的必要性。 2. 进一步培养学生的量感。		估量得到的结果水平三：在具体情境中会用自己选定的标准对未知物体的质量进行估量。

表4 "我是小小调查员（3）"作业目标与学习目标关系

目标类型	单元 TUKE 目标	实践作业内容	作业水平指向
T 思维迁移目标	借助学习长度这一概念时的经验，如长度单位统一的必要性，借助身体上的尺进行估计等，迁移到本单元的学习，为后续学习其他常见的量奠定基础。	**我是小小调查员（3）** 调查500克下列物品的数量和价格，然后填表。 |	胡萝卜	茄子	鸡蛋	西红柿	苹果
---	---	---	---	---	---
数量（个数）					
价格						 （1）买1千克胡萝卜和1千克西红柿多少钱？ （2）40个鸡蛋大约多重？ （3）你还能提出其他问题并解答吗？	质量单位水平一：建立1千克和1千克的质量观念。
U 意义理解目标	1. 结合具体情境和教学活动，建立1克和1千克的质量观念。 2. 通过反复感知不同物体的质量，初步建立质量大小的参照系统。	^	质量单位水平二：知道1千克=1000克。
K 知识技能目标	1. 知道1千克=1000克，会进行简单的单位换算。 2. 初步了解天平和常用的"千克"作单位的秤，知道用秤称物体的方法，能够进行简单的计算。 3. 会根据自己选定的标准对未知物体的质量进行估量。	^	估量得到的结果水平三：在具体情境中会用自己选定的标准对未知物体的质量进行估量。
E 情感态度目标	1. 体会学习质量单位的必要性。 2. 进一步培养学生的量感。	^	^

板块二：学生作业学生做

学生实践

学生要完成"我是小小调查员"的三个学习单，必须要亲自去实践。

1. 学生去超市或市场调查不同物体的重量。（见图1）
2. 学生在家用不同的秤称物体重量。（见图2）
3. 学生根据已知重量物品估量未知重量物品。（见图3）
4. 学生自主绘制数学小报。（见图4）

图1 去超市或市场调查不同物体的重量

 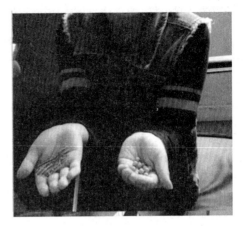

图2　在家用不同的秤称重物体重量　　　图3　根据已知重量物品估量未知重量物品

图4　学生自主绘制的数学小报

教师支持

教师通过班级群通知家长，要给学生创设良好的数学学习环境。支持学生利用身边的物品，或者走进超市、菜市场，对身边的物品进行称重、估计重量，建立对物体质量的感知，初步建立质量大小的参照系统，并根据自己建立的质量大小的参照系统进行估量，培养学生的量感。

板块三：学生作业学生评

学生自评

学生对自己的作业进行自我反思与评价。例如，有的学生在审视自己的作品时发现计算 1 千克的物品价格，没有按照已知 500 克的价格进行计算。

表 5　学生自评表

评价标准	😊😊😊	😊😊	😊
作业表现			
书写整洁			
自主完成			
知识应用			
修改建议			

学生互评

班级分小组，通过数学课堂，将"我是小小调查员"作业单和学生录制的估计物品质量的视频进行交流。

表 6　学生互评表

评价标准	😊😊😊	😊😊	😊
作业表现			
书写整洁			
自主完成			
知识应用			
修改建议			

学生在交流评价中也会发现一些问题，反思自己的不足，学习他人的优点。例如，在交流中发现个别学生没有真的走进超市或者菜市场，因为称重的物品或者调研的价格与现实不符。又如，学生们在进行交流的时候发现，同样是苹果，怎么有的 4 个苹果 1 千克，有的 6 个苹果 1 千克？经过讨论分析，原来是因为苹果的大小不一样。另外价格也有差异，那是因为品种不一样。学生们的这些发现，并不局限于课堂，而是要比课堂中的内容丰富得多。

数学小报张贴在班级黑板上供学生们学习交流，同学之间会给予评价及建议。

教师支持

利用班级小管家收集学生的视频作业。数学课堂中学生展示交流，教师收集"我是小小调查员"作业单，在班级黑板上张贴数学小报。

估计生活中物品的质量要对学生给予相应的指导。虽然他们后来都会选择标准进行估量，但是需要对学生在策略和方法上给予指导。

板块四：学生"创做评"中的教师反思

学生课上解决的是自己发现的问题、提出的问题，完成的实践作业是自己感兴趣的、自主设计的作业。学生通过"创做评"，真正地主动地参与到这个单元的学习中，最终提升了自身解决问题的能力，促进了核心素养的培育。

1. 指向目标，促进目标达成。本单元的实践作业设计彰显数学学科本质，学业水平划分清晰，单元作业目标明确，充分调动了学生的积极思维，指引学生深度思考，从而达到"减负增效"。

2. 体验过程，注重思想渗透。思想方法是数学学习的精髓，在设计实践作业时，加强数学思想方法的渗透，从而促进学生数学素养的提升。在实践作业中，学生用自己选定的标准去"量"，理解应先选定标准后再进行估量的方法。最后，通过这样的多次活动，学生经历不断调整的过程，丰富心目中可以用来作为估量标准的"质量表象"，逐步形成估测的策略，培养估测能力。学生的应用意识得到培养，学习体验得到丰富，他们对数学思想的理解得到提升。

3. 重视评价，不拘泥于形式。作业的评价方式不唯一，尤其是实践作业，学生通过充分感知，发展了量感；通过展示交流，自主评价，生生交流，获得了成功的体验。

李艳蕊　北京市石景山区爱乐实验小学

创设情境化主题作业,多元表征中理解"倍"
——以人教版小学数学三年级上册《倍的认识》为例

作业自主

《义务教育数学课程标准(2022年版)》首次明确提出了"学业质量"标准,确定了评价内容、类型和方法,明确了"为什么教""教什么""教到什么程度",推动"教—学—评"一致性,实现以评促学,以评促教,发挥评价育人的导向作用。这与"双减"政策倡导下的"减轻学生作业的负担,优化作业结构,发挥作业育人功能"的理念不谋而合。数学教师应结合学生学习特点和学科具体内容进行针对性设计、实践和探索,有效引导小学生主动完成课后作业,让数学作业发挥出更大的教学价值。

板块一:学生作业学生创

学生创设

《倍的认识》的核心概念是"份"。围绕核心概念,根据教学内容与学生认知水平,创设整体性的主题情境,整个单元作业都以"冰雪运动"为主题,结合学校"冰雪嘉年华"活动的真实情境使作业内容情境化,将单元知识串联起来,进一步丰富乘、除法的现实情境模型,加深对乘、除法意义的理解,达到核心素养的要求。

基于此,设计了本单元的单元主题与课时内容(表1所示),围绕主题展开教学并引导学生自主创设作业,帮助学生建构完整的"倍"的概念的知识体系。

表1 单元主题与课时内容

课 型	教学内容	课 时
概念建立课	倍的认识	1
问题解决课	用除法解决有关"倍"的问题	1
问题解决课	用乘法解决有关"倍"的问题	1
整理复习课	整理与复习	1
综合实践课	"数"说冬奥	1

第一课时《倍的认识》学生经历摆、圈、画等多种操作活动,掌握研究数量之间倍数

关系的方法，理解"倍"的概念，初步感悟模型意识。课后，学生以冬奥会吉祥物为素材，设计有关的作业，利用画图、语言、算式等多种方式，正确表示出两个量之间的倍数关系。（见图1、图2）

图1　冬奥会吉祥物图　　　　图2　京张铁路对比图

第二课时《用除法解决有关"倍"的问题》，学生通过多种表征之间的转换，学会用除法解决有关"倍"的实际问题，提高发现、提出、分析和解决问题的能力。本节课结束后学生能够结合学校冬奥集邮活动，自主设计并提出有关倍的问题并解决。（见图3）

(1) 请你根据以上信息，提出有关"倍"的数学问题并解答。
(2) 四（3）班设计的邮票画数量是四（1）班的3倍，四（3）班设计了多少张邮票画？请你用你喜欢的方式解决问题。

图3　四年级学生参加邮票画设计活动情况

第三课时《用乘法解决有关"倍"的问题》，学生能借助线段图，用乘法解决有关"倍"的实际问题，感受"倍"与乘法的关系。本节课结束后学生继续以冬奥为素材创设问题，能借助几何直观，用多种表征形式说明数量之间的倍数关系，正确用乘法解决有关"倍"的实际问题。（见图4、5）

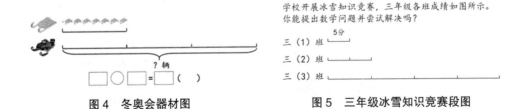

图4　冬奥会器材图　　　　图5　三年级冰雪知识竞赛段图

第四课时《整理与复习》，通过整理与复习，自主建立知识之间的联系，沟通四则运算之间的关系，创设以思维导图的方式梳理本单元的知识，并建立知识间的联系，表达出对乘、除法意义一致性的理解。

教师支持

通过创设具体情境与数学活动，帮助学生借助"份"来建立"倍"的概念，实现对"倍"的概念和乘、除法意义的理解。引导学生用不同方式表征"倍"的意义，能解决有关倍的乘、除法问题，提高问题解决的能力。用数学的眼光发现生活中有关"倍"的问题，体会知识间的内在联系。

板块二：学生作业学生做

学生实践

一、对于"核心概念"的理解

第一课时认识"倍"的概念后，学生能通过画图、语言、算式举例等方法用"份"来解释"10倍"的含义，对"倍"的概念有正确的认识，达成了预期的学习目标。

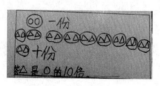

图6　学生作业（一）

二、对"问题解决能力"的掌握

第二、三课时运用"倍"解决问题后，学生能够通过不同的方法解决问题，有意识地寻找两个量有"整数倍"关系的数据，提出有关"倍"的数学问题，应用"倍"的概念解决有关"倍"的乘法和除法的问题。

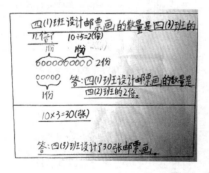

图7　学生作业（二）

三、对"自主构建本单元知识之间联系"的建立

第四课时通过整理与复习本单元的知识,学生自主建立知识之间的内在联系,能够依据"份"建立"倍"的概念,能用多元表征解释"倍",能用"倍"自主构建本单元知识之间的联系,初步建立"倍"的知识体系,初步具备乘法结构思维。

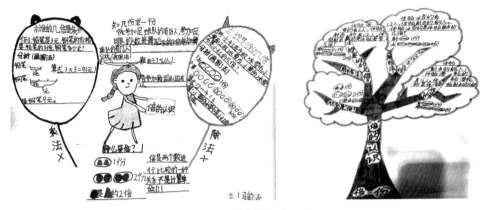

图 8 学生作业(三)

教师支持

1. 以学习主题为依托,使作业内容情境化。
2. 以核心概念为引领,使作业内容结构化。
3. 以单元目标和量规为标准,实现"教—学—评"一体化。

板块三:学生作业学生评

设计作业完成过程评价表,通过自评、他评、教师评三个角度,关注学生完成作业过程中情感、态度、价值观的表现,鼓励不同层次的学生通过自己的努力,不断挑战,向更高一层努力。将评价的核心功能从对学习的评判转向对学习的促进。

表 2 课时作业评价表

评价内容	小试牛刀		大展身手				勇闯难关
	第1题	第2题	第3题	第4题	第5题	第6题	第7题
第1课时	☆☆☆	☆☆☆	☆☆☆	☆☆☆	☆☆☆	☆☆☆	☆☆☆
第2课时	☆☆☆	☆☆☆	☆☆☆	☆☆☆	☆☆☆	☆☆☆	☆☆☆

表3 作业完成过程评价表

评价标准	自 评	同伴评	教师评
认真、努力完成	☆☆☆	☆☆☆	☆☆☆
勇于挑战	☆☆☆	☆☆☆	☆☆☆
敢于实践	☆☆☆	☆☆☆	☆☆☆

学生自评

让学生参与到作业批改中，调动学生的自评意识，自评的过程就是对自己所做的作业再认识、再理解、答题再完善的过程。在教师指导下的学生自评过程促进了学生的理解和思考，也是学生自我反思与自我发展的过程。

学生互评

学生以小组为单位用他们自己喜欢的方式，如PPT展示讲解、研究报告、调查小报等，进行星级评价。在小组合作中相互倾听、相互帮助，促使自己不断改进，获得更好的发展。

教师支持

为了更好地关注学生的经验积累，力求用评价撬动学生的关键能力，教师依据本单元的知识特点及学习目标，设计如下评价量规。

表4 评价量规

水平划分	具体描述
水平一	能将几个物体看成"1份"，能正确圈画出"1份"和"几份"，但还不能用"倍"来表达数量之间的关系。
水平二	能利用画图、语言、算式等多种方式，正确表示出两个量之间的倍数关系。
水平三	能利用"倍"的概念，解决简单的有关"倍"的实际问题。
水平四	能够借助"倍"的直观模型，丰富对乘、除法现实情境模型的认识，加深对乘、除法意义的理解，对乘、除法的意义有整体性、一致性的认识。

板块四：学生"创做评"中的教师反思

学生"创做评"的过程，也引发了教师的教学反思。

一、指向目标，制定单元评价量规，使作业设计更精准

在单元整体设计的过程中，根据单元教学目标及学情制定评价量规，运用评价量规对学习活动开展持续评价，及时了解学生的思维进阶，通过少量主题作业的"深度覆盖"，让学生花费最少的时间，获得最佳的效果，达到"减量不减质"的目的。

二、指向思维，呈现内容系统化，关注学生的主动思考

在作业设计时紧扣学科本质，加强应用，力求目标与内容高度契合，帮助学生实现数学理解、促进高阶思维发展，提升综合素养。

1.凸显本质，实现数学理解。数学理解是基于学科本质，对知识体系的理解。本单元的作业设计，引领学生借助多元表征理解"倍"，建立"倍"的模型，将作业与现实问题有机融合，实现数学理解。

2.追求变式，发展高阶思维。小学数学学科的本质是促进学生的思维发展，不仅要在课堂中关注，更要在作业设计中凸显。通过作业的巩固，引领学生从"会想"走向"深思"，培养学生思维的有序性、灵活性和创造性，促进高阶思维和理性精神的发展。

3.加强应用，提升综合素养。在进行作业设计时，要以综合性解决问题为主，搭建数学与生活的紧密联系，引领学生用数学的思维解决问题，培养学生解决问题的能力。

徐红钰　郭丽　北京市石景山区爱乐实验小学

基于小数含义的分层作业设计

——以人教版小学数学三年级下册《小数的初步认识》为例

作业自主

作业是课堂教学的延伸，是落实提质减负、发展核心素养的重要途径。现阶段的作业设计与布置存在作业量多、作业内容重复、作业内容缺乏吸引力和挑战性的问题。为了实现作业巩固知识、培养能力、促进学生个性发展的目的，教师应优化作业设计，鼓励学生自主设计作业，给学生自主选择作业的权利，激活学生学习内驱力，体现学生在作业设计和完成过程中的自主性、开放性，促进学生个性化发展。

《小数的初步认识》属于"数与代数"领域，对照课程标准分析本单元学习内容，不难发现：认识小数的含义是学习的重点，本单元所有内容的安排都围绕这一核心概念展开，无论是小数的大小比较还是简单计算，其目的都不是单纯地教学比较和计算的方法，而是通过这些内容的学习，加深对小数含义的认识。基于以上思考，聚焦核心概念，鼓励学生围绕小数的含义自主设计作业，能够有效促进学生对知识的理解与运用，发展学生用数学的思维思考的习惯，培养学生的创新能力和应用能力。

板块一：学生作业学生创

学生创设

《小数的初步认识》是学生第一次学习小数，不过学生对小数并不陌生。在学完这一课后，学生还有很多好奇之处，于是教师引导学生思考："关于小数你还想研究哪些内容？"学生畅所欲言："生活中还有哪些小数？小数表示什么意思？关于小数我们学习了哪些知识？小数还能帮助我们解决什么问题呢？"根据同学们的思考，学生自主设计了以下作业。

作业1：生活中你见过哪些小数？

作业2：请用画图的方式表示出0.8的含义。

作业3：关于小数你学会了什么？请你用自己喜欢的方式表示出来（可以用画图、手抄报或者思维导图的方式表示）。

作业4如下图所示：

图 1 作业 4 内容

教师支持

小数在生活中有着广泛的应用，经历小数的初步认识后，学生对小数的知识还存在很多感兴趣的地方。因此，教师引导学生思考："关于小数你还想研究哪些内容？"开放性的问题激活了学生对知识的深入思考，学生通过自主设计作业，将所学知识与生活建立起紧密的联系，体会到数学在生活中的应用价值。

板块二：学生作业学生做

学生实践

作业 1：生活中你见过哪些小数？

小数在生活中随处可见，通过寻找并记录生活中的小数，深化对小数含义的理解，增强了学生用数学的眼光观察现实世界和用数学的思维思考日常生活现象的意识。

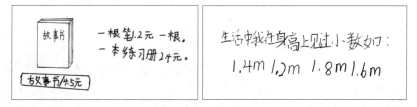

图 2 作业 1 学生作品

作业 2：请用画图的方式表示出 0.8 的含义。

借助人民币、米尺、图形、数轴等模型直观地表示小数的含义，让学生在熟悉的情境中理解小数的含义,知道将一个物体或图形等平均分成若干份,其中的一份或几份可以用分数表示,也可以用小数表示。学生对小数的概念有了充分的感知,为理解小数概念的本质打下基础。

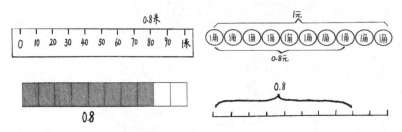

图2 作业2学生作品

作业3:关于小数你学会了什么?请你用自己喜欢的方式表示出来(可以用画图、手抄报或者思维导图的方式表示)。

对《小数的初步认识》的整体回顾和梳理,是在学生了解小数的含义、大小比较和加减法计算的基础上设计的。作业的重点是巩固小数的含义,借助小数的含义理解比较大小和加减法计算的道理,并综合运用这些知识解决实际问题,从而体会知识间的内在联系,进一步深化对小数含义的理解。在梳理、绘制思维导图的过程中,学生经历了回顾梳理、查漏补缺、总结提升三个层次。运用思维导图呈现单元知识体系,实现了对知识的系统梳理以及对单元核心概念的理解与外化。

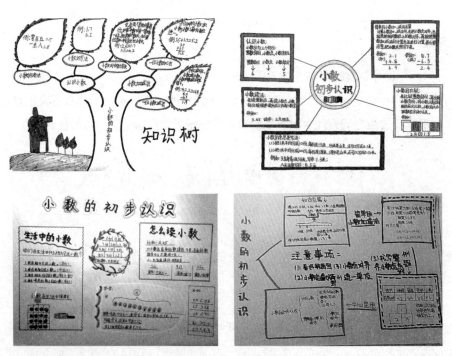

图4 作业3学生作品

作业4：东东带了10元钱买玩具，你能提出什么数学问题并解答吗？（小数还能帮助我们解决什么问题？）

运用小数的知识可以解决很多生活中的实际问题，本题是学生仿照教材练习设计的。根据学生创设的买玩具情境，进一步理解小数的意义，利用小数的简单计算解决实际问题。在同一个问题情境下，学生观察思考的角度不同，提出的问题也不同，但每个小问题都指向本单元的学习重点。

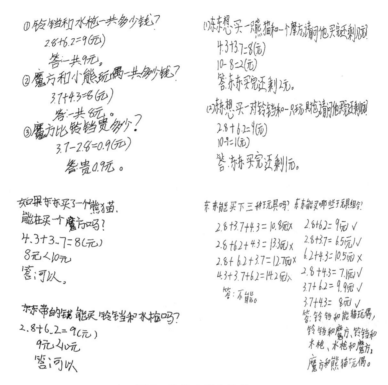

图5　作业4学生作品

教师支持

通过自主设计作业，学生实现了对所学内容的回顾和复习，通过自主选择作业体现出学生在完成作业过程中的自主性，通过学生自主选择的学习任务也反映出不同学生在不同知识领域的能力水平。教师在教学过程中要注意引导学生把知识进行梳理和整合，进一步体会知识的内在联系。针对学生在作业中暴露的薄弱点和易错点，教师要及时进行查漏补缺，通过巩固练习和交流辨析等方式深化对知识的理解。

板块三：学生作业学生评

学生自评

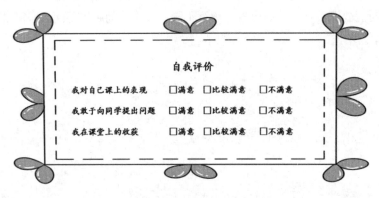

图6　学生自我评价表

以学生发展为本，开展多种形式的活动表现评价，鼓励学生进行自我评价，充分发挥评价的激励与促进作用。

学生互评

在学生互评时，教师要引导他们认真倾听、用心感受，然后再充分表达自己的想法，可以针对优点进行夸奖，也可以针对问题提出建议。被评价的学生要尊重其他学生的评价，虚心听取同学们的建议，修改完善自己的作品，发挥同伴互相促进的效果。

教师支持

课堂评价是课堂教学的重要组成部分，充分利用课堂评价，有助于学生更好地参与合作学习。对于低年级学生来说，学生自评和互评往往针对学习结果进行评价，教师应引导学生不仅关注结果的评价，同时关注学习过程的评价。此外，教师也要针对学生的具体表现作出及时、客观的评价。

板块四：学生"创做评"中的教师反思

在学生自主设计的作业中，体现出作业的层次性，这其中有源于教材的巩固性作业，有联系生活的综合性作业，还有连接课堂内外的拓展性作业。巩固性作业体现出学生对教材的理解，综合性作业体现出学生对知识的迁移与运用，拓展性作业体现出学生运用所学知识解决实际问题的能力。通过鼓励学生自主设计作业，激活了学生的内驱力，发展了不同水平学生的自主学习能力。

在学生自主设计作业并完成作业的过程中,学生怀着极大的热情,每一个问题的设计都蕴含着学生的智慧与思考,每一份作业的作答都透露着学生的主动与认真,学生自主设计并完成的作业真正发挥了其巩固知识、检测学情的目的。学生自主设计的作业不同于教师布置的作业,它展现了孩子多姿多彩的学习生活,有效地激发了学生完成作业的主动性,激活了学生学习的内在动力,深化了学生对知识的理解与运用,发展了学生的自主性和创造性。

马守凤　孙艳鹏　北京市朝阳区垂杨柳中心小学劲松分校

"双减"作业巧设计，减负增质促发展
—— 以人教版小学数学五年级上册《多边形的面积》为例

作业自主

作业是课堂的延续，是教学活动的有机组成，是教师与学生进行教育建构的交流平台和桥梁。"双减"背景下，数学作业应以落实"立德树人"为宗旨，体现学科核心素养要求，在"大单元视角"统领下，将课后作业和课堂教学有机融合，以少而精的实践性作业取代重复的机械性作业。作为一名数学老师，对作业的理解绝不应仅仅停留在题海战术之下，应是让学生真正走进数学、了解数学、应用数学，从而爱上数学。

板块一：学生作业学生创

学生创设

单元作业是单元教学的延伸，它既是了解学生学习状况的重要方式，也是训练学生思维、培养学生能力的重要渠道。《义务教育数学课程标准（2022年版）》指出：义务教育数学课程应使学生通过数学的学习，形成和发展面向未来社会和个人发展所需要的核心素养，核心素养是在数学学习过程中逐渐形成和发展的。数学课程要培养的学生核心素养主要包括会用数学的眼光观察现实世界，会用数学的思维思考现实世界，会用数学的语言表达现实世界。可见有效的数学作业不能单纯地依赖练习题，动手操作和深刻探索才是学习的重要方式。特别是在"双减"背景下，单元作业设计要指向培养学生核心素养，激发每一个学生的主体价值，引导学生去创造、去分享、去研讨。

为了帮助学生更灵活地理解多边形面积，本单元结束后，学生自主将学习内容总结归纳成思维导图。《多边形的面积》主要内容有平行四边形的面积、三角形的面积、梯形的面积、组合图形的面积、不规则图形的面积这五部分。在制作思维导图时，学生将主要知识提取出来，从核心知识点出发，由浅入深。绘制思维导图的过程，不仅对单元知识有了更为清晰的认识，还锻炼了学生的逻辑思维能力。

通过绘制思维导图对本课内容进行复习后，学生还创设了以下几个实践体验类作业，任选其中一项或几项完成。

1. 我是聪明的小画家。

同学们，请你仔细观察生活中常见的物体，照样子画一画，再分一分，看看它们都是由哪些平面图形组成的，并计算出物体的面积。

2. 我是小小设计师。

使用七巧板，拼出美丽的图形，并计算它的面积。

3. 发现生活中的美。

寻找生活中的不规则图形，如树叶等，估测它的面积。

教师支持

本课主要内容有：平行四边形的面积、三角形的面积、梯形的面积、组合图形的面积以及不规则图形的面积。多边形的面积计算是以长方形面积计算为基础，以图形内在联系为线索，以未知转化为已知的基本方法开展学习。因此，在完成单元教学后，教师通过复习课帮助学生梳理知识框架，引导学生进行思维建构，在脑海中形成脉络图。在学习中，学生真正做到了"胸中有丘壑，眼里存山河"。

板块二：学生作业学生做

学生实践

在绘制思维导图前，学生先将课上的知识点进行了回顾，通过割补、拼摆寻找长方形和平形四边形之间的联系，从而推导出平行四边形的面积公式，进而推导出三角形、梯形的面积公式。推导公式遇到困难时，尽量不要立刻翻书，先独立思考，认真分析。利用思维导图，将本课知识从点到线再到面梳理成网，形成自己的知识体系。

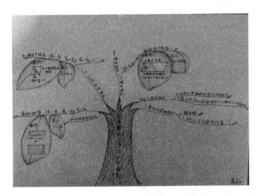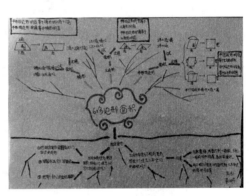

图1 学生设计的思维导图

"我是聪明的小画家"，学生从生活中寻找不规则图形并测量它的边长，将不规则图形分割成几个规则图形计算面积，再合并起来。

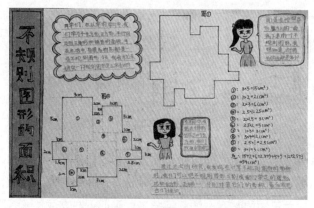

图2 "我是聪明的小画家"学生实践作业

"我是小小设计师",学生使用七巧板,拼出美丽的图形,并计算它的面积。

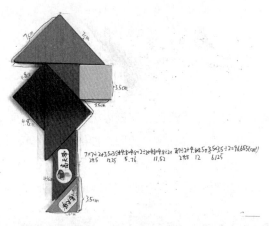

图3 "我是小小设计师"学生实践作业

"发现生活中的美",学生寻找生活中的不规则图形,估测它的面积。

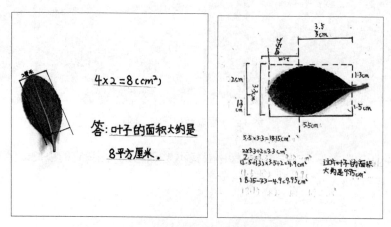

图4 "发现生活中的美"学生实践作业

教师支持

在授课过程中，教师给予学生思考的空间，重视让学生在数学活动中"经历知识的形成过程"。《多边形的面积》这一课，是探索性、实践性比较强的课程，教师充分让学生经历数学公式的推导过程，学生通过已有经验，将新图形转化成学过的图形，思考图形间的联系，知其然也知其所以然。不仅关注了学生的学习结果，更关注了学习的过程，让学生主动参与实践活动，发展创新意识，将过程性与实践性相结合。

板块三：学生作业学生评

学生自评

学生是评价的主人，在完成思维导图和实践作业后，教师把评价的权利还给学生，学生通过反思，对知识结构有了更清晰的认识。

表1　学生自评、互评表

评价标准 评价方式	书写整洁	思维程度	知识掌握	新的收获
自　评	☺☺	☺☺	☺☺	☺☺
小组互评	☺☺	☺☺	☺☺	☺☺

学生互评

通过生生互评，查缺补漏，学生充当小老师的角色，小组间相互讲解思维导图和评价实践作业，提出修改建议，学生能够在倾听他人意见的同时，学有所获。

教师支持

在学生自评和生生互评后，教师对学生的作业进行批注修改，先进行提示，学生独立思考，无法自行改正的教师再帮其改正，目的是培养学生独立思考的能力。

板块四：学生"创做评"中的教师反思

"双减"背景下的小学数学作业应形式多样，符合小学生的年龄特点和学习需要，培养学生的数学思维能力和创新意识。本单元的作业设计有如下几个特点：

1.趣味性作业，激发学生的参与积极性。数学来源于生活，又应用于生活。本单元的作业给了学生想象的空间，通过找寻生活中常见的物体，运用数学知识解决图形面积问题，体验数学在现实生活中的价值，逐步培养学生的核心素养。

2. 选择性作业，学习主动权交给学生。在教学中，我们要能够发现个体差异，注重因材施教。本单元布置的作业分为思维导图和选择性作业，学生根据兴趣和实际情况，可以选择完成求生活中常见物体的面积、用七巧板拼摆求组合图形的面积、求树叶等不规则图形的面积。在数量上和知识点上都有所选择，给学生思维发展的空间。弹性作业让每一个学生都能感受到成功的喜悦和数学学习的乐趣，为知识掌握比较好的学生提供施展才华的舞台；让知识掌握较为薄弱的学生锻炼了解决问题的能力。

3. 关注学生学习的过程。在完成本单元教学后，教师通过复习课发现了学生知识点上存在的问题，通过思维导图的绘制，培养学生独立思考的能力。当学生遇到困难，处于独立解决问题的困境时，教师及时进行关键知识的点拨指导，充分了解到学生的学习状态。

新概念下的数学作业形式是多样的，不再是单一枯燥的练习题，应是充满童趣，丰富多彩的。作为教师，我们应最大限度地让学生在每一次作业中都有新的生长点，培养学生可持续发展的学习能力与核心素养，激发每一个学生的主体价值。

沈晓涵　北京市朝阳区垂杨柳中心小学

借转化，抓关系，炼通法，以结构化学习促推理意识提升

——以人教版小学数学六年级上册《圆的面积》为例

作业自主

《义务教育数学课程标准（2022年版）》指出：以学生发展为本，以核心素养为导向，进一步强调学生获得数学基础知识、基本技能、基本思想和基本活动经验，发展运用数学知识与方法发现、提出、分析和解决问题的能力，形成正确的情感、态度和价值观。

数学学习应从学生已有的生活经验和知识出发，让学生亲身经历将实际问题抽象成数学模型并进行解释与应用。学生在此之前已经经历了推导长方形、平行四边形、三角形、梯形等图形面积的过程，能够通过割补或者分割法将新图形转化成旧图形，通过寻找图形要素和要素、面积与面积的关系，推导出新图形的面积公式，这些都为圆面积的推导作了铺垫。因此，本作业任务学生可以借助之前的学习经验自主完成，在相互交流、思辨的过程中，经历问题解决的一般过程，感悟极限、化曲为直的思想，得到圆面积的计算方法，整个过程可以完全通过独立思考、生生交流合作完成。学生能够感悟到将圆分割之后转化的图形可以代替圆的面积，也就是以直代曲的思想，这样的研究过程为学生的未来发展注入了更多的可能，为解决新的问题积累经验。

板块一：学生作业学生创

学生创设

面积是对二维图形大小的度量，面积度量的本质是给所度量图形以一个具体的数。在面积度量中，不仅可以利用统一单位的不断累积得到测量结果，还可以通过寻找图形的面积与图形要素之间的关系，推理得到计算公式，在度量的过程中发展空间观念和推理意识。在本单元学习了圆的周长之后，得到了圆的周长计算公式，学生又提出圆的面积该如何计算的问题，这恰好是本单元的一个重要内容，本项作业在学生的好奇中应运而生。

表1 《圆的面积》学习目标

T（迁移）目标	U（理解）目标	K（知能）目标	E（情感）目标
将圆的周长和面积及其解决问题转化为已经学过的图形进行推导、分析和计算，并能在今后的学习中进行迁移。	在推导圆的周长与面积的计算公式过程中，经历尝试、探究、分析、反思等学习过程，理解圆的面积和周长计算公式的推导过程，体会和掌握化曲为直、转化、极限等数学思想。	1. 在动手操作中，认识圆、扇形，掌握圆、扇形的一些基本特征，学会用圆规画圆；会利用直尺和圆规，设计一些与圆有关的图案。 2. 通过实践操作，理解圆周率的意义，理解和掌握圆的周长计算公式；探索并掌握圆的面积的计算公式，能解决一些圆的周长和面积的实际问题，提高问题解决能力。	在丰富的生活实例和数学史料中，感受数学之美，了解数学问题，感悟数学学习的乐趣。

结合本单元内容和素养目标引导学生设计如下作业：

想一想，圆的面积和什么有关？有怎样的关系？结合之前的学习经验，请你想办法证明你的猜想。

表2 《圆的面积》作业学习单

序号	产生的问题和猜想	证明过程或阐述其中的道理
1		
2		
3		
4		
……		

教师支持

1. 根据以往的哪些学习经验可以推测圆的面积会和什么有关？
2. 你觉得圆的面积和正方形的面积倍数关系是一个固定的数吗？
3. 请你设计方案证明你的猜想。

板块二：学生作业学生做

学生实践

表3 学生单元作业反馈

序号	产生的问题和猜想	证明过程或阐述其中的道理
1	圆的面积和半径或直径有关。	用两个半径不同的圆比一比就知道了。
2	用数面积单位个数的方法得到圆的面积，但未找到和半径、直径的关系。	用面积单位度量圆的面积，找到圆的面积和外面正方形面积的关系。

续 表

序 号	产生的问题和猜想	证明过程或阐述其中的道理
3	用分割图形的方法得到圆的面积，未找到和半径、直径的关系。	将圆无限细分成若干个直边图形，将直边图形的面积累加。
4	在圆的里面、外面各画一个正方形，根据计算：$2r^2 <$ 圆的面积 $< 4r^2$。	用举例子、设字母等方法，得到里、外两个正方形的面积。
5	圆的面积大约是外面正方形的 $\frac{3}{4}$，也就是 $3r^2$，一种直觉。	没太想好证明的方法。
6	猜想约等于 πr^2。	将圆分割成若干个三角形，将三角形的面积累加。
7	猜想约等于 πr^2。	将圆分割成若干个三角形，拼成一个近似的平行四边形。

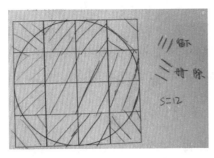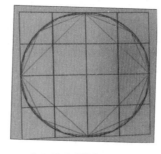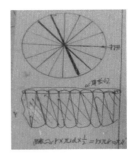

图 1　学生作业举例

教师支持

1. 组织学生讨论以上方法可行吗？

2. 你有改进的方法吗？

3. 在同学们争执圆的面积到底是和 πr^2 相等还是近似相等之后，播放课件演示将圆的面积无限分割拼成图形的变化，有什么发现？

4. 你还有其他好的办法证明你的观点吗？

板块三：学生作业学生评

学生自评

学生复盘作业问题的提出和解决，可从以下几个角度进行梳理：

1. 你的猜想得到验证了吗？应用结论能帮助你解决什么问题？

2. 过程中使你印象最深刻的是什么？

3. 你觉得自己在哪方面还可以做得更好?

学生互评

互评打开了思维的交叉点和合作的桥梁,同学之间因为观点相同或对研究内容感兴趣而走到一起,不仅增进同学之间的感情,也体会到合作共赢。

1. 谁的想法让你眼前一亮,为什么?你向他(她)学到了什么?
2. 你觉得谁的方法还有改进的地方,请你给他(她)提供一些支持和建议。

板块四:学生"创做评"中的教师反思

数学学习是一个不断发现问题、提出问题、解决问题的过程,作业是课堂学习的延伸,作业使学习一再发生。学生们头脑中产生的困惑和问题如果能够自己解决,或是在查阅资料之后弄明白,学生将获得极大的成就感,这种成就感会成为学习的内驱力,使得学习和研究继续深入下去。这其中既要发挥学生的主动性,又需要教师的精心设计与引导,师生的碰撞会产生更多的创新点,呈现教学相长、师生共赢的样态。这要求教师要不断地学习,广涉猎,给予学生恰当的点拨和评价,在创造性的教学活动中,培养和发展学生的数学核心素养和关键能力。

刘丽丽　北京市朝阳区花家地实验小学

知"圆"而明理，巧创"圆"作业

——以人教版小学数学六年级上册《圆》为例

作业自主

《义务教育数学课程标准（2022年版）》提出数学课程要培养学生的核心素养，主要包括"三会"：会用数学的眼光观察现实世界，会用数学的思维思考现实世界，会用数学的语言表达现实世界。

人教版小学数学六年级上册《圆》这部分知识属于"图形与几何"的领域，主要内容包括圆的认识、圆的周长、圆的面积、扇形，以及用圆的知识解决实际问题。教材在编排上加强了启发性和探索性，注重让学生动手操作，使学生在实践活动中通过观察、操作、思考来探究有关圆的知识。

因此，在问题引领下，结合新课标的理念以及本课的具体内容，通过一系列学生自主设计的作业，不断进行深入的思考，最终理解概念或得出结论，强化重点，突破难点，发展数学核心素养。

板块一：学生作业学生创

学生创设

圆在生活中无处不在，以和谐、对称体现其独特的美感。因此，在学习完本课所有内容以后，学生以"现在你还想研究有关圆的哪些知识"为主题进行了交流。有的学生想研究"生活中哪里有圆"的问题；有的学生想研究"除了用圆规，还能怎样画圆"的问题；有的学生想研究"用圆可以画出哪些美丽图案"的问题；有的学生想研究"用哪些学过的平面图形能推导出圆面积公式"的问题；有的学生想研究"为什么生活中很多物体都是圆"的问题；还有的学生想研究"如何整理圆这一单元知识点"的问题。

根据提出的六个不同的问题，学生从作业名称、作业要求、涉及知识三个方面自主设计出了以下六项作业。

作业1：慧眼识"圆"。

> 作业名称：慧眼识"圆"
> 作业要求：以照片的形式记录你在生活中见到的圆，并进行分享。
> 涉及知识：圆的各部分名称及组成。

图1 作业1内容

作业2：拟规画"圆"。

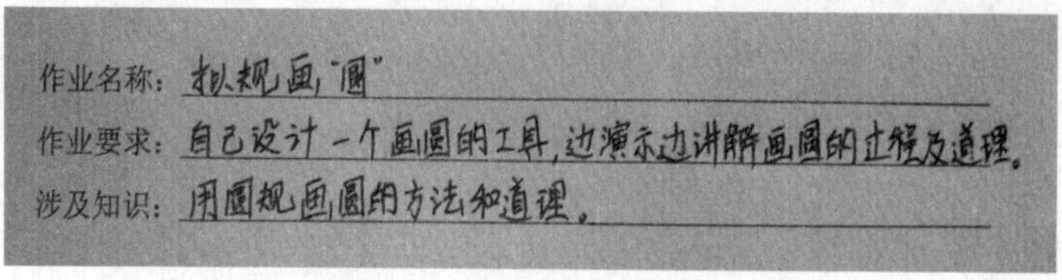

作业名称：拟规画"圆"
作业要求：自己设计一个画圆的工具，边演示边讲解画圆的过程及道理。
涉及知识：用圆规画圆的方法和道理。

图2 作业2内容

作业3：妙笔生"圆"。

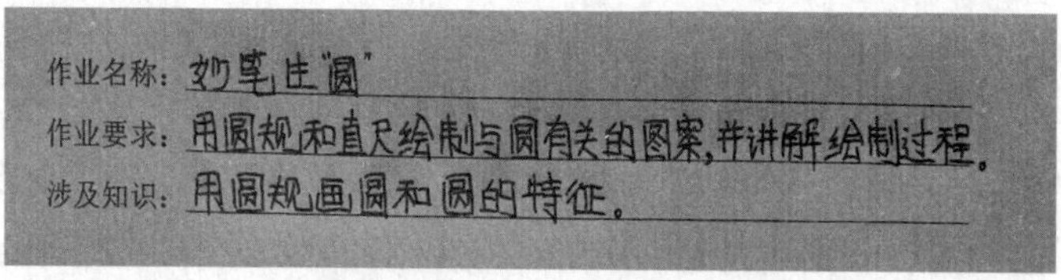

作业名称：妙笔生"圆"
作业要求：用圆规和直尺绘制与圆有关的图案，并讲解绘制过程。
涉及知识：用圆规画圆和圆的特征。

图3 作业3内容

作业4：自"圆"其说。

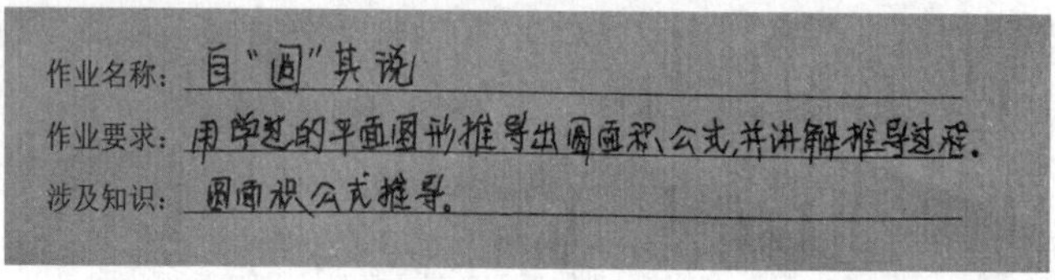

作业名称：自"圆"其说
作业要求：用学过的平面图形推导出圆面积公式，并讲解推导过程。
涉及知识：圆面积公式推导。

图4 作业4内容

作业5：皆可是"圆"。

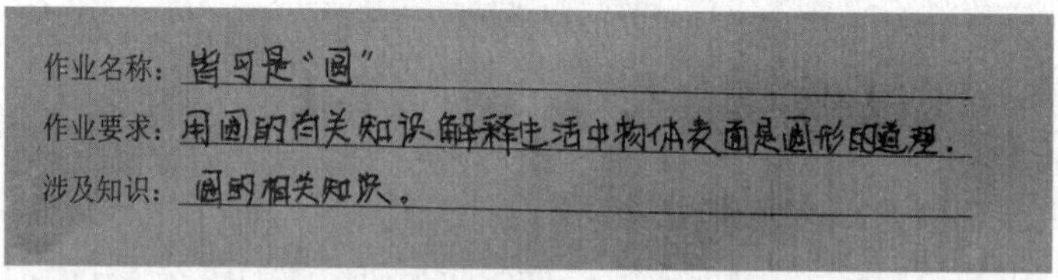

作业名称：皆可是"圆"
作业要求：用圆的有关知识解释生活中物体表面是圆形的道理。
涉及知识：圆的相关知识。

图5 作业5内容

作业6：汇聚成"圆"。

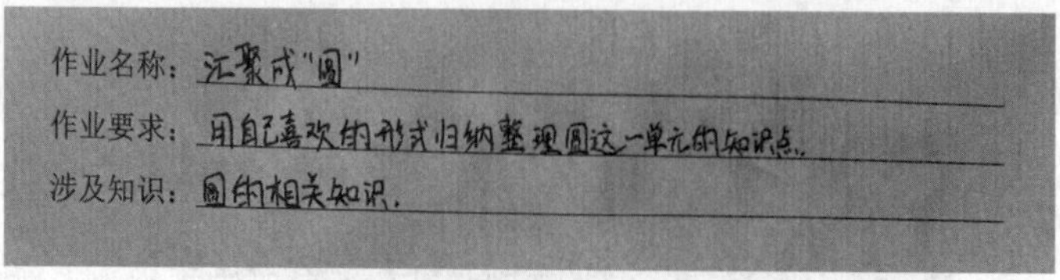

作业名称：汇聚成"圆"
作业要求：用自己喜欢的形式归纳整理圆这一单元的知识点。
涉及知识：圆的相关知识。

图6 作业6内容

教师支持

圆在生活中有着广泛应用，所以在研究圆的时候，学习的资源可以从生活中来，研究得到的结论可以反过来应用于生活。因此，在教学完本课知识后，教师组织学生围绕"现在你还想研究有关圆的哪些知识"的问题展开讨论，学生根据自己想要研究的问题，自主设计作业，将本单元知识与生活实际结合起来，激发学习热情，积极主动地去探索知识，并通过解决实际问题，真切地体会数学知识的广泛应用。

板块二：学生作业学生做

学生实践

在所呈现出的六项作业中，学生可以根据自身情况选择其中两项或两项以上的作业来完成。

1. 在完成"慧眼识'圆'"作业的过程中，通过自己寻找生活中的圆，养成用数学的眼光观察生活中事物的习惯，体会数学的一般性，激发学好数学的愿望。

图 7 "慧眼识'圆'"作业

2. 在完成"拟规画'圆'"作业的过程中，利用身边的工具自己制作圆规画圆，沟通自制的圆规与圆各部分之间的关系，进一步体会圆的特征。

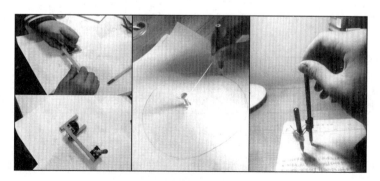

图 8 "拟规画'圆'"作业

数学篇 231

3. 在完成"妙笔生'圆'"作业的过程中，不但能巩固圆的特征相关知识，还能发展学生的创造能力。

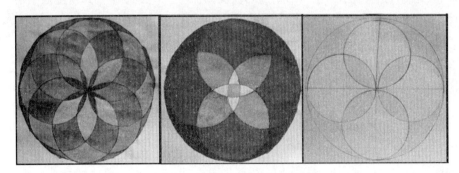

图9 "妙笔生'圆'"作业

4. 在完成"自'圆'其说"作业的过程中，利用等积变形把圆面积转化成其他的平面图形面积，既沟通了新旧知识的联系，又最大限度地激发了求知欲。

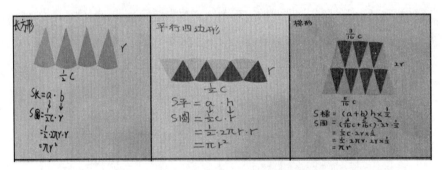

图10 "自'圆'其说"作业

5. 在完成"皆可是'圆'"作业的过程中，通过灵活应用已经学过的有关圆的知识解释生活中的实际问题，进一步感受到数学与生活的密切联系，提高解决问题的能力。

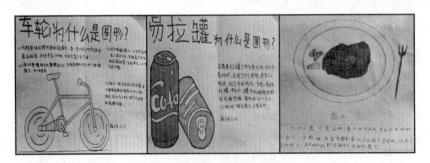

图11 "皆可是'圆'"作业

6. 在完成"汇聚成'圆'"作业的过程中，运用思维导图提供思维的框架，构建完整的知识网络，提升逻辑思维能力。

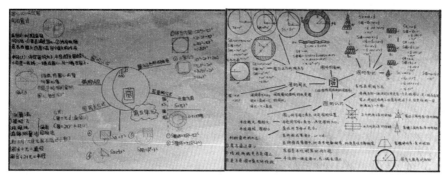

图12 "汇聚成'圆'"作业

教师支持

在交流汇报的过程中,教师将更多的时间交给学生,作为一名组织者鼓励学生们认真倾听、主动发言、努力反思、用心质疑、大胆争辩。创造宽松的教学环境,提供让学生自主学习的空间,引导学生真正经历主动探索的学习过程,亲身感受数学知识的本质,获得学习数学的乐趣和成功的体验。

板块三:学生作业学生评

学生自评

每位学生在充分展示和交流作业以后,从以下几个方面进行自评。

表1 学生自评表

	评价要素	评价得分
1	认真倾听,积极用手势表达自己对其他同学发言的反馈。(10分)	
2	主动发言,能独立清楚完整地表达自己的想法。(10分)	
3	努力反思,对他人的观点作出评价和必要的补充。(10分)	
4	用心质疑,发现并提出有价值的问题。(10分)	
5	大胆争辩,有理有据地说明观点或理由。(10分)	

学生互评

学生自评结束后,其他学生从以下几个方面进行互评。

表2 学生互评表

	评价要素	评价得分
1	能在规定时间内完成作业。（10分）	
2	汇报时，声音洪亮，表达流畅。（10分）	
3	讲解时，逻辑清晰，有理有据。（10分）	
4	互动时，能解释自己的想法，能接受他人的建议。（10分）	
5	展示的作业完整、美观。（10分）	

通过计算学生自评（50分）和互评（50分）的成绩，推选出每次作业的优秀学员。最终，在六次作业全部结束时，评选出"美满学员"，并颁发奖状。

教师支持

通过"学生作业学生评"这一环节，充分调动学生参与作业的积极性，帮助学生在已有的基础知识和基本技能上有所提升，有效促进学科之间的融合。教师适时参与评价，强化知识本质，培养思维的深度与广度，发展数学核心素养。

板块四：学生"创做评"中的教师反思

动手实践、自主探索和合作交流是学生学习数学的重要形式。在"学生作业学生创"的过程中，通过以学生自己提出的问题作为引领，自主设计以"圆"为主题的系列作业，将"慧眼识'圆'""拟规画'圆'""妙笔生'圆'""自'圆'其说""皆可是'圆'""汇聚成'圆'"六个作业串联起来，强调了作业设计的层次性和趣味性，突出了学生的主体地位。在"学生作业学生做"的过程中，注重发现问题的本质，将已经学习的数学知识应用于解决实际问题中，促进思维能力的发展。在"学生作业学生评"的过程中，通过自评和互评的方式，鼓励学生积极参与到本次作业中来，促使不同程度的学生都能够得到发展。

通过与实际生活的联系，学生更加真切地感受到数学知识的广泛应用，学习数学的兴趣越来越浓烈，自主性也越来越高。在"做"中不断"思考"，也使学生真正理解圆的数学知识的本质，感悟数学的理性精神，形成创新能力。

李晗笑　北京市朝阳师范学校附属小学黄胄艺术分校

学生自主创新，实践美丽图案
——以人教版小学数学六年级上册《美丽图案》为例

作业自主

爱因斯坦说："当你把学过的知识都忘掉了，剩下的就是教育。"这句话意味着我们的数学教学要从知识本位转向学生本位。课堂教学如此，作为反馈课堂教学效果之一的作业也是如此。为此，增强学生的好奇心、求知欲和创造性，作为一线教师在不断改革课堂教学的同时，还要改变原有的作业观，认识到作业也应顺应课改要求，展现出全新的形态。

板块一：学生作业学生创

学生创设

作业作为学习活动，是完成单元学习目标的有机组成部分。在单元整体作业设计的过程中，数学作业要发挥学生在作业设计、作业选择、作业反馈等过程中的自主性，要关注他们做作业的情感和内驱力。在学完《圆的认识》之后，在用圆设计美丽图案的作业中充分利用圆的对称性，学生将课堂上学习到的确定某个圆或半圆的圆心和半径的方法直接应用于设计当中，这也是用圆心和半径分别确定圆的位置和大小的最直接应用。此外，学生还添加了一些辅助线及其他图形，并综合应用了美术的知识和方法。因此，这样的活动体现了很强的综合性，大大发挥了学生的想象力和创造力。

作业将课堂学习延伸到课外，实现课内外学习相结合。在学完《圆的认识》之后，设计用圆画出美丽图案的课后实践性作业，学生会熟练应用圆规画圆的方法，进一步加深对圆特征的认识，还会在用尺规画出美丽图案的过程中提高动手操作的能力，体会数学与生活的密切联系，学会欣赏数学的美，培养热爱数学的情感。学生利用所学的知识和技能课后设计各种各样的美丽图案，有困难的学生可以选择书上的图案画一画。这样有自主空间的课后作业，可以促进学生的学习责任心和毅力、自主学习和元认知能力、自主管理时间能力的培养，还可以进一步发展学生的学习兴趣和自信心。

教师支持

课堂教学时需要分解画图步骤，展示如何利用圆的特征，一步一步画出四个花瓣的漂亮图案，这是完成设计美丽图案作业的重要基础。首先，教师要引导学生自主探索图案的构成。教学时，首先让学生欣赏擦除了辅助线的图案（成品），以教材上的"花瓣"为例，教师可直接出示最后一幅图，引导学生看到四个"花瓣"实际上是由四个半圆组成的。重点思考：这四个半圆的圆心在哪里？半径是多少？自己先尝试着画画看。其次，引导学生开放性、创造性地利用圆设计各种图案。要引导学生找出图中所包含的各个圆或半圆，标一标它们的圆心、直径。教师也可运用多媒体，动态演示设计的过程。只有这样学生在课后才能设计出美丽的图案，圆的对称性、中心对称性才能得以完美展现。

板块二：学生作业学生做

学生实践

　　课后设计美丽图案的实践性作业启动了学生的多个感官，进一步理解和体验所学的知识和方法，甚至应用多学科知识，特别是美术的技能，充分发挥了学生的创造性。学生自己设计出了各种各样的美丽图案，参与的积极性和主动性异常高涨。

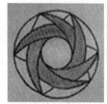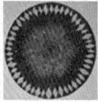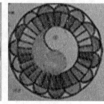

图1　学生设计的美丽图案

教师支持

　　从作业形式、内容入手，把作业的主动权和选择权交给学生，以自主设计作业为载体，关注不同层次的学生，给学生选择作业的机会，学生可根据自己的情况和特点，在学好基础知识和基本方法的基础上，进行学习的拓展和延伸。授课过程中，教师采用分解操作步骤的方法，让学生明确方法，设计的过程中进行不同方法、形式、颜色的尝试和创新，大大发挥了他们的想象力和知识的综合运用能力。

板块三：学生作业学生评

学生自评

　　有效的作业反馈能促进学生进行自我反思和自我管理，逐步养成良好的学习习惯。学生在完成设计美丽图案的作业后，重点介绍说一说怎么画出来的。交流课上学生有充分的时间说明设计思路，还可说明设计的优点和不足，这是再一次学习的好机会。

学生互评

学生的作品在课上逐一展示并相互评价、点赞，请获赞多的同学拍摄设计视频，进行学校展示；设计有困难的同学利用互评的机会认真阅读欣赏他人的作业，在此基础上完善自己的作业。

教师支持

在学生自评和互评的基础上，由于学生的基础不同，创新的角度不同，因此教师对学生的作品进行"最美图案奖"和"最佳创意奖"的分类点评，人人获奖。与此同时，教师提出希望：同学们能吸取别人设计上的优点改进自己的图案，期待大家新作品的呈现。学生的创作热情再次被点燃。

板块四：学生"创做评"中的教师反思

教师对作业的关注不仅仅包括学生的错误，还应包括学生的多种解决问题的策略和独特思路。教师还需要根据学生的作业情况对自己的教学进行反思、进行再一次的教学设计，以更好地完成教学目标。学生对于学习完用圆画图之后，对于设计美丽图案的作业充满期待，兴趣很高。学生呈现的作品能结合多种元素，真是创意无限，令人惊艳，特别是互相评价和展示之后大家跃跃欲试，想再次尝试设计新的图案。

作业的设计不仅要关注教师的教，学生的学，更要关注教学目标的达成情况。在认识圆之后，安排了这样的实践性内容，既可以让学生进一步熟练用圆规画圆的技能，促进学生对圆的特征的进一步认识，又能让学生在用尺规画出美丽图案的过程中提高动手操作的能力，特别是课后的自主设计作业让学生学会欣赏数学的美，培养热爱数学的情感。

崔荣芝　北京市朝阳区花家地实验小学

借助"多维评价"促进学生数据意识的提升

——以人教版小学数学六年级上册《扇形统计图》为例

作业自主

综合实践性作业，可以较好地发展学生综合运用所学知识和方法解决实际问题的能力和自主学习能力。在实际教学中，由于综合实践性作业呈现的方式多样、内容多元，学生的能力水平也存在差异，因此更需要借助有效的评价方式，促进学生各项能力的发展，落实核心素养的培养目标。

板块一：学生作业学生创

学生创设

实际问题：在 2022 年 2 月份，首都北京举办了第 24 届冬季奥运会，北京成为了世界上既举办夏季奥运会又举办冬季奥运会的"双奥"之城。北京 2 月份的天气情况是否利于冬季奥运会的举办呢？

学生在交流的过程中想到了可以从温度、湿度和空气质量等方面收集 2 月份的天气信息，也可以收集其他年份 2 月份的天气信息，进行更全面的分析。

教师支持

通过前期的学习，学生对统计过程已经有了一定的感受，但还没有形成清晰的认识，对统计过程的描述也是片面的、零散的。教师可以结合学生的发言，引导学生发现可以按照搜集数据、整理与表达数据、分析数据进行决策的过程解决上述问题。

板块二：学生作业学生做

学生实践

学生第一次完成此项实践作业的效果并不理想。主要问题有以下三点。

问题 1：缺乏综合运用所学统计知识和方法解决问题的活动经验。

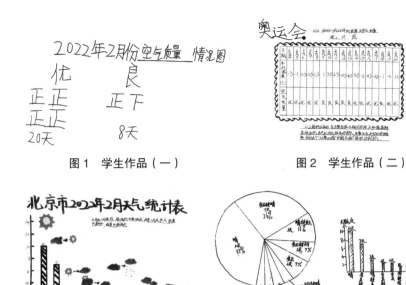

图1 学生作品（一）　　　　　图2 学生作品（二）

图3 学生作品（三）　　　　　图4 学生作品（四）

有的学生在搜集数据后只呈现了简单的数据整理过程（图1所示）；有的学生虽然用统计表对数据进行了整理，但并没有用统计图对数据进行进一步表达（图2所示）；还有的同学虽然有统计图，但是并没有呈现搜集、整理数据的过程，忽视了这一活动的价值（图3、图4所示）。

问题2：学生结合统计结果进行分析的能力，还需要进一步提高。

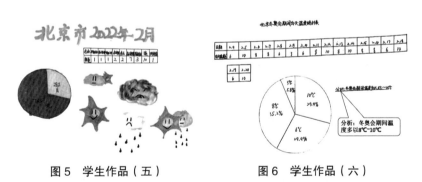

图5 学生作品（五）　　　　　图6 学生作品（六）

比如有的学生忽视了数据分析的过程，对数据分析的意义感受不深（图5所示），而部分学生的分析只是就数据而谈的，分析并不深入（图6所示）。

问题3：数据意识发展不均衡。

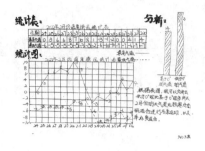
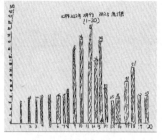

图 7　学生作品（七）　　　　图 8　学生作品（八）

在完成这项作业的过程中，有的学生不仅能独立完成搜集数据、整理与表达数据、分析数据的过程，而且分析得也比较深入、全面（图 7 所示）；有的学生在某些环节上还存在问题。个别学生面对这项实践作业甚至有些茫然（图 8 所示），学生的数据意识的发展水平并不均衡。

教师支持

以上问题不仅反映出学生数据意识有待进一步提高，同时也反映出学生在独立完成此项实践作业的过程中，还需要学习支架的帮助。在《义务教育数学课程标准（2022 年版）》的指导下，结合教学实践发现，通过开展"多维评价"，可以很好地解决上述问题，提升学生的自主学习能力，促进数学核心素养的持续发展。

板块三：学生作业学生评

学生自评

根据学生的实际问题，教师组织学生制定了如下的自评表，并结合自评表对各自的作业进行了修改。

表 1　学生实践作业自评表

作业内容	作业要求	自我评价
搜集数据	查阅资料，搜集 2 月某一方面或几方面的天气信息。	搜集信息全面、准确 ☆ ☆ ☆
整理与表达数据	根据需要，对搜集的数据先进行分类，再选择恰当的统计表、统计图、统计量整理与表达数据。	整理与表达的方式合理、清楚 ☆ ☆ ☆
分析数据	结合以上数据信息，作出判断，说明理由。	得到的结论有理有据 ☆ ☆ ☆

学生互评

在学生互评环节,教师出示如下的小组合作要求:

1. 依次交流:按照自评表说说各自完成作业的效果及观点。
2. 小组讨论:形成统一观点,结合统计结果和实际背景,尽可能充分地说明原因。
3. 在研究过程中你们有哪些发现或困惑?
4. 完成一份小组分析报告,全班分享。

教师支持

教师对学生的支持体现在两方面:一方面在课前教师根据学生的完成情况,制定了如下的评价量规,并根据学生的能力水平进行个性化的指导。

表 2　学生实践作业评价量规

水平划分	水平描述
水平一	不能独立完成数据分析的过程,需要教师的帮助。
水平二	基本能独立完成,在个别环节还需要教师的引导或同伴的帮助。
水平三	能独立完成数据分析过程,选择的统计信息较单一。
水平四	能独立完成数据分析过程,从不同角度对天气情况进行分析。

对于水平一的学生,教师会进行面对面的个别辅导,帮助学生独立完成统计过程,并进行简单的分析;对于水平二和水平三的学生,由于人数比较多,教师通过课上集中讲评,在肯定学生优点的同时,给予有针对性的指导。对于水平四的学生,通过评语鼓励学生继续研究新的问题,培养学生不断探索的科学精神。

另一方面,在课上全班交流时,组织学生将交流的主题聚焦在对统计结果的分析上。学生在各种想法的碰撞中,对统计结果进行全面而深入的分析后,再进行判断和作出决策,感受数据分析的价值,发展数据意识和应用意识等数学素养。

板块四:学生"创做评"中的教师反思

通过单元作业设计,我们惊喜地发现学生是有独立创作、思考的能力的,但也需要教师的点播与引导。以评促创、以评促做,不仅激励了学生的学习,也改进了教师的教学,在发展学生自主学习能力的同时,更促进了核心素养的持续生长。

1. 自评表是学生自主创作的脚手架。有了自评表作为学习支架,不仅让所有学生明确了数据分析的过程,并且对每一阶段应完成的任务和达成的目标也有了更清晰的认识,出现了很多有创意的作品。

2. 评价量规让学生有方向地"做"。在对学生的作业进行指导时，通过制定评价量规，更利于教师根据学生的差异进行分层设计、分层指导、分层交流，使得作业的讲评更有针对性，提高学生数据意识的同时，也激发了学生学习的内驱力。

3. 小组评价让"做"更具实效。有了明确的小组评价要求，学生的小组交流不再流于形式，而是在有序的交流、相互促进中，使得学生对问题的理解更加深入、全面。

在本次作业设计中，用孩子们自己的话说，之前感觉数据是"冷冰冰的，没什么意思"，而现在觉得数据也是"有温度的，有意思的，原来数据也会说话啊"。在作业的设计与实施过程中，我们将继续乘胜追击，发挥评价的引导和激励作用，发展学生的综合素养，提高学生的自主学习能力。

马金平　陆德霞　程玉琴　北京市石景山区古城第二小学

走进生活中的数学

——以人教版小学数学六年级下册《百分数（二）》为例

作业自主

小学数学作业在进一步巩固和拓展课堂知识，培养和提高实践技能，促进反馈与交流等方面有很大的作用。小学课程改革，从各个方面提出了关注学生的成长，促进学生全面发展的全新理念，本文从小学数学单元作业设计的研究出发，论述了小学数学作业设计的实施与反馈等。

为了有效地落实"双减"政策和《义务教育数学课程标准（2022年版）》，有效的教育活动之一就是作业，其对发展和扩展教育的价值有着重要的价值。所以，作为课程内涵的重要组成部分，作业设计以及作业实施的质量，从某种角度看影响着目标的达成，同时也影响着教育目标以及学生的发展。

板块一：学生作业学生创

学生创设

人教版小学数学六年级下册《百分数（二）》一课主题为"在具体的情境中，会运用百分数表述生活中的一些数学现象"。学生通过上网查阅资料，寻找和本课有关的资源了解生活中的百分数，感悟生活中处处有数学，提高发现和提出问题、分析和解决问题的能力，加强数学与实际生活的联系，培养学生应用数学的意识，感受数学知识和方法的应用价值，获得成功的体验，增强学习数学的兴趣和信心。

因此，学生基于本课的主题、自身的需求来设计作业，提升核心素养。

表1 《百分数（二）》整体框架设计

子主题	学习目标	内容框架图
折扣	建立实际问题与分数、百分数相关知识的联系。	80% 八折；现价=原价×折扣；折扣；对折 50%；实际问题

续 表

子主题	学习目标	内容框架图
成 数	具体情境中理解成数的含义，建立实际问题与分数、百分数相关知识的联系，能解决简单的实际问题。	
税 率	理解税率的意义，将生活问题转化成数学问题。	
利 率	理解利率的含义，会利用利息的计算公式进行一些简单的计算，通过对储蓄的认识，体会储蓄对国家和社会的作用。	
购物问题	经历综合运用所学知识解决稍复杂的折扣问题过程，进一步培养分析问题、解决问题的能力。	
生活与百分数	通过设计方案，实际应用数学，学会理财，提高学生的实践能力。	

表2 《百分数（二）》作业设计

作业形式	作业内容	完成形式
手抄报	购物问题 生活与百分数	1. 独立 2. 合作

教师支持

学生在设计《百分数（二）》这课前，教师引导学生了解本课的主题与作业目标，帮助学生通过设计本课作业明确主题以及核心素养。最后，教师还要对学生设计的作业进行点评，看作业能否有效实施。

板块二：学生作业学生做

学生实践

学生通过手抄报能够对折扣、利率等知识进一步了解，感悟生活中的折扣问题、购物问题。学生在完成手抄报的过程中感悟学习数学是一个充满激情和挑战的过程，为了让学生充分感受数学的魅力，营造学生爱数学、学数学、用数学的浓厚氛围，从而进一步培养学生的参与意识、合作能力、动手能力和表现能力，扩大了数学知识面，开阔了其数学视野。

表3 学生手抄报作业设计

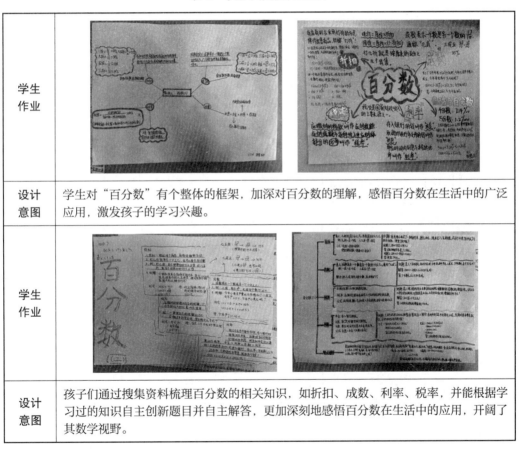

学生作业	
设计意图	学生对"百分数"有个整体的框架，加深对百分数的理解，感悟百分数在生活中的广泛应用，激发孩子的学习兴趣。
学生作业	
设计意图	孩子们通过搜集资料梳理百分数的相关知识，如折扣、成数、利率、税率，并能根据学习过的知识自主创新题目并自主解答，更加深刻地感悟百分数在生活中的应用，开阔了其数学视野。

教师支持

布置作业时，教师充分调动学生的积极性，通过让学生自己设计本课作业，达成让学生人人参与的目的。根据每个孩子的特点设计不同的作业内容以及交作业的形式，学生可以制作手抄报或上网查阅有关本课的知识，还可以走进生活，发现身边有关百分数的知识，拓展知识面；可以独自完成也可以小组合作，培养学生自主学习和小组合作学习的能力。

板块三：学生作业学生评

学生自评

《义务教育数学课程标准（2022年版）》提出，发挥评价的育人导向，坚持以评促学、以评促教，评价结果的运用应有利于增强学生学习数学的自信心，提高学生学习数学的兴趣，使学生养成良好的学习习惯，促进学生核心素养的发展。

在老师的指导下，学生完成了作业评价表的自评部分。

学生互评

在老师的指导下，学生之间互相评价，完成了作业评价表的互评部分。

表4 作业评价表（自评、互评、师评）

评价内容	评价点	学生自评	同伴互评	教师点评
研究过程	能够清楚地表述自己的研究过程，能说清是怎么想的。	☆☆☆☆☆（　） ☆☆☆☆（　） ☆☆☆（　） ☆☆（　）	☆☆☆☆☆（　） ☆☆☆☆（　） ☆☆☆（　） ☆☆（　）	
研究困惑	方法可行的理由或者能够质疑方法的不合理性。	☆☆☆☆☆（　） ☆☆☆☆（　） ☆☆☆（　） ☆☆（　）	☆☆☆☆☆（　） ☆☆☆☆（　） ☆☆☆（　） ☆☆（　）	
研究结论	能够基于自己的思考得到结论，并能说清楚获得结论的理由。	☆☆☆☆☆（　） ☆☆☆☆（　） ☆☆☆（　） ☆☆（　）	☆☆☆☆☆（　） ☆☆☆☆（　） ☆☆☆（　） ☆☆（　）	
研究收获	能运用、迁移所学知识和获得的基本经验解决问题。	☆☆☆☆☆（　） ☆☆☆☆（　） ☆☆☆（　） ☆☆（　）	☆☆☆☆☆（　） ☆☆☆☆（　） ☆☆☆（　） ☆☆（　）	

教师支持

教师应该明确评价标准，评价语不宜过长，要有针对性。比如对于学生作业反馈情况进行分类，能够达到一个什么水平？教师应根据不同的学生、不同的作业，采取不同的评价，经常推陈出新，增加评价的新鲜感。当学生作业能高质量完成，用赞扬型的评语，这样的评语能激发学生的创新意识，让每一个学生都了解评价方式，增强学生的学习动力，发挥评价最大的功能。

板块四：学生"创做评"中的教师反思

作业能够有助于促进学生发展，作业的设计牵动着课程改革的方案，同时也关系着学生的未来健康成长乃至整个民族未来的希望。在学生"创做评"的过程中，也引发了教师的教学反思。

1. 课时作业设计的内容在难度、时间和数量上都为学生提供了选择空间，本课主题是"生活中的百分数"，在作业实施的过程中感悟百分数与实际生活的紧密联系，运用百分数解决日常生活中的实际问题有着重要的意义，通过对纳税的认识，体会依法纳税的光荣以及税收对国家和社会的作用。在这个过程中，学生自我认知能力在良好的自主体验过程中得到发展，自主能力得到提升。

2. 本课的开放性作业，留给学生创新、发现的余地，拓宽了学生思维活动的空间，培养学生多样化的解题策略，增强学生的创新意识与能力。

"双减"背景下一个重要目标是改善学生的学习方式，积极探索并实施多样化的数学作业形式是一个重要切入口。让我们逐步将"作业布置"转向"作业设计"，在作业内容与形式上改革和创新，进而逐步实现小学数学作业方式的多样化，让更多现实的、有趣的、探索性的数学学习活动成为数学学习的主要形式。

于一　刘丽丽　北京市朝阳区花家地实验小学

自主创编寒假作业
——以人教版小学数学六年级"寒假实践活动设计"为例

作业自主

寒假作业是本学期所学知识的延伸和应用,不仅有助于学生对一学期所学知识的回顾与复习,更能实现与实际应用的有效衔接,也是核心素养中学会学习和实践创新的具体表现,充分促进学生文化基础、自主发展以及社会参与的发展。随着"双减"政策的落地,作业形式迎来了巨大的革新,寒假作业也逐渐变得更加生动、有趣。本研究以小学六年级数学寒假作业为例,在社会发展与传统文化影响的前提下,学生自主设计自己真正感兴趣的寒假实践性作业。

板块一:学生作业学生创

学生创设

为了避免学生参与假期作业设计的盲目性与随意性,笔者在布置假期作业前认真研读了《义务教育数学课程标准(2022年版)》,并分析了本学期教材,引导学生自己发现可以进行实践性作业的内容。学生对进行自主作业设计兴趣十足,针对社会时事和相应季节的文化传统、节庆习俗都进行了调研,并以自主或小组交流的形式对照本学期所学知识进行了实践作业的筛选和初步修改。

经过前期的目标制定以及相关属性的分析,学生共同梳理出了六年级数学学科的实践性作业,结合作业目标,最终确定了以下四个实践主题。

1. 合理安排压岁钱。
2. 设计营养午餐。
3. 我与冬奥会。
4. 家庭支出统计图。

教师支持

《义务教育数学课程标准(2022年版)》指出,学生能体会数学知识之间、数学与其他学科之间、数学与生活之间的联系,在探索真实情境所蕴含的关系中,发现问题和提出问题,运用数学和其他学科的知识与方法分析问题和解决问题。

为了科学地筛选出更适合学生的实践性作业，师生共同制定了作业的相关属性，运用可视化作业量表（表1所示），对学生设计出的实践活动进行分析，综合考量作业题目的各构成要素和环节，推进实践性作业的合理性与科学性。

表1 基于课程标准的作业设计实验量表

设计维度	作业内容1	作业内容2	作业内容3
作业目标			
题目类型（基础、综合、应用、创新）			
题目难度（预估、实测）			
题目来源（改编、原创）			
学科素养			
预计用时			

板块二：学生作业学生做

学生实践

学生在寒假期间进行实践活动，下面展示其中两个实践性作业的案例。

案例一：我与冬奥会

1.作业情境。

第24届冬奥会于2022年在中国北京和张家口举行。请你搜集有关冬奥会的资料，用你喜欢的方式记录下来，并为自己制订一份冬季锻炼方案。

2.实践过程。

（1）搜集冬奥相关资料（图1所示）。

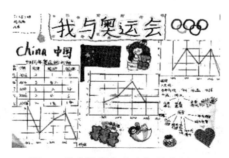

图1 学生搜集冬奥会相关资料图

（2）了解其他运动项目（图2所示）。

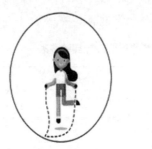

图2　学生了解其他运动项目相关资料

（3）制订假期锻炼方案。

学生制定时间表，以星期为单位，通过统计、计算等方式制订锻炼计划，以表格形式进行展示。

（4）按照方案实施（图3所示）。

图3　学生实施锻炼方案

3.能力培养。

在此过程中，培养数据分析观念，提高问题解决能力以及创新意识，同时渗透爱国主义教育。

案例二：合理安排压岁钱

1.作业情境。

一年一度的春节到了，这个春节你一定收到了压岁钱，快和你的小伙伴商量一下，用学习过的数学知识尝试合理安排压岁钱。

2.实践过程。

（1）多种渠道调查理财方式。

（2）比较不同的理财方式。

(3) 制订压岁钱理财方案。

学生借助学过的知识，通过计算、比较、画图等丰富的形式，制订理财方案，以报告形式进行展示。

(4) 实施压岁钱理财方案（图4所示）。

```
定期信息
产品名称：  个人人民币3年期整存整取存款
账号：      0200****0373
币种：      人民币
金额：      10,000.00元
开户日：    2021-02-13
到期日：    2024-02-13
利率：      3.025%
本期约转利率：0.0%
利息收入：  907.50元
利息税：    0.00元
约转存期：  到期不约转
到期是否转存：到期本金和利息自动转存
预计税后本息合计：10,907.50元
```

图4 学生实施压岁钱理财方案

3. 能力培养。

在此过程中，在巩固学生已有知识经验的同时为后面学生学习"利率"等相关知识奠定基础，培养学生的运算能力、数据分析观念以及问题解决能力，培养创新意识。学会理财知识，培养学生的节约意识。

教师支持

为了更好地开展活动，我将班中的30名学生分为了6个学习小组，每组5名同学，学生以组为单位任意选择一个实践主题，每个小组选择不同的实践主题，进行实践活动。每个小组在组长的带领下，进行分工合作，引导学生在线上进行研讨交流，运用已有知识经验进行问题解决。最后以演示文档或者手抄报的形式进行成果展示。

板块三：学生作业学生评

学生自评

学生进行自我评价，对本组所选作业的完成度，作业设计时目标的达成度，以及在本次实践性作业中取得了怎样的收获等多个维度进行自我评价。

学生互评

学生互评前的展示交流过程能让学生对于自己未亲自参与的项目有更多的了解，并可以结合自己的理解和想法，带着问题去倾听，并在互评时有思维的碰撞。这一过程对于亲身参与和未亲身参与的学生都大有助益，是培养学生倾听、质疑与沟通交流能力的重要途径。

教师支持

在自评和互评阶段，老师要做的最重要的就是认真倾听，并及时给予积极的评价。让学生感受到老师非常重视这次学生自己设计并实施的作业，增强学生的自豪感和信心，让学生对自主设计实践性作业产生认同感和归属感。

板块四：学生"创做评"中的教师反思

通过本次学生自主设计寒假实践性作业的实施，我认为有以下几个方面的意义：

1. 激发学生的学习兴趣，体验学习的快乐。在进行实践性作业设计时，我们从学生的年龄特征和生活经验出发，把数学知识融入生动有趣的活动中，不仅减轻学生的心理负担，而且能够让学生感受到数学的魅力，激发学生的学习兴趣。

2. 增强学生"再创造"的主动性，培养创新意识和应用意识。教师对学生进行"再创造"学习的指引是学生提升探究能力与创新意识的有效途径。创设多元化的生活情境，有效激发学生学习数学的兴趣，指引学生经历数学化的过程，实现"再创造"。

3. 促进多学科融合，提升学生综合素养。实践性作业具有较强的跨界性，不仅关涉数学学科知识，更关涉其他学科知识。实践性作业将数学知识运用到生活、实践之中，学生综合素养的提升才能得以实现。

4. 开放性策略，满足不同层次学生的需要。实践性作业的答案不唯一，较为开放，能为学生提供更多的思考和探索空间，满足不同层次学生的需要。孩子可以自主选择并进行解决，培养不同层次的孩子的问题解决能力。

赵东方　刘迪　北京市朝阳区垂杨柳中心小学劲松分校

英语篇

基于主题意义，创作单元翻翻书

——以北京版小学英语三年级上册 Unit 5 It's a Nice Autumn Day 为例

作业自主

《义务教育英语课程标准（2022年版）》指出，教师要准确把握教、学、评在育人过程中的不同功能，树立"教—学—评"的整体育人观念。教学活动不仅仅限于课堂，而应延伸到课堂之外的学习和生活中。有效的作业是巩固，是掌握和深化课堂所学知识必不可少的手段，是培养学生综合语言运用能力的有效途径。因此，在新课程理念下，小学英语教师应该对课后作业的实践性、创造性和趣味性做出积极的探索。

板块一：学生作业学生创

学生创设

在"大观念"与"活动观"概念下，通过对本单元"季节与天气"这一话题的学习，使学生了解不同季节的特征以及季节与生活的关系，从而培养学生了解大自然、热爱生活的情感。基于此，设计了本单元的单元主题与课时内容（表1所示），并围绕主题意义展开教学。在课后鼓励学生围绕主题创设作业，帮助学生形成对一个话题在内容结构和功能句表述上具有完整逻辑性的语言技能。

表1 单元整体框架设计

单元主题：My Favorite Season					
子主题	What's the weather like?	What can we put on?	What can we do?	My favorite season	Changing seasons
课时内容	学习四个季节不同的天气	学习不同类型的衣物	学习不同类型活动	复习单元知识点	学习绘本故事
学习要点	结合思维导图，描述最喜欢季节的天气。	运用语言框架，根据天气搭配合适的衣物。	根据季节特点，描述可以做的事情。	借助语言框架，描述喜欢的季节及原因。	借助核心语言，描述不同季节的特点。

1. 第一课时学生在主人公通过任意门穿越到中国三个不同地点的情境下，体验不同季节和天气，在板书思维导图引导下（图1所示），完成Mini-book第一页（图2所示），根据Mini-book左侧的语言框架选择喜欢的季节进行交流，为课后独立制作翻翻书作好铺垫。本课后，学生根据语言框架完成My Favorite Season翻翻书封皮及第一页内容创作。

图1　板书思维导图（一）

There are four seasons in a year. They are _____. I like _____. It is _____ and _____.	Lesson 15	
	season	weather

图2　Mini-book 第一页

2. 第二课时延续上一课情境，学生根据不同地点的天气搭配合适的衣服，在板书语言框架上增加 I can put on... 新句型（图3所示），学生完成 Mini-book 第二页内容（图4所示）并自主选择喜欢的季节进行介绍。在课后完成 My Favorite Season 第二页。

图3　板书语言结构图（一）

There are four seasons in a year. They are _____. I like _____. It is _____ and _____. I can put on _____.	Lesson 16
	clothes

图4　Mini-book 第二页

3. 第三课时通过图片创设情境，了解四季中不同的活动，提炼出 I can... 等主题句型。学生在表达过程中，激活已有的动词短语，和教师一起构建出板书（图5所示），完成 Mini-book 第三页内容（图6所示），并对喜欢的季节进行更丰富的表达。在课后自主创作翻翻书第三页。

图5　板书思维导图（二）

There are four seasons in a year. They are _____. I like _____. It is _____ and _____. I can put on _____. We have a lot of _____. We can _____.	Lesson 17	
	feature	action

图6　Mini-book 第三页

4. 第四课时在复习的基础上，理清主题写作思路，学生以 My favorite season 为话题谈论喜欢的季节，和老师一起完成写作框架图（图7所示），并独立完成图文小作文（图8所示）。在课后，学生以这样的写作思路，继续完成翻翻书其他内容。

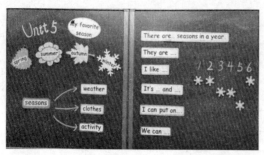

图7 板书语言结构图（二）

图8 图文作文

5. 第五课时补充绘本课，学生通过绘本阅读了解一年四季的变化规律和每个季节呈现出的不同特点（图9所示）。在课后，对单元知识点以思维导图的方式进行总结，形成对季节话题有完整逻辑性的知识系统（图10所示）。

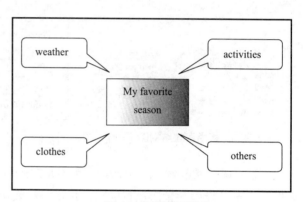

图9 板书语言结构图（三）　　　　　图10 思维导图框架

教师支持

通过本单元五个课时的学习，教师在板书上为学生构建关于季节话题的思维导图，提供语言交流的框架。同时为学生创设不同的情境，引导学生在课上完成围绕话题的、内容层层递进的 Mini-book 任务单，帮助学生巩固课上所学新知。这个过程为学生在课后自主完成翻翻书提供语言支架，使学生能够逐步从语言的输入落实到语言的输出与书写。

板块二：学生作业学生做

学生实践

1.通过学习，学生自主完成单元大任务以 My favorite season 为主题的翻翻书（图11所示）。在制作过程中，每个学生的想象力不一样，编辑的故事也不一样，因此他们创作的故事书也各有特色。通过制作翻翻书，学生们不仅拓展了英语学习的新空间，提高了综合运用英语的能力，也使他们感受到学习英语的乐趣。

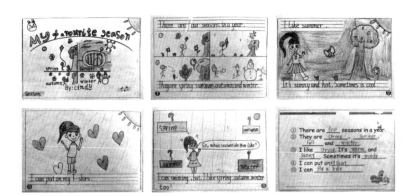

图 11　学生翻翻书设计

2. 学生在完成翻翻书后，围绕本单元学习的主题，从天气、衣物、活动、饮食等方面，以思维导图的方式对知识点进行归纳与总结（图 12 所示），以清晰的结构图复习本单元所学，培养学生自主梳理知识点的逻辑思维能力。

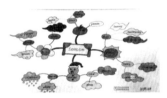

图 12　学生思维导图设计

教师支持

在授课过程中，教师采用螺旋上升的授课方式，为学生一步步搭建写作框架，降低了学生完成单元大任务的难度。扎实的主题写作教学活动不仅让学生对写作不再害怕，而且越来越乐于写作，充分激发了学生的写作兴趣，帮助学生建立主题写作思维模式，为高年级写作作好铺垫。

板块三：学生作业学生评

学生自评

学生在完成主题翻翻书的作业后，教师给予学生充足的时间仔细重读作品，并引导学生从以下几个方面进行自评。

表 2　学生自评、互评表

	Evaluate Checklist	Self-Check	Peer-Check
1	I stayed on topic.		
2	My piece has the beginning, the middle, and the end.		

续表

	Evaluate Checklist	Self-Check	Peer-Check
3	I wrote complete sentences.		
4	My handwriting is good.		
5	I did my best and I'm ready to share.		

学生互评

学生将自己初步修改过的单元翻翻书交给同伴审阅或者在小组内传阅，其他人阅读翻翻书，并根据上述五个方面提出各自的意见（如表2所示），之后本人在听取他人意见的基础上进一步修改。

教师支持

在学生自评和互评后，教师对学生的修订稿进行提示性的批改，针对不同层次、不同基础学生的翻翻书采用不同的批改方式，目的是让学生思考后自己加以修正，重在提示启发，以培养学生自主学习的能力。

板块四：学生"创做评"中的教师反思

通过学生自主创作、自主实践与自主评价的作业方式，不仅培养了学生的英语创新思维、自主探究能力和合作学习能力，同时也为学生英语发展奠定扎实的基础。在学生"创做评"的过程中，也引发了教师的教学反思。

1. 在进行作业设计时，要从单元整体出发，找到单元所传递的主题与意义，对整个单元进行分析，发现各课时之间的内在联系，从而设计出基于每个课时之间具有连续性的、递进性的作业设计，使学生形成一个完整的语言知识结构。

2. 作业设计要在对学生的语言与能力水平进行分析之后设定符合学情的课时作业与单元作业。在新课标的引领下，教师要通过布置合理、科学的具有个性化的作业，提高学生的学习积极性，使每个学生都能获得不同程度的提高。

3. 教师要关注学生目标达成情况的评价设计，通过学生的课上和课后反馈，形成对学生系统的评价。在教学中要有效地使用评价手段，使评价能够更好地促进学生的学习，促使教师改进自己的教学方式。

康玲艳　何静　北京市昌平区霍营中心小学

感受四季，绘出四季
——以北京版小学英语三年级上册 Unit 5 It's a Nice Autumn Day 为例

作业自主

《义务教育英语课程标准（2022年版）》明确指出：教师应根据不同学段学生的认知特点和学习需求，基于单元教学目标，兼顾个体差异，整体设计单元作业和课时作业，把握好作业的内容、难度和数量，使学生形成积极的情感体验，提升自我学习效能。

根据"双减"政策要求，对英语作业设计进行重新思考，在单元主题意义引领下，整合单元内容，将课时作业融入大单元中，整体设计单元实践性作业，并合理分配课上课下的任务，充分调动学生英语学习的兴趣和自主性意识。

板块一：学生作业学生创

学生创设

以往学生只是完成教师布置的内容，现在越来越强调学生的主体地位，学生是学习的发生者，作业作为学习活动的延续也应该是学生设计的，这样的学习活动才更为有效。

本单元在"询问天气和季节"的会话语篇中，教师引导学生充分了解不同季节、不同国家的气候特点，使学生充分感知大自然的美好。以学生居住的城市——北京的天气为切入点，通过完成本单元的实践性作业，学生能够了解北京的四季，发现不同季节的气候特点，善于发现四季之美。基于上述内容设计本单元的单元整体实践作业（表1所示）。

表1 单元整体实践作业设计

作业名称	作业类型	作业内容	设计意图	能力指向
季节思维导图	学科融合类分层布置	1. 用思维导图的形式总结四个季节的不同时间、气候特点、衣着和活动等信息。 2. 用图文结合的方式，介绍自己最喜欢的季节（My favourite season），可以是手抄报或者海报的形式。	总结梳理四季的特点，能够用本单元所学的语言知识表达生活中的四季。学生自主选择一或二，体现分层的原则。	知识概括能力、动手能力、口语表达能力。
Seasons book	学科融合类	制作自己的季节书。	能把所学知识运用到真实情境中。	知识概括能力、口语表达能力。

学生存在着个体差异，因此在学习过程中，学生们的收获也不同。学生根据自己的爱好和擅长自行决定作业呈现形式，既可以是手抄报、思维导图（图1）、海报（图2），也可以是成册的季节书（图3）。

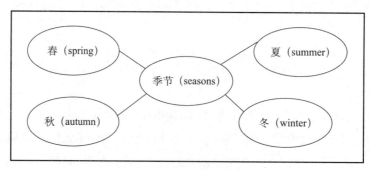

图1　思维导图框架图

学生在课上和教师共同构建思维导图框架，根据自己的实际情况添加细节信息，如各个季节所处的月份，不同季节的天气、着装等。从多角度出发，结合本单元所学语言知识对四季的特点进行较为全面、细致的描述。

图2　海报框架

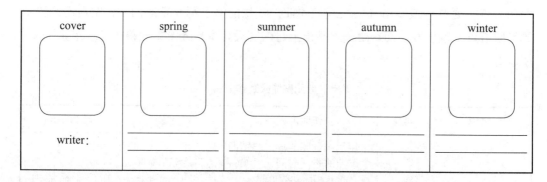

图3　季节书框架

教师支持

通过课上的学习和语言的操练，学生能够较为熟练地表达一年四季的名称、天气情况以及根据不同天气选择着装。教师为学生提供完成任务所需的语言框架，引导学生选择适合自己的任务形式，帮助学生梳理语言知识，使学生能够逐步从口语交流提升为简单的书写表达。

板块二：学生作业学生做

学生实践

一、季节思维导图

学生以 The Four Seasons 或 Seasons 为主题，通过自己对季节的观察，以本单元所学语言知识作为支撑，构思并完成思维导图的绘制，每个孩子的作品有不同的侧重点和表达形式。学生的思路清晰，信息的归纳整理能力和逻辑思维能力均得到不同程度的提升。

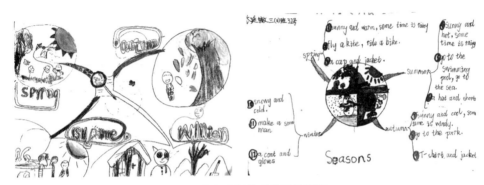

图4　学生绘制的季节思维导图

二、季节书的绘制

学生分别以不同形式完成了季节书的绘制，但不约而同的，每个学生的季节书都包括了本单元的核心单词和其他核心知识。学生在完成单元整体作业任务的同时，形成了一定的自主探究能力，调整了自己的学习方式，提高了学习效率，能够做到乐学善学。

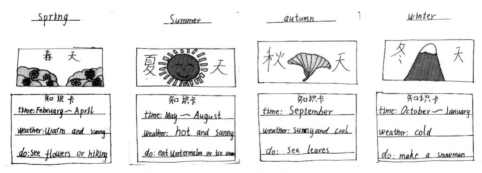

图5　学生绘制季节书

教师支持

教师在学生创作的过程中给学生搭建了语言的框架，扫清了学生完成任务时的障碍。关注学生的创作过程，在适当的时候给予学生适当的帮助，教师全程陪伴学生，做学生完成任务的助力者。

板块三：学生作业学生评

学生自评

学生完成任务后，教师会给学生时间来重读自己的作品，从而在自我检查的过程中发现一些可以避免的错误。在检查过程中，教师会给学生一些提示，学生可以从以下几方面进行自查。

表 2 学生自查表

自查项目	自我检查	如有错误是否已改正
1. 我是否完整地表达了自己关于季节的想法。		
2. 单词拼写是否正确。		
3. 书写是否整齐规范。		

学生互评

来自于同伴的肯定和建议对学生来说有着不可或缺的意义，也是合作意识形成的重要形式。课上学生对于自己作品的讲解、分享，课下同学们相互翻看彼此的作品时都会作出客观的评价。学生之间非常真实的语言交流和情感互动，是学生们进行语言实践和表达感受的最佳机会。

教师支持

教师帮助学生发现和解决问题。启发学生再次对自己的作品进行自主修改，如果问题还是得不到解决，此时教师再对学生施以援手。将教师的主动教授，转变成学生在自己无法解决问题时的主动求助，培养学生解决问题的策略意识。

板块四：学生"创做评"中的教师反思

在学生完成季节书的过程中，学生能够简单描述季节的不同特点，合理运用了本单元的语言知识，但是教师也能够看出对于月份和时间的掌握，有一部分学生是存在偏差的。通过自查，学生并没有发现季节对应的月份有错误，在教师的帮助下，学生进行了修改。

与此同时，教师还发现在部分学生的作品中，季节书的创作非常完整，包括完整的封面和内页，我们还惊喜地发现学生在封面上有写明作者和插画师的习惯，说明这些学生平时有着良好的阅读习惯，熟悉绘本书籍。此外，在各个季节的描述中，有的学生加入了中国传统文化中的节气，这与新课标理念高度契合，即用英语向世界表达中国文化！

为了落实"双减"政策，提高作业的完成效率，在兼顾个体差异的前提下，我们进行了单元整体实践作业的尝试。从作业效果可以看出，大部分学生乐于参与实践作业的完成，能够通过思考、借助本单元所学语言知识，独立完成季节思维导图或季节书的绘制。该类型作业激发了学生的英语学习兴趣，增强了学生的英语学习动机，使学生形成了积极的情感体验，促进了学生英语核心素养的形成。

但从学生的作业完成情况能够看出，学生对于基础知识的掌握还不够扎实，需要教师在后续的复习活动以及今后的课堂教学活动设计中进行复现和强调，使学生能够不断巩固学习。

郭喻　陈兰英　北京市朝阳区垂杨柳中心小学

探索数字奇趣，展示"数字"生活
——以北京版小学英语三年级上册 Uint 6 I Have Fifty Markers 为例

作业自主

《义务教育英语课程标准（2022年版）》中提出：作业设计要以核心素养为出发点和落脚点，作业要具有培养和评价诊断核心素养的双重功能，即要以核心素养为目标，结合学生认知特点和学习需求进行包括作业在内的单元整体设计；要引导学生在完成作业过程中，提升语言和思维能力，使学生完成作业的过程成为其自主学习的过程。同时学生完成作业的情况，也可作为实证，反观核心素养达成度。

板块一：学生作业学生创

学生创设

我们尝试以成果为导向，在明确目标的前提下，鼓励学生自主设计作业。教师首先明确任务要求：既要达到积累语言的目的，作业形式还要有趣、有创意。为此，学生脑洞大开，设计了信息丰富的口袋图片卡、词汇思维图和互动小游戏等富有儿童鲜明认知特色的创意作业。在语言实践方面，学生围绕单元主题，设计了主题小报、互动问答游戏、视频秀等作业，实现了综合运用语言和自主学习发展的双重目的。

教师支持

学生进行作业设计的过程，也是教师引导学生明确如何自主学习的过程。所以在小学阶段，学生的作业设计离不开教师的全程辅导。首先在倡导单元主题教学的背景下，教师需要设计出单元作业的整体框架，辅助学生开展围绕单元主题意义的作业设计。其次教师要通过明确任务、示范引领、过程辅导的工作路径，引导学生成为有效作业的设计者。下面，笔者以北京版三年级上第六单元为例，进行具体阐述。

一、基于课标理念系统分析，进行单元整体规划

本单元围绕"Numbers Around Us"这一主题展开，五个语篇皆与数字有关。各课时围绕单元主题和子主题依次展开，课时之间紧密关联，体现层次性与递进性。

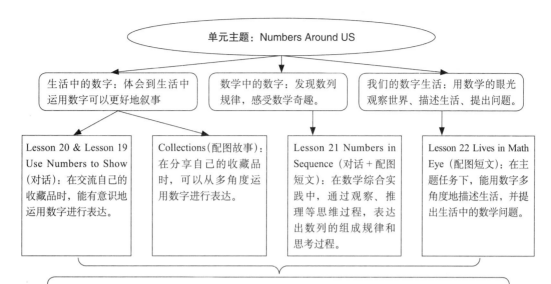

图 1　单元框架图

二、基于单元主题，设计单元内各课时作业内容

第一课时：Use Numbers to Show。

在教师创设的开展 Collections Show 的情境中，学生在课上以说的方式互相交流后，课下要完成"我是小小收藏家"的实践任务。为此，学生设计了收藏品名片，还有的学生以微视频的方式进行展示。

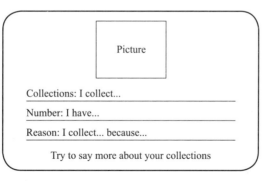

图 2　收藏品名片范例

第二课时：Collections。

在本课中，教师创设了要开展跳蚤市场的活动情境，需要同学们帮助设计各种收藏品展示位置。学生需要展开调查，并在课下完成调查表格，设计出班内收藏品展示区域。

表 1　收藏品调查表

Collection Inventory		
Name	Collection	Number
What do you collect? I collect... I have...		

第三课时：Numbers in Sequence。

通过阅读配图故事，学生初步了解了斐波那契数列，感受到数学规律与生活的紧密联系。在"谜题交易"活动中，学生作为出题人与答题人，发展了语言能力，感受到成功解决数学问题的乐趣。

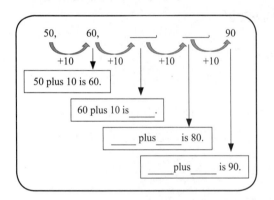
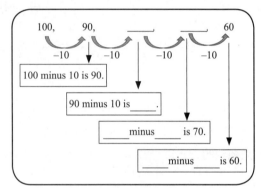

图 3　数列学习单

第四课时：Lives in Math Eye。

此课时是综合实践课。教师创设了庆祝建国 73 周年的情境，学生需要从不同角度寻找生活中与数字 73 有关的事情或问题，运用语言进行描述。

三、教师指导

为了确保学生能课后顺利完成综合实践作业，教师会以作业单的形式在布置作业时提供相应的范例和语言支撑。例如本单元第二课时作业单如下：

表2 教师提供的语言提示

课时作业内容	作业提示
综合实践：同学们，我们班要开展一个跳蚤市场的活动，需要同学们帮助设计展览位置。所以我们要进行一个调查，目的是知道班中同学们收集的具体情况，我们会根据同学们收藏的种类和数量划分教室的展览区域。	调查方式：在本组内进行调查，以抽签方式选择一人汇报。 调查语言提示： What do you collect? I collect... How many collections do you have? I have ... 汇报语言提示： In my group, ... students have collections. One student collects.../two students collect... He has/They have ...

板块二：学生作业学生做

一、语言积累作业

图4 学生制作的单词卡

图5 学生设计的词汇和句型游戏

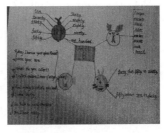

图6 单元知识点梳理思维图

图 7　课文续编

图 8　班级收藏品调查表

二、综合实践类作业

图 9　创编数学游戏

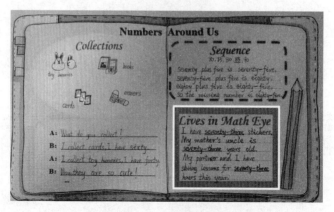

图 10　单元任务 Numbers Around Us

板块三：学生的作业学生评

学生自评

在新课标中，首次在学习策略方面提出要关注培养学生的元认知策略。元认知策略有助于学生计划、监控、评价、反思和调整学习过程，可以利用作业情况自查表助力学生形成元认知策略。

表3 作业情况自查表

作 业	完成作业情况	我的积累	更多收获
第一课时 日期：_____	□ 按时完成 □ 作业干净整齐、书写工整 □ 按要求完成视听说作业 □ 老师已经批改，错误已改正	难点：_____ 易错点：_____	1. 我自己有时间安排，能主动完成作业。☆☆☆ 2. 在遇到困难时，我有办法解决。☆☆☆ 妙招：_____ 3. 我能在完成作业后自己检查。☆☆☆ 4. 我能在完成新作业前改正以前的错误。☆☆☆ 新发现：_____

此表的评价内容涉及元认知策略中时间管理、自我检查、主动寻求帮助、积累学习资源、借助字典工具等。在学习习惯培养方面，包括及时订正错误、典型错误积累、新收获积累等。学生完成作业后，对照表中内容进行每日自查和每单元的自我小结，以此促进学生形成自主学习的能力。

学生互评

互学评价：学生在完成单元作业评价后，教师收集细致、精准的自我评价表进行展示，学生通过看他人的自评表，向他人学习解决问题的小妙招，调整自己的学习策略。

互学作业：教师将学生的作业成果进行展示，组织学生进行浏览学习。这种互评方式，可以帮助学生跳出自我、关注同伴、开阔眼界，达到以评导学、促学的目的。

教师评价

记录作业台账：教师作业台账不但要包括学生作业完成的整体情况，还要记录个别学生存在的错误及错误形成的原因分析。

强化改正成果：教师批改和学生改正错误后，可以指导学生录制讲题视频。学生需要把解题思路以演示的方式讲解出来，并分享到班级微信群，给其他同学一个提示。

提供更多展示空间：以班级、年级、校级三级展示的方式，激励学生积极完成单元实践作业。例如，利用每节课前的 Duty Report 活动和每周一次的 Talk Show 时间，学生进行班级现场展示；利用微信平台，学生在年级范围内进行展示等。

板块四：学生"创做评"中的教师反思

1. 围绕单元主题设计语言实践活动。在本单元作业设计中，基于单元主题和子主题，教师均创设了贴近学生生活的语言运用情境，给学生创设机会"用英语做事情"。

2. 尊重学生差异，提供作业完成支架。教师在设计作业时要尊重学生差异，提供不同的支架，如范例或核心语言提示等。把综合、复杂的单元作业合理分解，助力学生顺利完成作业。

3. 评价多元，为每名学生提供"高光"时刻。教师采取多维度评价的方式，为学生提供各种展示机会，以此激励学生积极参与各种作业，只要学生能参与，就会在完成作业的过程中有获得。

祁颂　李泽卿　李桐　北京市朝阳区白家庄小学汇景苑校区

探究春天，创编立体书

——以北京版小学英语三年级下册 Unit 1 Spring is here 为例

作业自主

《义务教育英语课程标准（2022 年版）》指出，英语作业应围绕核心素养进行整体设计，通过多元主体参与的方式、采用多种手段和形式组织实施。在此背景下，我们探索了借助"读写绘"优化小学英语作业设计的实践研究。本案例就是基于"读写绘"的形式呈现。

板块一：学生作业学生创

学生创设

新课标指出，作业设计要基于单元内容，兼顾个体差异，把握好作业的内容、难度和数量，使学生形成积极的情感体验。作业设计应充分发挥学生的主体作用，引导学生成为作业的设计者、参与者和合作者，在参与作业设计的过程中发挥学习潜能，促进自主学习。

首先，学生要了解单元的学习内容、目标及单元作业内容。

本案例一共包含三个对话语篇，一个绘本语篇，分别从妇女节、植树节、春天的变化和我眼中的春天四个方面探究春天。

其次，学生要结合单元作业，讨论出单元作业中包含的内容。

结合导学单，了解本单元的学习内容、目标，小组讨论确定立体小书中包含的内容（图 1、图 2 所示）。

图 1　单元作业包含的内容

最后，结合单元作业的内容，师生讨论设计课时作业。

学生通过自主思考、小组讨论确定立体小书中包含的内容，经过对本单元的内容分析形成作业任务框架（图2所示）和具体的作业内容（表1所示）。

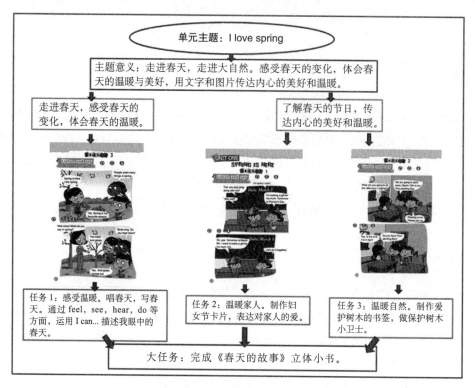

图2　作业任务框架

表1　本单元课时作业和单元作业

作业内容	I love spring	I love mum	I love trees	My spring story
作业类型	基础作业	拓展作业	实践作业	综合实践作业
作业形式	配图作文	配诗卡片	书签	立体书
作业时长	10分钟	10分钟	15分钟	30分钟
完成形式	独自完成	独自完成	独自完成	小组合作完成
作业要求	请仿照语篇内容，从感觉、听、看、做等方面描述春天的变化。	请结合课上学习的诗歌，完成节日卡片的制作。	请选择一个保护树木的标语，设计一个小书签。	小组合作，充分发挥每个人的优势，完成立体书的制作。

教师支持

教师在教育教学的过程中起着主要的引导作用，教师是使教育教学有效进行、使学生成长和发展的主要保证。因此，在作业设计的过程中，教师的支持和引导至关重要。在本案例中教师提供如下支持：

1. 引导学生了解作业设计的角度。基于课题，引导学生从"读写绘"三个方面进行作业设计。从这三个方面深挖教材中的育人价值，促进学生的认知能力、思维能力、审美情趣、想象力和创造力的发展。

2. 引导学生了解单元主题和单元目标。运用导学单，引导学生了解本单元的主题和目标，使学生了解学什么、为什么学。

3. 引导学生根据单元作业，设计课时作业。老师要帮助学生搭建框架，学生来添花加叶，最终形成本单元的作业内容。

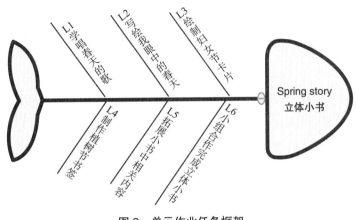

图 3　单元作业任务框架

板块二：学生作业学生做

学生实践

一、春天来了，感受春天的变化

这一板块包含教材中 Lesson 3 的对话和绘本两个语篇，共用两课时。

1. 课上：第一课，学唱春天的歌曲，学习 Lesson 3 语篇，走进春天，感受春天的美好。第二课，读绘本，积累春天变化的词、句，说"我"眼中的春天，运用所学语言描述春天。

2. 作业：写"我"眼中的春天，把课堂上描述的春天写出来（图 4 所示）。

图 4 学生作文

二、妇女节快乐，向老师、母亲、奶奶等送祝福

这一板块为教材中 Lesson 1 的对话，拓展相关事情的词语，补充节日祝福的小诗。

1. 课上：读语篇，学习妇女节的内容，感受如何向他人表达自己的爱，在特殊的日子送祝福。

2. 作业：制作妇女节卡片，送出祝福（图 5 所示）。

图 5 学生制作卡片

三、植树节来了，一起走进春天

这一板块为教材中 lesson 2 的对话，拓展相关事情的词语。

1. 课上：读语篇，获取关于植树节的信息，说一说保护树木的英文标语，提高保护树木、保护环境的意识。

2. 作业：选择一个保护树木的英文标语，制作一个书签（图6所示）。

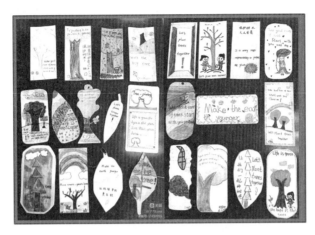

图6　学生制作书签

四、我爱春天，呈现春天的故事

1. 课上：补充更多关于春天的内容，学习制作立体书的流程和方法。
2. 作业：个人或者小组完成立体小书的制作，呈现春天的故事（图7所示）。

图7　学生制作立体小书

教师支持

在读上，给学生提供充分的语篇，给学生丰富的语言输入。在写上，提供给学生基本的框架、格式、方式方法，引导学生先说再写。在绘上，提供丰富多样的形式，打开学生的思维，引导学生发挥想象力，创新绘的内容。学生基于"读写绘"产出的作业，主要是培养学生运用语言的能力，提升学生的思维和创新能力。

板块三：学生作业学生评

新课标中提出在实施教学评价时，应体现多渠道、多视角、多层次、多方式的特点。本着这个原则，结合学生的年龄特征和不同的"写绘"任务，教师设计了符合学生特色的"写绘"评价量表。

表2　三年级作业评价表

评价内容	评价标准	评价等级
读	读得流畅，发音标准，有感情。	
写	书写规范，表达准确，格式正确。	
绘	色彩丰富，画面美观，与主题匹配。	
作业	整体干净整齐、有创意。	

学生自评

三年级学生在"读写绘"学习中处于初级阶段，因此评价的标准都为基础的要求。学生结合作业评价量表，对自己的作业进行自评。

学生互评

学生根据作业评价量表，为自己设置评价表，内容包括自评、老师评、同伴评和家长评（图8所示）。学生先对自己的作业进行自评，再由家长、同伴对学生作品进行评价，最后由老师对学生作业进行评价。

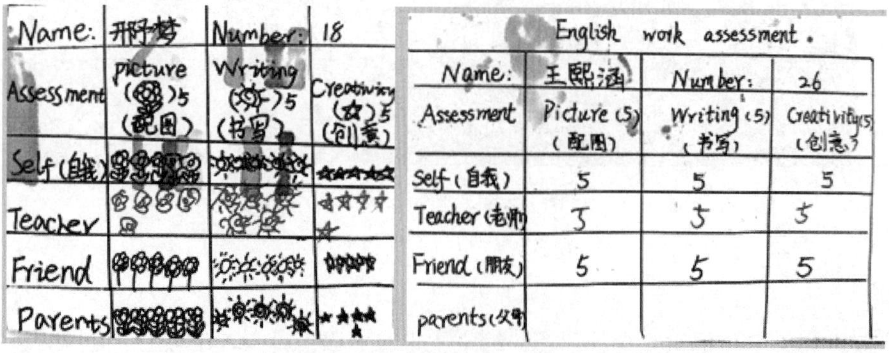

图8　学生自制评价表

教师支持

教师对学生作业的评价至关重要，在学生进行自评和互评的过程中要给予正确的引导，在对学生作业进行评价时应客观、公正、明确，要有等级评价和文字评价，使评价起到应有的促进作用。

板块四：学生"创做评"中的教师反思

为了顺应新时代背景下对作业的要求，我们探寻借助"读写绘"来优化小学生英语作业的策略。针对不同阶段学生的心理及年龄特点，利用"读写绘"，创造性地进行基础性作业设计，把基础性作业与实践性作业相结合。本研究的最大亮点就是结合"绘"使读写作业变得生动有趣，利用"绘"培养学生的艺术审美、想象力和创新意识。创新作业形式的同时，发挥作业的育人功效。

在研究中，引导学生参与到作业设计中来。在学生创、学生做、学生评的过程中充分发挥学生的主体作用，学生运用所学语言进行有意义的思考、建构、交流、表达，呈现和展示学习成果，实现学以致用、学用一体。

路娜　北京市昌平区霍营中心小学

探究自然，实践语言，深化单元主题意义的作业设计
——以北京版小学英语四年级上册 Unit 7 What is Nature? 为例

作业自主

《义务教育英语课程标准（2022年版）》指出：教师要准确把握教、学、评在育人过程中的不同功能，树立"教—学—评"的整体育人观念。作业是课堂教学的巩固、补充和延伸，是教学过程链条结构中的一个必要环节。

板块一：学生作业学生创

学生创设

教师要照顾学生个体差异，发挥学生的主动性，鼓励学生充分参与到作业设计及作业评价中。

新课标提倡加强单元教学的整体性。在遵循教材内容编排的基础上，依据认知规律对单元内容进行了必要的整合或重组（图1所示），首先确定"自然"这一单元主题，将原第三课时调整为第一课时，先认识什么是自然，再学习关于自然的其他知识，建立单元内各语篇之间及语篇育人功能之间的联系，形成具有整合性、关联性、发展性的单元育人蓝图。

一、短周期练习类作业

1. 第一课时重点句型为 Everything is nature.We can't live without...。学生联系生活实际设计了相关练习：通过图片谈论自然及自然的重要性，完成填空及造句练习。设计选做作业，关注个体差异，拓宽学习渠道。

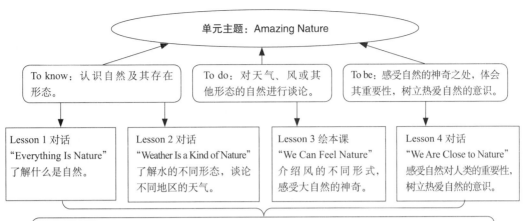

图 1　单元整体框架设计

图 2　看图填空

图 3　看图写句子

请你通过看书、上网、询问家长或者科学老师等，了解更多自然科学知识。（选做）

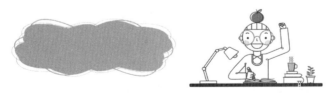

图 4　I know...

2. 第二课时学习水的不同形态，谈论不同地区的天气。学生利用网络资源，设计选词填

英语篇　279

空，以及练习谈论世界各地天气，内化语言。同时设计选做作业，引导学生探究科学知识。

water   ice   cold   summer   snow   rain   winter

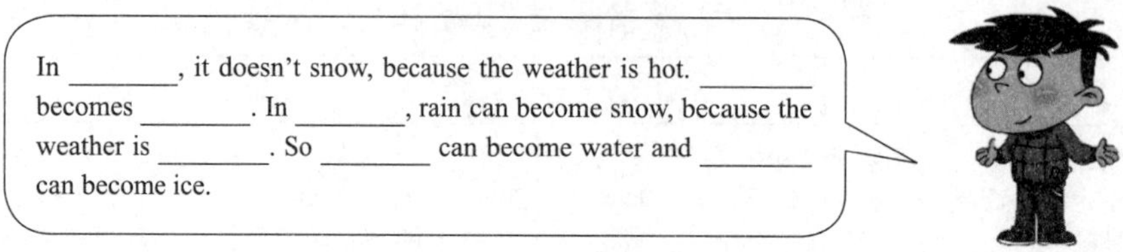

In _____, it doesn't snow, because the weather is hot. _____ becomes _____. In _____, rain can become snow, because the weather is _____. So _____ can become water and _____ can become ice.

图 5　选词填空

Moscow: −8℃   Hangzhou: 12℃   Washington DC: 8℃   Canberra: 26℃

December 15th:
For example:

How's the weather in Washington DC?

Bad. It's blowing hard. It's 8 degrees.

图 6　谈论世界各地天气

同学们，水有以下三种常见形态，你能通过实验把它们制作出来吗？请你试一试吧！（选做）

图 7　水的不同形态

工具：hot water, glasses, fridge（冰箱）...

3. 第三课时补充了英语绘本 *The Wind*，介绍了风在大自然中的形态。学生完成结构图活动，梳理绘本内容，发展逻辑思维能力。

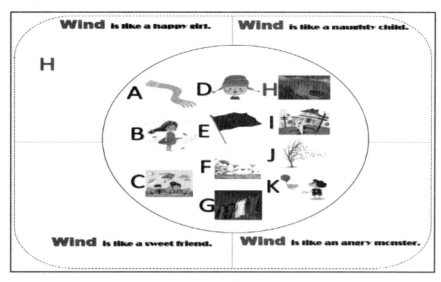

图 8　结构图

4. 第四课时帮助学生树立热爱自然的意识。学生依托课上板书，完成动物居住地连线练习，并进行问答练习。之后仿照范例（可配生活照片），谈谈自己如何亲近自然，完成本单元知识的迁移创新。

For example:
A: Where does Tiger live?
B: It lives in the mountains.

图 9　看图连线并完成对话

图 10 仿照范例写作文

二、长周期实践类作业

学生根据本单元的主题及课时话题，完成创作手抄报及思维导图的长周期作业。

表 1 作业要求

作业要求	1. 课上记录话题相关信息，课下总结梳理。
	2. 从多渠道获取信息，对本话题进行补充、完善。
	3. 创造性使用相关信息，制作成手抄报或思维导图。
	4. 提交并展示。
作业时长	1 周

教师支持

教师在教学之初告知学生学习目标，分配小组，给予必要的学习方法指导，培养学习能力，拓宽学习渠道。学生完成作业设计后，教师参与共同研讨，对于不合理的内容给予相应的建议。

板块二：学生作业学生做

学生实践

一、短周期练习类作业

大多数学生本单元知识掌握牢固，能够完成学习单任务，并在相应的情境中运用，进行迁移创新。部分学生存在着字母大小写混淆及语法、单词、掌握不牢固等问题。

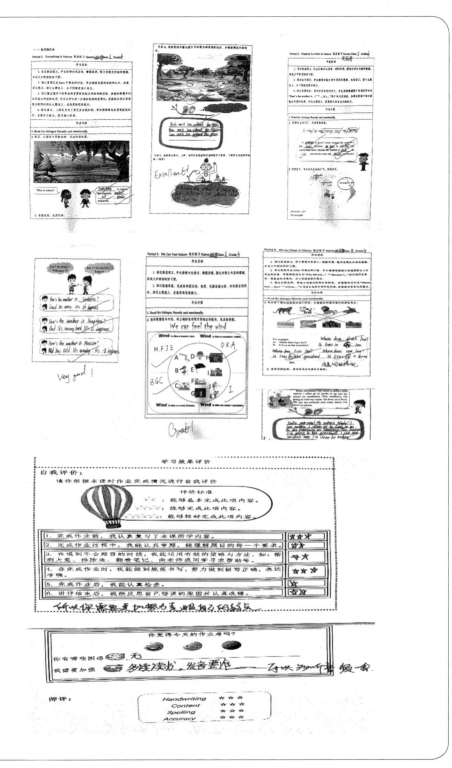

图 11 学生短周期练习类作业

二、长周期实践类作业

学生通过学习，梳理、获取、记录关键信息，课下搜集资料，逐步丰富主题内容，深入并系统地了解本话题知识，最终以手抄报和思维导图的形式进行输出，自主完成单元的大任务 Amazing Nature 的制作。

图 12　学生长周期实践类作业

教师支持

教师鼓励学生在各课时记录话题相关信息，课下进行总结梳理，从多渠道获取信息，对本话题进行补充、完善。

板块三：学生作业学生评

学生自评

学生进行自我评价。

表 2　自我评价单

评价标准
☆：能够基本完成此项内容。
☆☆：能够完成此项内容。
☆☆☆：能够较好完成此项内容。

1. 完成作业前，我认真复习了本课内容。	
2. 完成作业过程中，我能认真审题，理解题目的每一个要求。	
3. 在遇到不会的题目的时候，我能运用有效的策略与方法，如猜测大意、排除法、翻看笔记、向老师或同学寻求帮助等。	
4. 我能做到表达准确，书写规范，拼写正确。	

续 表

5.完成作业后,我能认真检查。	
6.讲评结束后,我能反思自己的错误并认真改错。	
你是否喜欢本次作业? 我的困惑: _____ 我需要加强: _____	

学生互评

教师给予学生时间仔细重读作品,并引导学生进行自评与互评。学生相互评价,给予相应的星星,提升评价公正性。同伴的肯定与鼓励更能使学生获得成就感,同时还能欣赏到优秀的作品。

表3　学生互相评价单

评价内容	自我评价	生生互评
1.内容全面,逻辑清晰。		
2.页面整洁,画面精美,字迹工整。		
3.拼写、标点、语法无错误。		
4.有创造性,有创新。		

教师评价

表4　教师评价表

Handwriting	☆ ☆ ☆
Content	☆ ☆ ☆
Spelling	☆ ☆ ☆
Accuracy	☆ ☆ ☆

教师支持

在学生自评和互评后,鼓励学生根据评价结果进行初步修改,教师对学生的作业进行提示性的批改,学生再次修改后教师进行复批。

板块四：学生"创做评"中的教师反思

本作业设计既有基础性作业，又有应用实践、迁移创新类作业，内容由浅入深、层层递进，为学生提供综合运用语言知识的舞台。

1. 思考与收获。本作业设计形式多样，力求作业形式不重复。呈现大量精美图片，语言难易度适中。设计的内容均以学生为主体，关注学生个体差异；设计选做项目，满足不同层次学生的需求。

2. 困惑与遗憾。本作业设计拓展提升类、迁移创新类设计比例略低，可增加此类作业。

王玲　王洪静　北京市顺义区教育研究和教师研修中心附属实验小学

分享健康生活

——以北京版小学英语五年级上册 Unit1 Which do you like better? 为例

作业自主

《义务教育英语课程标准（2022年版）》提出英语课程内容的选取应紧密联系现实生活，以主题为引领，以不同类型的语篇为依托，融入语言知识、文化知识、语言技能和学习策略等学习要求中，以单元的形式呈现。因此，英语教师应该深挖教材文本中的主题意义，践行学思结合、用创为本的英语学习活动观，以主题意义为引领，明确单元作业目标，设计高质量单元作业，以充分发挥作业功能。

板块一：学生作业学生创

学生创设

以 Share our healthy life 为主题，学生在迁移创新活动中联系个人实际，形成正确的态度和价值判断。学生在超市、学校、公园等情景中，询问并回答或描述自己或他人喜欢的食物、饮料、学习科目、业余活动等日常用语。在此基础上，教师补充了资源——绘本 *I accept you as you are*，力求能在更多的语境中整合运用语言，进一步完善主题意义。在谈论偏好的同时，对不正确的爱好也可以给出建议，帮助学生尊重和理解彼此的爱好和选择。

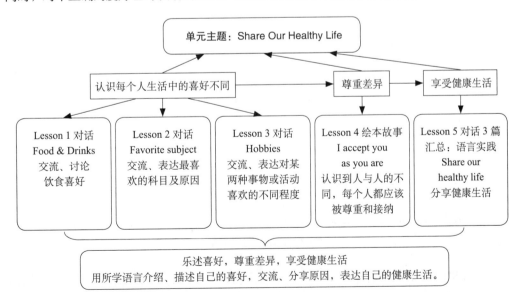

图 1　单元框架图

第一课时子主题为：My healthy food and drinks，重点教学活动为交流、讨论饮食喜好，即在贴近生活的采购和评价食物健康的场景中交流自己所喜好的饮食，使语言的学习更具有意义。

```
                         第一课时作业单

请你采访一位朋友和一个家人，完成下面的个人喜好调查表。
... or ..., which do you like better?

| Name | Food | Drink | Animal/ Color/ ... |
|------|------|-------|--------------------|
|      |      |       |                    |
|      |      |       |                    |

请你写一写自己的饮食喜好。
_____
```

图 2　第一课时学习单

第二课时子主题为 My favorite subject，重点学习活动为交流、表达最喜欢的科目及原因。学生在探讨自己所喜欢的科目情境中，通过双人交流、小组分享等互动，学生之间互相介绍自己最爱学科的魅力所在，同时鼓励更多的同学也能慢慢喜欢这门学科，达到各个学科之间的和谐学习与发展。

```
                         第二课时作业单

请你制作完成自己的英文课程表，并写一写自己最喜欢的科目及理由。
A: Which class do you like best?/What's your favorite subject?
   Why?
B: I like_____ best because_____.
   /My favorite subject is_____.
```

	Monday	Tuesday	Wednesday	Thursday	Friday
1					
2					
3					
4					
5					
6					

图 3　第二课时学习单

第三课时子主题为 My hobbies，重点学习活动是学生在表达对某两种活动的不同喜欢程度的情境中，自创问卷做 pair work 调查。在交流的过程中，学生能够运用重点句型表达自己更喜欢的业余活动并适当简述理由，主动和他人交流并分享自己的兴趣和爱好。

第三课时作业单

请你采访一位朋友和一个家人，填写下面的业余爱好调查表，并完成仿写。
... or ...what do you like better?

Name	Activity	better
	_____ or _____	
	_____ or _____	

请你写一写自己的业余爱好。
_____

图 4　第三课时学习单

第四课时子主题为 I accept you as you are，语篇为绘本，重点学习活动是分组阅读，寻找信息，学生通过观察思考同伴的"闪光点"，学习全面地评价看待同学，尊重彼此的不同，会赏识他人。

第四课时作业单

请你写一写自己和同学之间的不同和相似之处。

```
This is me.
I _____.
```

There are so many children in my school.
All the children who I see are important just like me.
Some are _____ ,and some are _____ .（外形）
Some act _____ ,and some act _____ .（情绪、性格）
Some children _____ ,and some _____ .（行为）
Some children like _____ ,and some like _____ .（喜好）
We all like different things.All of us are different.
There are so many children in my school.
They all are _____ just like me!

图 5　第四课时学习单

第五课时是语言实践课，此主题为 Share our happy life，重点学习活动为 I choose what I like。通过开展"分享美好生活"的班会，在真实情境中综合运用语言，并以戏剧活动——Still Image（定格画面）呈现生活中的精彩瞬间，从而形成积极的生活态度和健康的生活观念。学生自创作业，通过手抄报的形式将精彩瞬间记录下来。

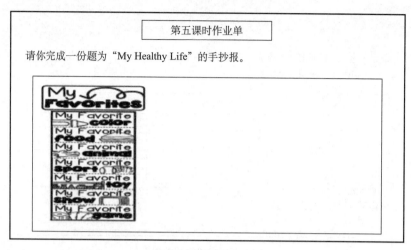

图 6　学科实践型作业

教师支持

学生在教师的指引下完成五个课时的学习，每一课时都努力创设恰当的语境，激发学生运用语言交流的欲望，产生自创作业的需求；让学生感受到作业与课堂学习的关系，促进学生在课堂教学中更加积极认真，也更加有助于发挥作业对教学的诊断和反馈功能。

板块二：学生作业学生做

学生实践

1. 学生需在课下自主完成本单元第一课时以 My healthy food and drinks 为子主题的练习。学生在课上学习活动中建立的健康饮食意识的引导下，用语言积极回应这一健康理念并进行自主表达。

2. 学生需要在课下自主完成第五课时以 Share our happy life 为主题的学科实践类作业。课中，学生需要在 pair work、group work 中与同学充分地交流，分别就自己的饮食、课程、业余爱好等用英语表达，并对其中的词汇能够做到正确拼读。课下，学生需自主查阅自己想表达但在课本之外的词汇，以保证手抄报英文拼写和句式表达的正确性，保证自己心中的想法能够真实、有序、准确地呈现。

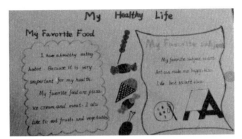 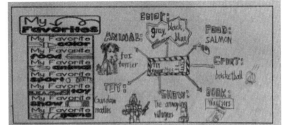

图 7 学生手抄报完成情况

教师支持

教学中,老师积极营造本单元学习的语境,带领学生经过"学习理解—应用实践—迁移创新"等体现语言能力螺旋上升的学习过程,逐渐从基于语篇的学习走向真实的生活世界,认识到健康饮食、课程学习、兴趣爱好的意义与价值;同时,学生在深化对单元主题理解的过程中获得知识、塑造品格。

板块三:学生作业学生评

学生自评

表 1 学生交流学习自评表

项 目	自 评
1. 书写正确规范。	☆☆☆☆☆
2. 表达有理充分。	☆☆☆☆☆
3. 理念健康有益。	☆☆☆☆☆

(备注 评价共3个项目,每项赋星:优秀5星,良好3星,合格1星)

学生在完成每课时作业后进行自评,对自己关于饮食、课程、业余生活等方面偏好的表达与呈现作出星级评价。自评积攒的星星数量与同学互评及老师评价获得的星星进行合计后纳入月评,评选出"英语学习小榜样",激励学生持久的学习热情。

学生互评

表 2 学生交流学习互评表

项 目	同学评
1. 书写正确规范。	☆☆☆☆☆
2. 表达有理充分。	☆☆☆☆☆

续 表

项　目	同学评
3. 理念健康有益。	☆☆☆☆☆

（备注：评价共 3 个项目，每项赋星：优秀 5 星，良好 3 星，合格 1 星）

课上，老师组织学生间互换课上或课下完成的交流学习调研、手抄报等。学生在完成每课时作业后进行互评，对小伙伴的作业表达与呈现作出星级评价。互评积攒的星星数量与学生自评及老师评价获得的星星数量进行合计后纳入月评，评选出"英语学习小榜样"，激励学生持久的学习热情。

教师支持

在自评和学生互评后，教师对学生不同层次的作品进行有针对性的评价。

关于"表达有理充分"，老师用欣赏的眼光关注学生的真切表达。课上，老师将学生有理有据的精彩表达分享给全班学生，激发学生自由表达的积极性。关于"理念健康有益"，老师分享同学们健康有益的课程爱好、兴趣爱好和饮食爱好，引领学生进一步领悟本单元主题意义：Share our healthy life。

板块四：学生"创做评"中的教师反思

情境设置、合作活动、交流调研是本次作业设计的具体实施方式，体现了在体验中学习、在实践中运用、在迁移中创新的学习理念。但在探索的过程，难免也有疏漏，在此进行归纳总结：

1. 给予学生的选择不够充分。基于学习风格的差异性作业设计，针对兴趣和学习风格的差异来设计，更多的是从学生自身来进行思考，如果作业的设计符合学生兴趣，就能够激励学生努力完成作业。本次作业设计，对于动觉型学生兼顾不够，今后可以鼓励学生自创戏剧表演展示类作业，供此类学生选择。

2. 发展学生学习策略的意识不够强。学习策略主要包括元认知策略、认知策略、交际策略、情感管理策略等。其中，元认知策略有助于学生计划、监控、评价、反思和调整学习过程，提升自主学习能力。交际策略有助于学生发起、维持交际，提高交际效果。本次作业设计以交流调研为主，实施过程中教师忽略了对于其中倾听、合作的要求提示，造成有的学生问答声音大而影响其他同学的情况发生。

王素梅　北京市朝阳区花家地实验小学

奇妙的世界
——以北京版小学英语五年级上册 Unit 5 Where are you from? 为例

作业自主

作业布置的目的是帮助学生巩固知识，提高学习能力，在作业中找到适合学生自己的学习方式。在布置小学英语作业时，教师不仅要检验学生的学习效果，还要创新和优化传统作业，解决传统作业中存在的问题，让学生在作业设计的过程中发展英语素养。此外，在小学英语作业自主设计的基础上，针对存在的问题，教师提出了以下策略：设计发展能力不同的作业、突出作业的趣味性、设计创新作业、设计作业指导策略、设计合作作业、设计实用作业等。

板块一：学生作业学生创

学生创作

在单元大主题下，学生提议将作业内容剪贴、折叠，制作成翻翻书。作业内容则以每课时重点知识梳理为主，体现世界主要国家的基本情况，从而将单元内容整体呈现出来，为了突出美观性，学生请教师帮忙进行作业单的排版。单元作业目标的定位是基于对单元内容的深入解读与分析之后，围绕单元大主题 Wonderful World 展开。

1. 第一课时以介绍和开启项目为主。通过绘本故事 Around the world，使学生初步建立世界大洲和国家的概念。通过绘本的学习，激发学生的兴趣和创作热情。

2. 第二课时延续前一课环游世界的情景，通过 Baobao 一家去伦敦旅行，学习英国国家信息相关内容，加入了国家/城市著名景点，并呈现了七个大洲的名称以及主要国家，学生在交流中利用板书中的语言框架对英国进行介绍和总结。学生在本课学习后，完成第二课时的相关练习，复习巩固知识的同时发展学生多元智能。

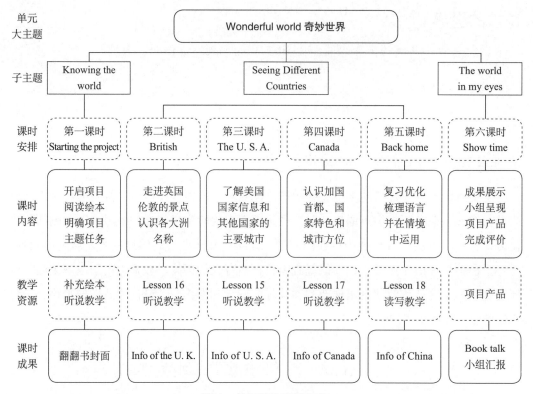

图 1　单元整体设计框架

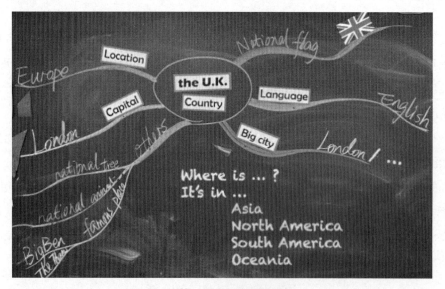

图 2　第二课时板书思维导图

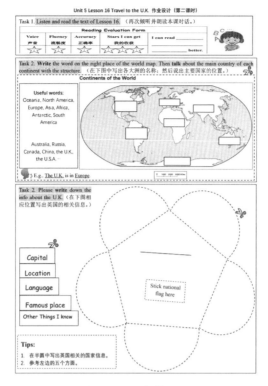

图 3 翻翻书英国页

3. 第三课时通过对话人物的国籍，帮助学生了解美国相关信息。借助板书中的框架对美国进行介绍，并对比美加两国的异同，发展学生的批判性思维。在学习新的国家和城市之后，将学生的目光聚焦到自己的实际生活中来，运用目标语言对本班学生的籍贯进行班级大调查，渗透中国的国家和地区的概念，帮助学生建立区域性概念，丰富学生的认知。在本课结束时，学生根据所学内容完成美国的相关内容，并进行设计创作。

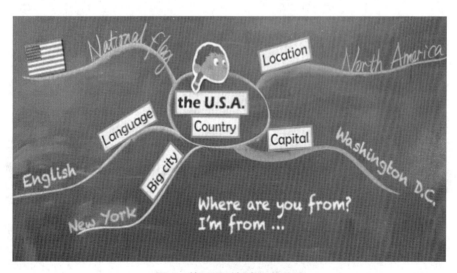

图 4 第三课时板书思维导图

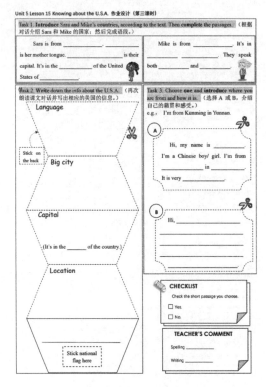

图 5　翻翻书美国页

4. 第四课时在环游世界的主题情景下，跟随 Mike 到加拿大，学习并了解更多加拿大的信息，学生在学习和表达的过程中，建立空间意识，和教师一起构建思维导图（如图 6 所示），并自主创作翻翻书加拿大页的内容（如图 7 所示）。根据所学，学生谈论并介绍自己的家乡，并根据老师提供的分层写作框架完成小作文（如图 8 任务三）。

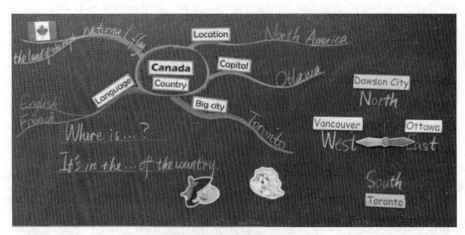

图 6　第四课时板书思维导图

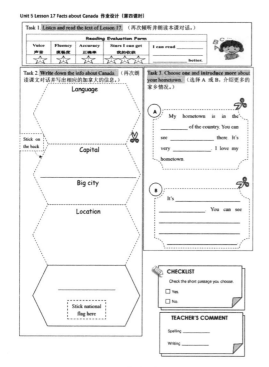

| 图7 翻翻书加拿大页 | 图8 单元闪卡和素材页 |

5. 第五课时是复习课，在对前三课总结和复习的基础上，思考和介绍中国国家信息，在小组中完善和交流自己的作文。课后，学生根据素材页继续完成翻翻书的其他内容。

6. 第六课时为综合实践交流课，学生以小组为单位，展示自己的翻翻书作品，介绍世界主要国家的相关知识；然后通过行走画廊的方式展开生生互评，评选出创意作品。

教师支持

教师根据学生提议和单元大任务进行课时作业安排以及单元作业单的设计。关注作业的整体性、协调性与学生的语言知识和文化知识的统一，助力单元及各课时目标的达成。通过思维导图的构建，为学生提供语言交流的支架，使学生在语言的输入和输出方面有方法、有标准。

板块二：学生作业学生做

学生实践

1. 学生通过本单元的学习，自主创作完成项目式学习任务——翻翻书制作，学生在单元学习中语言知识逐渐丰富，在中后段完成拓展延伸类作业，提高了语言能力和思维能力。不同程度的学生可以在两种写作模板中选择，获得不同程度的成就感。

图 9　学生翻翻书作品

2. 此外，本单元利用项目式学习的课时任务，让学生自主梳理课文信息，不仅练习了重点单词的书写，在整理语言（介绍人物或国家）或者梳理信息的过程中，学生在头脑中进行初步筛选和整理，也培养了学生思维的逻辑性。区别于传统、机械的抄写作业，学生更喜欢这种有意义、真实的作业。

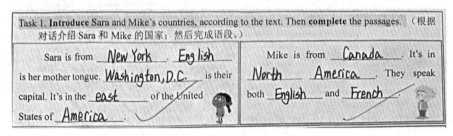

图 10　课文信息梳理作业

教师支持

大观念视域下的单元整体教学，结合项目式学习的作业设计是实现高质量作业的途径之一。立足于单元整体，以单元大任务为驱动，结合课时内容倒推到每课时的具体作业任务，将阅读类作业、基础类作业、综合类作业和操作类作业融入到作业设计中，形成质高量少的作业体系。

板块三：学生作业学生评

学生自评

英语的听、说、读、写四项技能中有两项都与动口有关，因此学生在学习单元课文后一定要进行朗读练习。在课后朗读过程中，回顾课文内容，熟练发音，增加英语语言的复现率，把朗读课文变成自我反馈、自我提高的便捷途径之一。考虑到有些学生在课后朗读时容易走神或者降低对自我的要求，笔者设计了一个自评表，以起到监督和帮助的作用。

图 11　朗读自评表示例

学生互评

待作品完成后，学生在课堂中通过画廊漫步的方式进行学生互评，学生通过评价表对作品提出意见或建议，在小组合作中相互评价、相互倾听。

教师支持

学生在自评和互评后，教师对不同学习程度的学生需要加以不同的指导，给学生适当的学习体验，并且对评价标准进行相应解读，强调评价的公平性和完整性，使学生在评价他人和倾听他人评价时，可以正确认识到自己的不足，也对优秀的方面能够不吝惜夸奖之词。

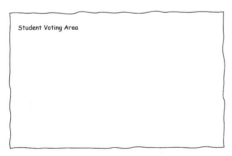 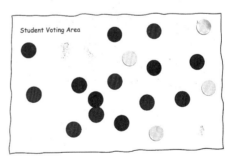

图 12　学生互评标准和评价表示例

板块四：学生"创做评"中的教师反思

依据新课标的教学理念，落实"双减"政策的意见要求，笔者以大观念为统领，单元整体教学为纲，基于学生学情设计了多层次、多形式的两类四种八项作业任务，力求在单

英语篇　299

元学习后，学生能够对世界分布以及主要国家的基本信息有所了解，并且对中国的基本信息以及国家地理风貌等认识更加深刻，同时感受祖国的壮美。

　　本次单元整体作业在设计和实施上仍存在版面的局限、目标要求不细致、评价不充分等问题。在以后的设计和实践中，需要随时将作业设计的理念和初衷放在首位，对单元目标随时进行复核。在作业设计中突出作业特色和分层设计，对照单元内容进行有意义、有时效的作业设计，注重评价的系统性和可行性。

王培　北京市昌平区回龙观中心小学

走进运动世界

——以北京版小学英语五年级上册 Unit 6 What Are Your Favorite Sports? 为例

作业自主

《义务教育英语课程标准（2022年版）》课程实施评价建议指出，教学评价应贯穿英语课程教与学的全过程，包括课堂评价、作业评价、单元评价和期末评价等。

作业的本质是学生自主学习的过程，作业是学习的评价，而评价本身就是学习的过程。作业设计定位于课堂的"深化"，以任务为中心，以语言为载体，突出学生主体，充分体现真实性、生活性和人文性，让学生以积极的学习态度促进语言能力的发展。作业设计贴合教学目标，从学生最近的地方出发到离英语最近的地方去，涵盖课前作业（准备作业）、课中作业（课堂活动）、课后作业（巩固提升作业），以期提升作业的针对性、实效性，从而促进学生的持续学习和发展。

板块一：学生作业学生创

学生创设

本单元话题性强，主要围绕中西方体育活动展开，属于"人与社会"主题中的"文学、艺术与体育"部分。话题内容与各学段教学内容及本册书各单元间都有关联，学生能够通过本单元的学习提取不同国家体育运动方面的主要信息点并能够简单介绍，可以灵活地使用本单元重点句型与朋友分享、交流自己和他人对体育运动的喜好及原因，总结梳理与体育活动相关的思维导图，自主查找感兴趣的体育赛事，从文化内容和情感态度价值观等方面提高对体育运动的正确认识，提高跨文化交流意识，热爱体育运动，增强体育锻炼与体育健康的意识。基于此，设计了本单元的单元主题与课时内容，并围绕主题意义展开教学并设计作业，以"学习理解类""应用实践""迁移创新"学习活动观为目标导向，组织、优化和落实本单元的作业设计，以期提升作业的针对性、实效性，从而促进学生的持续学习和发展。

表1　单元整体框架设计

主　题	Unit 6 What Are your favorite Sports			
课时类型	基础课时			复习课时
课时分配	第一课时（L20）	第二课时（L19）	第三课时（L21）	第四课时（L22）

续 表

话　题	The sports in the U.S.A	The sports in the U.K	The sports in Canada	I love sports
主要内容	了解美国、中国校园内的流行运动。	了解英国的流行运动。	了解加拿大的流行运动。	读写结合，表达和分享自己热爱的体育运动。
	重点帮助学生了解美国流行运动及相关信息。小组讨论和学习中国更多的流行运动，学校更流行的运动，并进行表达与展示。完成本课学习单。	重点帮助学生了解英国流行运动及相关信息。表达中国人喜欢的运动和个人喜欢的运动及原因。能交谈和转述他人喜欢的运动及原因。加强对运动意义的认识。完成本课学习单。	重点帮助学生了解加拿大人比较擅长的运动及相关信息。表达个人比较擅长的体育运动和日常运动情况，通过谈论冬奥会，了解更多的冰雪运动。完成本课学习单。	复习已学内容。根据本单元所学对运动进行分类，通过口语交际后读写结合方式的表达和分享自己热爱的体育运动。完成本单元的思维导图。
	大单元作业：设计完成各国流行运动的绘本书。（基于上一个单元自制世界各国的绘本的补充内容）			

表 2　单元作业框架设计

作业设计	学习理解类作业		实践类作业		迁移创新类作业（分层设计）	
	听读类作业	语篇类作业	对话创编	词汇挑战	单元梳理（A）	创作小书（B）
作业分布	L1/L2/L3	L1/L2/L3	L2/L3	单元作业	L4	单元作业
作业形式	听读课文	学习单	学习单	自主挑战	手抄报	翻翻书
作业时长	10分钟	5分钟	8分钟	两周时间	一周时间	一周时间
完成形式	个人完成	个人完成	个人完成	个人完成	个人完成	小组合作
作业要求	自主听读、跟读、朗读每课课文内容，并完成朗读评价表。	根据每课学习单完成对课文内容的再次梳理，并会讲述。	结合课上对话创编，完成对话创编的小练笔作业。	结合微课小视频与老师进行词汇PK赛。	结合复习课的梳理，学生以手抄报形式设计"走进运动世界"。	根据对本单元运动的学习，完成自己的小书，进行组内分享和组间点评。

教师支持

教师借助情境，从谈论主要国家的流行运动、学校的流行运动及个人热爱的运动，增强语言的可持续性，力促学生们热爱体育运动，增强体育锻炼意识。教师在设计作业时，还要从素材来源的科学性、多样性、作业难度、可选择性、作业时间和作业结构等方面多考虑。

板块二：学生作业学生做

学生实践

一、听读类作业

在以学习理解为目标导向的作业设计中，每课时都会有听读为主的作业，也是各课时的基础作业之一，学生在学习完每课时的内容之后自主熟读课文并完成朗读评价表，引导学生运用自我评价改进听读学习。

表3 自我朗读评价表

Reading evaluation form 朗读评价表				
A loud voice	Fluency	Correct reading	With emotion	Stars I can get
☆☆☆	☆☆☆	☆☆☆	☆☆☆	_____(number)

二、词汇类作业

结合本单元运动类词汇，老师设计了2分钟的微课小视频，在学习本单元的过程中学生可以利用自己的个人时间反复观看，与老师比拼认读的速度，充分调动学生的参与度和积极性，激发学生的学习兴趣和学习的主动性。

```
Play A Game
Rules（规则）：
1. Please say loudly when you see the pictures.
当你看到图片请大声说出来。
2. If you say it faster than teacher, you will win the game.
如果你说的比老师快，那么你赢了这次比赛。
```

图1 微视频片头

三、语篇类作业

学生通过本单元各课时的课堂学习后，能够结合所学内容梳理课文信息，在一定的情境中通过学思结合来完成与同伴的对话创编以及练笔创作，提高语言综合运用能力，有助于单元目标的整体实现。

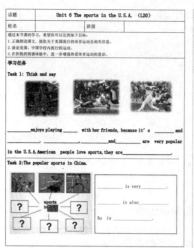

图 2　第一课时作业单

图 3　第二课时作业单

图 4　第三课时作业单

图 5　第四课时作业单

四、绘本创编类单元作业

本单元的大任务驱动主要是基于本单元学习后最终形成了自己的自制绘本 Popular sports in _____ 的续写。通过小组交流、讨论、设计和分享来完成自己的作品。

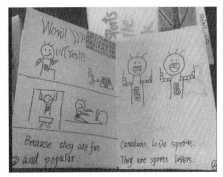

图 6　学生作品

学生通过前四节课的学习，自主完成本单元的大任务，在制作绘本的过程中，每个学生的想象力不一样，呈现的内容和绘图也不一样，通过小组合作，学生们不仅拓展了英语学习的新空间，提高了综合运用英语的能力，同时也使学生感受到学习英语的乐趣。

教师支持

在授课过程中，教师利用创设情境、板书梳理、作业框架练习等形式为学生一步一步搭建写作框架，很大程度上降低了学生完成单元大任务的难度，同时也充分激发了学生的写作兴趣，让学生敢于表达。

板块三：学生作业学生评

学生自评

通过每一课的作业设计学习单，学生了解自己的实际收获和所出现的疑惑及努力方向，并针对每课学习目标和自我实际获得从听、说、读、写等多方面对自己进行评价。

学生互评

在每课时角色扮演和口语交际展示后进行生生互评，从语言的准确度、流利度和有感情交流三方面进行互评活动，激发每名学生在听、说、读方面的参与度。

在完成 Mini-book 过程中，组内进行分工，最后同组完成多个国家的流行运动介绍，同伴之间在小组内传阅，并提出各自的意见，在合作中相互倾听、相互帮助、共同提升。

教师支持

教师基于单元整体备课和学情进行思考，初步运用新课标理念下的理论知识进行了整个单元的作业设计。首先，通过学生对本单元作业的完成情况，进一步了解学生的掌握情况，并通过与学生谈话了解学生对本次作业的学习收获和感受，并对下一阶段的教学进行反思。本单元作业设计可以帮助教师改进教与学的方式和方法，提高教学效率。

板块四：学生"创做评"中的教师反思

本单元作业设计帮助学生带着真实的任务在探索中学习，通过对一些国家流行运动、学校流行运动及自己热爱的运动等的学习，积极思考和主动表达；通过自主探索和互动协作的学习，逐步形成一个感知心智活动的良性循环。

在设计分层作业方面不是很突出，只添加了一篇拓展阅读材料，帮助学生拓展视野，欣赏不同的体育文化，促进学生的综合能力发展，如果设计更多的分层作业就更好了。还需设计引导学生改进学习方法的评价，提高自主学习能力。

国伟星　北京市昌平区史各庄中心小学

自制旅行攻略
——以北京版小学英语五年级上册 Unit 7 What will you do in Chengdu? 为例

作业自主

英语教学不仅要让学生学习英语知识，更重要的是要让学生习得自主学习英语的能力以及在生活中灵活运用英语的能力。我认为应该充分调动学生的积极性，发挥学生的主体作用，自主创设作业，这样既能培养学生的自主能力，又能激发学生自主学习的兴趣。

教育文件指出：改革教学过程中过分注重接受、记忆、模仿学习的倾向，倡导学生主动参与、交流、合作、探究等多种学习活动，改进学习方式，使学生真正成为学习的主人，形成独立思考、自主学习的能力，逐步形成适应学习化社会需要进行终身学习的能力。可见我们培养学生自主学习的目的正是为了让学生适应社会的进步，从而能够使用知识解决问题。

板块一：学生作业学生创

学生创设

在传统的教学模式中，教师主宰课堂，学生潜能发展受到影响。所以要引导学生自主学习就必须改革课堂教学，真正做到"教师为主导，学生为主体"，让学生自觉、自主地学习。学生自主创设作业颠覆了以往作业布置的情况，是引导学生自主教育的新途径。

第一课时引导学生询问及表达旅行时乘坐的交通工具，并能考虑多方面的因素，例如环保、他人喜好和感受等，在制订出行计划的情境中恰当地使用。

第二课时学生通过在绘本阅读中发现更多使用不同交通工具的情境后，主动在语境中加入功能语句，恰当运用 Are you going to... by...? 及答语 No, we are going by...，学生便可以从交通方面丰富自己的攻略。

第三课时学生能在不同的语境中听懂、询问及表达在某地方计划做某事，恰当地运用：What will you do in Chengdu? I will visit Du-jiang-yan. 并能初步构建旅行攻略的内容。

第四课时学生通过绘本 *The Journey Home from Grandpa's* 的学习，拓展出行过程中的所见所想，不断丰富语言表达，可以和同学交流借鉴他人的旅行攻略。

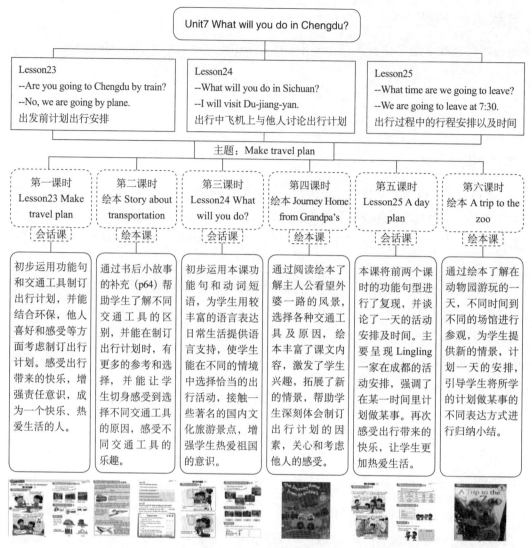

图 1 单元整体框架设计

第五课时中将前两个课时的功能句型进行了复现，并谈论了新的情景：一天的活动安排及时间。

第六课时学生通过阅读绘本 A trip to the zoo，谈论一天的活动安排及时间，不断完善补充自己的旅行攻略。

教师支持

本节课的主线就是制订旅行计划，Free talk 环节激活学生已有认知，再通过课文的学习进行梳理和补充。最后学生内化语言自己制订旅行攻略。

板块二：学生作业学生做

学生实践

初步运用功能句和交通工具制订出行计划，并能结合环保、他人喜好和感受等方面说一说。感受出行带来的快乐，增强责任意识，成为一个快乐、热爱生活的人。通过书后小故事的补充，了解不同交通工具的区别，并能在制订出行计划时，有更多的参考和选择。切身地感受到选择不同交通工具的原因，感受不同交通工具的乐趣。

图 2　学生思维导图设计

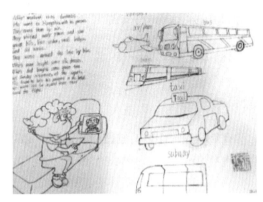

图 3　学生作业设计（一）

教师出示本课功能句和动词短语，为学生用较丰富的语言表达日常生活提供语言支持。学生能在不同的情境中选择恰当的出行活动。通过绘本了解在动物园游玩的一天，不同时间到不同的场馆进行参观。引导学生将所学的计划做某事的不同表达方式进行归纳小结。

图 4　学生作业设计（二）

通过阅读绘本了解主人公看望外婆一路上的风景，以及所选择的各种交通工具及其原因。绘本丰富了课文内容，激发了学生兴趣，拓展新的情景帮助学生深刻体会制订出行计划的因素，关心和考虑他人的感受。

图 5 学生作业设计（三）

教师支持

在学生完成作业的过程中及时给予回应，尤其是在学生构建思维导图的过程中，鼓励学生发散思维。

板块三：学生作业学生评

学生自评

学生在完成旅行计划后，教师给予学生充足的时间思考计划的可行性，并引导学生从以下几个方面进行自评。

表 1　学生自评、互评表

	Evaluate Checklist	Self-Check	Peer-Check
1	I stayed on topic.		
2	My travel plan is abundant.		
3	I wrote complete sentences.		
4	My handwriting is good.		
5	I did my best and I'm ready to share.		

学生互评

学生是学习的主体，因此评价也应以学生的发展为出发点。评价要体现学生的主体地位，这样就会有利于学生学会自我评价的方法，为学生的自主学习提供有效监控。让学生参与评价，体验评价，可以帮助学生，激励学生，从而促进学生英语语言能力不断地提高。

教师支持

教师在课堂上对学生进行评价时，经常会使用多种激励性语言。当学生正确地回答某个问题时，经常使用以下语言进行鼓励：Good! Wonderful! Excellent! Well done! Good job! 若学生的回答不完全正确或错误时，又采取以下方式来评价：Come on. It could be better. Good try. Not bad, try again, I think you can find a better answer. Thank you! You did a good job! Thank you! But shall we listen to the others? 激励性的评价给学生树立了自信心，发展了学生的自主学习能力，使学生感受到学习也是一种幸福，享受到了学习带来的快乐，并在自主学习中增强了成就感。

板块四：学生"创做评"中的教师反思

要引导学生自主学习就必须改革课堂教学，真正做到"教师为主导，学生为主体"，让学生自主设计作业是引导学生自主教育的新渠道，可以最大限度地调动学生的学习积极性，提高学习效率，实现课堂教学的最优化。

1. 钻研教材，挖掘兴趣点。采用对话、歌谣、小诗、歌曲、游戏、绘画等课堂教学形式，引导学生知道作业的形式可以多种多样，使教师的"引导"更具针对性。

2. 分层作业，因材施教。学生是学习的主体，但各有差异，有的善于口头表达，有的善于书面表达；有的善于逻辑思维，有的善于形象思维，引导学生发挥自己的长处设计适合自己的作业。

3. 研究学法，体验乐趣。"作业是为了更好的学"，在作业上的优化，应该体现在学生"会学和能学"。多使用讨论式和启发式的作业，让学生从"被动式"接受知识变为"主动式"探索知识。让学生与同伴相互提问，小组合作讨论，共同完成一项任务，共同提高语言表达能力。让学生都有机会较充分地发表自己的见解，并引导学生自己归纳总结，注意由"教师告知"变为"学生认知"，真正让学生自主获取知识，并激发他们进一步学习英语的欲望。

康乃馨　宋子威　北京市朝阳区垂杨柳中心小学劲松分校

探究校园植物，实现深度学习

——以北京版小学英语五年级下册 Unit 3 How do Seeds Travel? 为例

作业自主

《义务教育英语课程标准（2022年版）》中强调教师应深入理解作业评价的育人功能，坚持能力为重、素养导向。教师应创设真实的学习情境，设计复习巩固类、综合实践类等多种类型的作业，促进自主学习。深度学习是深化课程改革，落实立德树人，培养核心素养的重要途径。它强调学生在素养导向的学习目标引领下，聚焦引领性学习主题，展开有挑战性的学习任务。教育部课程教材发展中心深度学习综合组提出深度学习教学实践模式（见图1）。

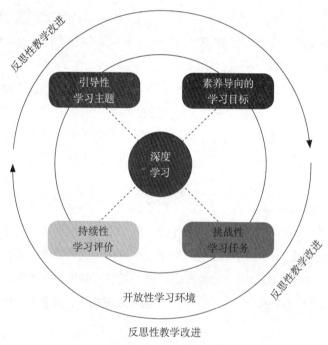

图1　深度学习教学实践模式

板块一：学生作业学生创

学生创设

本单元的教学内容围绕"植物"展开，话题贴近实际生活，突出"人与自然——自然生态"的主题。单元语境真实，教材与生活的联系有利于学生进行深度学习，解决实际问题，使学生了解更多有关植物的文化知识；通过引导学生获取并梳理文本信息、同伴探究、问题链引导的方式激发思维，使学生深入探究。学生完成单元大任务，综合运用语言，建构语言与认知间的桥梁。综上所述，本单元以 Useful Plants Make Our Life Nice 为主题统领学习，学生结组自选植物进行探究，完成单元大任务"植物身份证"（Plants ID）的制作，科普校园植物，促进语言内化和思维进阶，实现深度学习。

通过四个课时的单元学习，使学生逐步建构对植物的认识，最终形成"深入对植物的认知，进一步了解植物在生活中的应用，增强爱护植物的意识"的单元主题意义，单元框架设计如下（见图2）。

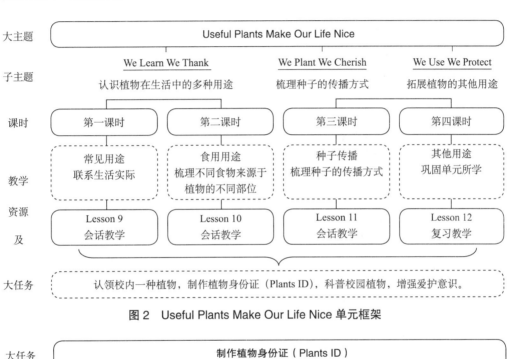

图 2　Useful Plants Make Our Life Nice 单元框架

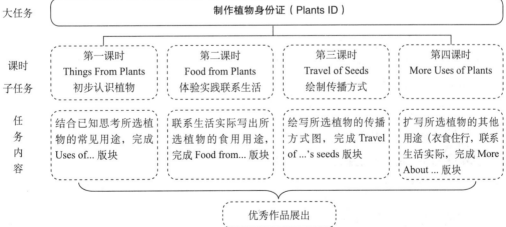

图 3　Plants ID 单元大作业框架

基于深度学习理论，本单元设定了单元作业框架图，以大任务为统领逐步推进子任务的开展。

第一课时学生总结树木的常见用途，在 production 环节拓展树木的用途，梳理提炼上位词，课后自选植物进行探究，结合已知思考并梳理所选植物的常见用途，初步认识该植物的作用（见图4、图5）。

第二课时学生判断食物所属植物的部位，联系生活实际思考并进行匹配。认识并书写所选校园植物的食用/药用价值，加深对植物的认识（见图6、图7）。

 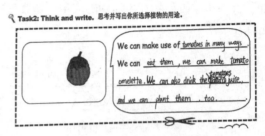

图4　Lesson 9 板书树木常见的用途　　　　图5　"番茄"小组的常见用途

 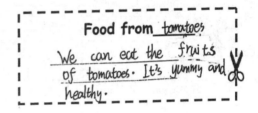

图6　Lesson 10 板书植物的食用用途　　　　图7　"番茄"小组的食用用途

第三课时学生梳理种子的名称、传播方式和原因，在与 Baobao 探秘植物的情境中，绘制种子的传播方式，明确所选植物的传播方式，探究其原因，体会种子生长的艰辛（见图8、图9）。

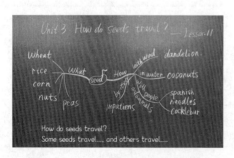 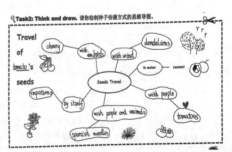

图8　Lesson 11 板书种子的传播　　　　图9　"番茄"小组的种子传播图

第四课时学生通过连词成句复习语音，回顾单元所学，进一步思考所选植物在衣食住行方面的其他用途，体会植物在生活中的重要作用（见图10、图11），最终顺利完成植物身份证。

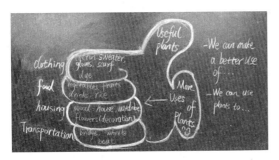
图10 Lesson 12 板书植物的多种用途

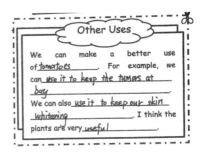
图11 "番茄"小组的植物其他用途

教师支持

教师设置三类作业为单元大任务的完成提供阶梯，利用基础类作业巩固所学；利用发展类作业调研绘写，情境迁移；利用创造性作业连接生活，深化意义。教师将植物身份证的单元大作业拆分到各个课时，降低学生作业完成难度，引导学生通过剪贴四课时的发展类作业，绘制植物身份证海报，并引导学生在校园情境下，对植物进行科普，实现深度学习。

板块二：学生作业学生做

学生实践

作业类型会直接影响学生的作业兴趣，从而间接影响学生的作业效果。因此，学生通过基础性、发展性和创造性三种类型作业，自主完成单元大任务——绘制植物身份证。其中包含五个要点，具体如下：(1)小组认领的植物信息；(2)所选植物的常见用途；(3)所选植物的食用用途；(4)所选植物的种子传播方式；(5)所选植物的更多用途。图12是以玫瑰为例的植物身份证的海报。通过植物身份证的绘制，学生提高了跨学科英语能力，并增强了爱护植物的意识。

图12 玫瑰花的植物身份证

在单元学习和作业过程中，学生不仅加强了对学校植物的全面认识，也提升了探究能力，完成了多样的植物身份证（图13）。

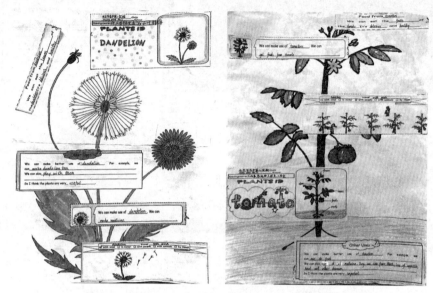

图 13　蒲公英（左）和西红柿（右）的植物身份证

教师支持

首先，部分学生语言基础薄弱，易出现主谓不一致等情况。因此，在课上教师借助结构化板书帮助学生梳理文本，并分层设计学习单，提供语言框架，便于学生表达和写作。

其次，部分学生虽能认领校园植物，但无法用英文进行有逻辑的表达。因此，教师提供真实的植物图片，在学习单中利用导图、仿写、扩写等形式帮助学生增强梳理、提取与探究的能力。

最后，学生在文本当中获取的信息有限，因此，为了更好地做到学科融合，教师增加植物传播视频，帮助学生用英语学习科学知识。

板块三：学生作业学生评

学生自评

作业完成后，学生基于"自我评价单"（见图14）从 language and knowledge、thinking and attitude、experience and culture 的维度进行自评，进而反思与检测单元所学。

学生互评

教师在课上抽查学生朗读，引导其他学生从 loudly、fluently、emotionally 的维度进行互评。并利用"小组互评单"（见图15）进一步督促学生互相学习、共同成长。

图 14　学生××的自我评价单

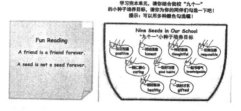
图 15　××小组学生的互评单

教师支持

教师从 ideas、handwriting、language 的维度按等级进行针对性评价（见图 16）。课上，教师针对听说作业随机抽查，口头评价。在单元学习完成后，根据学生作品的实际完成情况，给予学生不同数量的校园特制种子作为奖励。

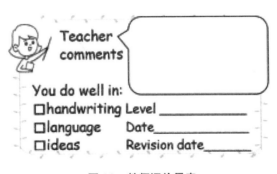
图 16　教师评价量表

板块四：学生"创做评"中的教师反思

1. 通过植物实践活动，调动学生主动参与。王蔷教授指出构建深度学习课堂生态的首要基本条件是学生的积极参与。因此，本单元以有趣、实用为导向，设置 Fun Puzzle 等趣味作业（见图 17），激发学习兴趣；设计某超市 APP 购物等活动，连接学生的生活（见图 18）。

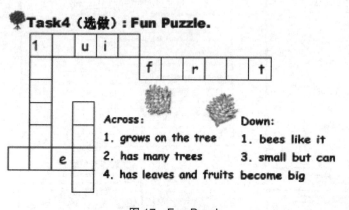
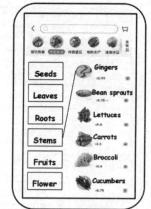

图 17　Fun Puzzle　　　　　图 18　植物的食用功能

2. 通过植物主题设计，建构学科知识。刘月霞指出深度学习强调为学生创设真实情境，促进知识的实践转化和综合应用。因此，本单元将关于植物的碎片化语言，整合为系统化的学科知识，关注主题意义的连贯性，设置作业情景图，以"植物园"等情境串联单元子任务，帮助学生建构植物知识。

3. 通过植物 ID 制作，实现减负增质。"双减"政策要求减轻学生过重的学业负担，激发学生的创造性。因此，本单元以"校园植物科普"为目的，组织学生主动认领校园植物，通过教师引导、生生合作、自主探索的方式制作"植物身份证"。激发学生深度思考，做到在"减负"的前提下，引导学生深度学习。

韩汶杞　高存　吴晗　北京市昌平第二实验小学

畅想未来，创建理想职业手册
——以北京版小学英语五年级下册 Unit 6 What Will You Do in the Future? 为例

作业自主

英语作业是对课堂教学内容的一项重要补充，是教师及时了解学生对所学知识的理解程度和语言能力的发展水平的重要途径；也是学生发挥自主学习潜能，提升学习能力的重要方式之一。但是，部分教师在实际设计和布置作业的过程中，存在作业内容单一、重复、碎片化等现象，难以激发学生的学习兴趣。因此，为更好地帮助学生形成良好的学习体验，促进学生核心素养的形成，本单元教师以探究单元主题意义为引领设计了能够兼顾学生个体差异性的作业，并在作业的实施中给予学生及时的指导与评价，帮助学生充分发挥主体作用，提升学生的核心素养。

板块一：学生作业学生创

学生创设

北京版小学英语五年级下册第六单元的主题是"了解不同职业，畅想未来理想"，该主题语境属于"人与社会"和"人与自我"范畴。教材中多以对话形式呈现了不同人物在各自生活场景中谈论自己的爱好、将来所做以及自己应为之付出的努力等。本单元的主题意义在于学生能够正确树立自己的职业理想并为之付出努力，建立对自身及社会价值的认同感。因此，围绕本单元的主题意义，结合各课时内容设计了子主题，学生结合自身实际和兴趣偏好选择完成相对应的作业内容和作业形式，加深了对学习内容的深度思考，促进了语言能力的应用发展。

表 1 单元整体框架设计

单元主题：了解不同职业，畅想未来职业				
课时子主题	认识不同职业	选择理想职业		畅想理想职业
课时内容	Lesson 19 对话：谈论不同职业。	Lesson 20 对话：通过父母的职业或个人爱好等，介绍自己选择的职业。	Lesson 21 对话：表达为实现自己的理想所需付出的努力。	配图短文 My Future Dream：介绍自己未来的理想职业。	Lesson 22 单元复习：成果展示，感受不同职业的魅力，树立正确职业观。
单元学习目标	树立正确的职业观，感受为理想努力的幸福。 用所学语言介绍自己未来的理想职业，交流、分享自己的职业规划，懂得为自己的理想努力奋斗的意义。			

表2　主题意义引领下的单元作业设计

作业内容	完成形式
组内完成对理想职业的调查表。	小组合作
绘制职业思维导图，组内介绍不同职业。	独立完成
书写选择理想职业的原因，构建写作框架，绘制导图。	独立完成
书写自己的理想职业，在组内分享进行互评，再次修改作品。	独立完成、小组合作
小组制作理想职业规划手册，班级内进行展示汇报。	小组合作

教师支持

学生通过本单元的学习，在教师的引导下，借助调查活动、绘制思维导图、畅想理想职业、制作职业规划手册等完成了对于不同职业的认识和未来职业的规划等。在学生完成子主题相应作业的过程中，教师注意给予学生及时指导、评价，关注学生作业完成过程，并为不同语言需求的同学提供相应的语言支架，帮助学生表达交流。

板块二：学生作业学生做

学生实践

1. 学生通过在小组内调查组员的理想职业后，绘制了关于理想职业的思维导图。每个学生对于不同职业的认识不同，其各自的理想也不尽相同，这也为学生绘制自己理想职业的思维导图提供了丰富的思考和多样性的可能。在学生进行职业调查的过程中，学生在小组内借助访问、交流内化了英语语言的应用；在绘制思维导图的过程中，学生会结合其他组员的职业对自己未来理想职业进行再次思考，这一过程提升了学生的思维能力。

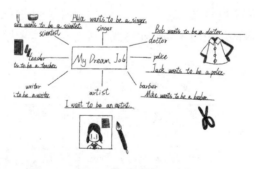

图1　学生作业（一）

2. 学生通过课上师生共读，梳理补充阅读语篇中Lily的理想职业框架图。在课下进一步确认自己所选择的理想职业，自行梳理选择此职业的原因，再次绘制导图，构建写作框架，为后续书写自己的理想职业作铺垫。

图 2　学生作业（二）

3. 学生借助自己的写作框架，选择适合自己的写作任务，书写、绘制自己的理想职业，并在组内交流。借助同伴反馈，进行再次修改。

4. 学生以小组合作的方式，共同完成职业规划手册，班级内部评选出优秀作品进行校内展示。

图 3　学生作业（三）

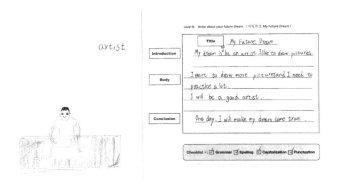

图 4　学生作业（四）

教师支持

教师以帮助学生构建主题意义为引领，为学生补充了阅读语篇。在授课的过程中，教师与学生共同梳理故事梗概，分析文本写作结构，为学生建构写作框架提供了参考示例。教师在设计单元写作任务时，充分考虑学生的差异性，秉承分层选择原则进行设计，为学生提供了不同层次的写作框架，给予学生自主选择的机会。无论是写作框架的建构，还是分层的写作任务，都有效地激发了学生的写作兴趣，有助于学生完成单元写作任务。

板块三：学生作业学生评

学生自评

评价可以为促教、促学提供重要参考和依据。学生在学习的过程中，不仅是作业评价的参与者，更是作业评价的设计者。学生在完成单元写作任务后，可以进行以下自评。

表3　学生自评表

主题 评价要点	My Future Job
内　容	□ 内容完整，包含写作框架中的四方面内容。 □ 可以进行段落写作，不少于五句话。
语　言	□ 表意清晰，能够正确使用完整句进行表述。 □ 没有单词拼写、语法方面的错误。
书　写	□ 书写工整美观。 □ 能正确使用大小写、标点符号等。
加分项	□ 在进行段落写作时，有意识地使用一些连接词，例如：then, however, but 等。

学生互评

学生在进行同伴互评的过程中，可以从其他小组成员的评价中，对自己的写作任务进行反思和再次修改。在小组成员互评交流的过程中，学生的倾听能力和相互合作、探究的能力都会得到锻炼。学生间互评对于彼此思维碰撞有启发效果，学生也更容易采纳接受同学的建议。

教师评价

教师以引导学生建立理性职业规划、树立正确职业观为出发点进行教学评价设计，采用课堂评价和作业评价相结合的方式对学生的作业完成情况进行反馈。其中，教师对学生单元写作任务的具体评价量规增加了对学生的写作态度的评价。

表4　教师评价表

主题 评价要点	My Future Job
写作内容	□ 写作内容切题。 □ 逻辑通顺。 □ 内容丰富。

续 表

主题 评价要点	My Future Job
语　言	☐ 语言使用准确，表意清晰。 ☐ 单词拼写、语法等方面使用准确，没有错误或错误较少。
书　写	☐ 书写工整美观。 ☐ 能正确使用大小写、标点符号等。
写作态度	☐ 写作态度积极，没有畏难情绪。 ☐ 写作效率有所提升。
加分项	☐ 学生能够完成写作任务。 ☐ 学生能够通过小组合作的方式，完成对职业规划手册的制作。

板块四：学生"创做评"中的教师反思

学生通过本单元学习，以独立与合作相结合的方式完成单元作业。借助多样的评价机制，激发了学生的学习兴趣，发展了学生的自主合作能力。教师也在这一单元的教学实践中，进行了以下思考：

1. 要基于学生的已有认知，充分分析教材学习内容，围绕主题意义创设情境开展作业设计。只有教师理清了单元教学内容，为学生创设了真实的学习情境，学生才能增强学习体验，避免碎片化学习，建立完整知识结构，发展解决真实问题的能力。

2. 各课时之间相互关联又层层递进的作业，不仅有助于提升学生的语言能力，还有助于他们发展自身的思维能力。学生在真实的学习情境中可以有效地将语言知识转化为语言能力，将学习能力转化为思维能力，这也为全面发展学生的核心素养提供了有效保障。

曹茜梦　赵冰　北京市昌平区回龙观第二小学

弘扬奥运精神，宣传奥运文化
——以北京版小学英语六年级上册 Unit 5 When did the Ancient Olympic Games Begin? 为例

作业自主

作业是学校教育教学管理工作的重要环节，也是课堂教学活动的必要补充。"双减"意见实施后，教师要在合理规划作业量的同时，有意识地培养学生的创造力，落实学科育人目标，为学生布置有质量、有意义、有新意、有乐趣的"四有"作业。同时，《义务教育英语课程标准（2022年版）》提出，"评"主要发挥监控教与学的过程和效果的作用，为促教、促学提供参考和依据。

因此，为了更好地贯彻落实"双减"相关政策和新课标理念，本次单元作业的设计就是以作业作为支点撬动教育质量，促进学生核心素养的培育。学生可以通过多种方式进行合作学习和交互学习，活动参与性提高，真正成为主动的学习者。

板块一：学生作业学生创

学生创设

北京版小学英语六年级上册第五单元主题为"了解奥运知识，感悟奥运精神"。学生通过各种图片、视频资源了解并拓展奥运会知识，感悟奥运体育精神，坚定文化自信，加强国家认同感。与此同时，2022年是中国第一次举办冬季奥运会，这是继2008年北京举办奥运会之后，又一次能充分弘扬奥林匹克精神的重要教育契机。

因此，学生根据本单元主题意义，结合自身的认知特点和学习需求设计作业，从而建构对本单元主题的深层认知，发展能力，形成素养。

表 1 "奥运"主题的单元整体框架设计

单元主题：了解奥运知识，感悟奥运精神		
子主题	学习目标	内容框架图
古代奥运会	学习古代奥运会的相关知识，感悟其起源和历史。	about 3000 years ago ← When → began in 776 BC ↑ ANCIENT GREEK OLYMPICS Where ↙　　　　↘ Who in Olympia, a city in Greece　　no women　only men

单元主题：了解奥运知识，感悟奥运精神	
现代奥运会	学习现代奥运会的相关知识，感悟其传承与发展。
2008年北京奥运会	学习北京夏季奥运会的相关知识，激发民族自豪感。
2022年北京冬奥会	学习北京冬季奥运会的相关知识，感悟奥运精神。

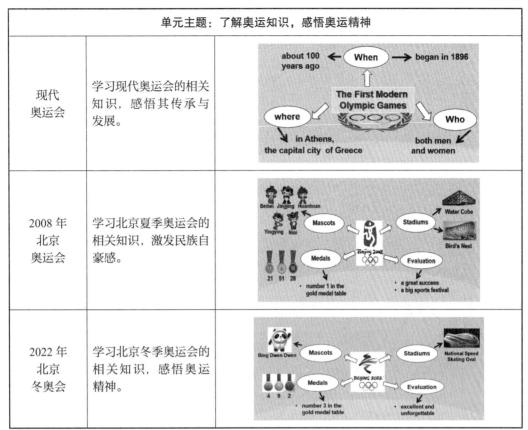

表2 "奥运"主题的单元作业设计

作业形式	作业内容	完成形式
1. 奥运手抄报 2. 奥运宣传册 3. 奥运宣传片	古代奥运会和现代奥运会的介绍或对比。 2008年北京夏季奥运会。 2022年北京冬季奥会。	1. 独立 2. 合作

教师支持

学生在设计本单元作业前，教师带领学生深入阅读语篇，确定单元主题及单元作业目标。教师帮助学生通过设计单元作业，逐步构建对单元主题的正确态度和促进价值观的形成，学生设计的作业要把预期的核心素养、综合表现融入其中。教师最后把关，使学生们设计的作业做到可操作、可观测、可评价。

板块二：学生作业学生做

学生实践

1. 学生通过完成三种主题的手抄报能够对古今奥运会、2008年北京夏季奥运会以及2022年北京冬季奥运会的知识实现建构和再创造。学生在完成手抄报的过程中，通过收集图文资料、设计版面等活动，能够拓展视野、提高自主探究的能力。

表3 学生手抄报作业设计

作业形式	奥运手抄报	作业内容	古代奥运会和现代奥运会的介绍或对比	完成形式	独立
学生作业					
设计意图	学生归纳、对比古代奥运会和现代奥运会相关信息，扩充奥运知识，加深对中国奥运文化的理解和认同，激发民族自豪感，体会奥林匹克精神。				
学生作业					

续 表

作业形式	奥运手抄报	作业内容	古代奥运会和现代奥运会的介绍或对比	完成形式	独 立
设计意图	学生梳理 2008 年北京奥运会的相关知识，如北京奥运会的会徽、场馆、吉祥物福娃等，体会民族自豪感及爱国之情，坚定文化自信。					
学生作业						
设计意图	学生通过搜集资料，了解 2022 年北京冬奥会的会徽、运动项目等相关知识。也可与 2008 年北京奥运会进行对比，深入体会北京双奥之城的文化背景和自豪之情，加深对奥运文化的理解和国家认同感。					

2. 学生借助小组合作的力量，通过完成奥运宣传册或奥运宣传片，对本单元奥运知识进行重组；同时坚定中华文化自信，提升思维的逻辑性、创新性。学生在合作完成作业的过程中互帮互助，提高学习效率，真正做到乐学善学。

表 4　学生奥运宣传册和宣传片作业设计

作业形式	奥运宣传册 奥运宣传片	作业内容	古代奥运会和现代奥运会的介绍或对比 2008 年北京奥运会 2022 年北京冬奥会	完成形式	合 作
学生作业						
设计意图	学生根据本单元所学，拓展课外资源，制作有关奥运话题的小册子，或录制视频讲解奥运相关知识，进而丰富奥运知识，体悟奥运精神。					

教师支持

布置单元作业时，教师着眼于学生的最近发展区，为学生提供带有难度的内容，发挥其潜能；同时，通过不同作业形式满足不同水平学生的学习。学生通过梳理教材、绘本提供的奥运会知识，利用思维工具提升概括、整理的能力；也可自主搜集课外资料，通过小组合作，提高自主学习和合作互助的能力。

板块三：学生作业学生评

学生自评

根据新课标理念，作业评价应充分发挥学生的主体作用。学生在学习的过程中，既是作业评价活动的参与者和合作者，同时也是设计者。

表5 学生作业自评、互评、师评表

姓名：		作业形式：		作业内容：		
评价内容 \ 评价方式	学生自评	同伴1_____评价	同伴2_____评价	教师评价	得分
内容介绍					
视频清晰度					
语言表达流畅度					
问题设置难易度					
问答组织能力					
备 注	5=Excellent, 4=Good, 3=Acceptable, 2=Needs improvement				

学生互评

在进行生生互评时，学生将自己的作品交给小组内成员审阅，组员们根据表格中五项评价内容给其打分。然后学生根据教师评价进行反思和再修改。在此过程中取长补短、总结经验，进而达到提升学习效果的目的。

教师支持

教师在学生评价前，明确作业的要求及评价标准，在必要时出示作业示例，通过集体讲评和个人讲解等方式帮助学生了解评价标准和评价方式，促进学生有效运用学习策略，增强学习动机，坚持能力为重、素养导向，从而发挥作业评价的最大作用。

板块四：学生"创做评"中的教师反思

通过这一个单元的实践，引发了教师如下思考：

1. 核心素养导向的作业设计应当基于对单元语篇的深入剖析和系统思考，充分发挥作业与教师教学以及学生学习的协同作用。学生在完成作业的同时，感受强健的体魄、健全的心智和完整的人格所带来的积极影响，让作业充分发挥育人价值。

2. 发挥学生主体性，因材施教。在学习过程中，学生以个人或小组为单位，自主搜集奥运相关知识，并根据自己的偏好任选作业内容、形式和适合自己发展的学习环境，在分层中递进，在递进中发展。

3. 作业评价的设计，不仅要为学生提供有针对性的反馈，还要起到激励、促进学生自主学习的作用。为此，教师的评价不能只限于课上，还要对学生的成长和发展进行跟踪式评价，关注学生英语核心素养在学习过程中的持续发展。

陆雨　郝婧　郑佳婕　北京市朝阳区花家地实验小学

运用生活素材，制作翻翻书和手抄报
——以北京版小学英语六年级上册 Unit 6 What is he wearing? 为例

作业自主

作业是教与学中不可或缺的重要环节，是课堂教学的延续、补充、拓展和完善，是学生进行学习的基本活动形式，更是教师了解学生知识和技能掌握情况的一种重要手段。随着"双减"政策的实施、《义务教育英语课程标准（2022年版）》的发布，英语学科的作业设计也面临着新的挑战和变革。本文将以本校六年级第六单元作业为例，围绕服装这一主题，尝试引导学生发现生活素材，自主创作单元作业，促进单元学习目标和作业目标的实现，提升学生的核心素养。

板块一：学生作业学生创

学生创设

本单元语篇围绕着生活中的服装展开，旨在重现学生的生活情境，了解得体服装。因此教师将本单元主题确定为 Colorful Clothes in Our Life，属于三大主题语境中"人与自我"范畴，涉及"生活与学习"主题群中的"学习与生活的自主管理"子主题。学生在本单元作业完成中充分发挥了主观能动性，在设定作业目标、选择作业形式、确定作业内容、完成作业评价的各个环节中承担了参与者、实施者和评价者的多重身份。学生在设计、完成、评判作业的过程中主动内化和重构单元主题知识。

一、确定长周期实践作业的内容和形式

在单元学习开始，教师组织学生围绕单元主题进行头脑风暴。学生结合生活经验，确定了服装店和日常穿着两个功能意义，最终确定了两种形式的长周期实践作业（如表1所示）。学生根据自己的兴趣从以下两种形式的实践类作业中选择一种完成。

表 1 长周期实践类作业

作业内容	My Family's Dressing	Our Clothes Shop
作业形式	手抄报	翻翻书
作业时长	3—5 天	3—5 天

续 表

作业内容	My Family's Dressing	Our Clothes Shop
完成形式	个人完成	小组合作
作业要求	请你从身高、尺码、职业、场所、喜好等方面介绍你家人一天的穿着情况。	请你们小组一起设计一个属于自己的服装店。通过翻翻书的形式，展示服装的种类、颜色、尺码等信息。

二、选择长周期实践作业的主题

基于单元主题，学生在单元学习的过程中不断开发和创新实践作业的主题，并以"提案"的方式进行上交（如图1）。教师将学生提交的主题进行完善并在班级中进行公示，以供其他学生选择或完善自己的选题。这些主题贴近学生生活，是学生乐于谈论和表达的话题。

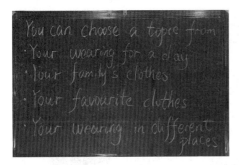

图 1　学生上报的"提案"

三、积累长周期实践作业的素材

学生在本单元各课时的课堂学习和作业完成的过程中，不断积累语言和创意素材。如第一课时谈论了不同场合要穿的服装（如图2），为学生谈论"服装的场合"提供了语言支撑；第二课时中不同职业的穿着（如图3），为谈论家人职业服装拓展了语言积累；第三课时中服装的颜色、尺码等信息，展现了个人的穿着特点（如图4），为"服装店"补充了信息。

People wear different clothes for different occasions. When we go to work, we dress ourselves in ＿＿＿＿. When we are at home, we wear ＿＿＿＿.
When we are in the park, we wear ＿＿＿＿ and a pair of trousers. Children wear their ＿＿＿＿ at school.

| school uniforms | pajamas |
| a suit with a tie | hoody |

图 2　不同场合的服装

英语篇　331

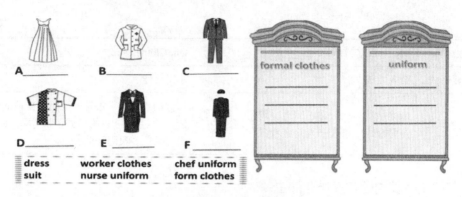

图3 不同职业的服装

图4 服装尺码

教师支持

教师在学生发挥创造力的同时，要把握作业的难度，使之有层次，形成作业的框架。在教师的引导和学生的创造下，形成了形式多样、层次清晰、难度递进的作业框架（如图5）。作业类型主要分为长周期实践类作业和短周期练习类作业，短周期练习类作业根据作业难度可以分为基础性作业、应用性作业和拓展类作业三种形式。

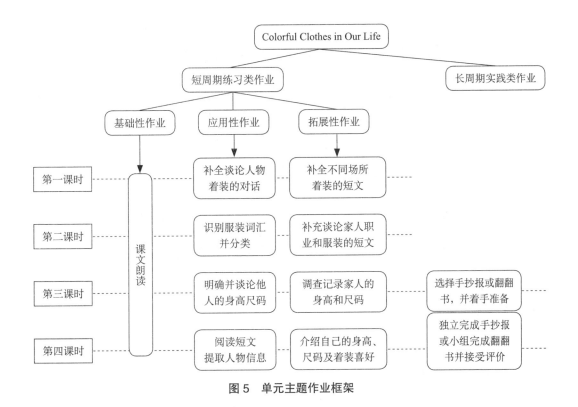

图 5 单元主题作业框架

板块二：学生作业学生做

学生实践

一、长周期实践类作业

1. 手抄报。学生能够根据作业要求，运用本主题所学语言介绍自己和家人的个人情况及着装喜好和习惯。学生们分别采取了表格、思维导图、组织结构图等形式对本单元所学的知识点进行归纳与总结，以清晰的结构图复习本单元所学，培养了自主梳理知识点的逻辑思维能力。

图 6 学生手抄报作品

2. 翻翻书。学生根据作业要求，运用本主题所学相关信息以及小组成员的创造力和想象力设计独具风格的服装店，并运用本主题所学语言以小组为单位介绍本店的服装。

图 7　学生翻翻书作品

教师支持

在授课过程中，以思维导图的形式将课文的主要内容清晰地展现在黑板上，以多模态调动学生多感官参与其中，由浅入深，环环相扣，使学生在理解中学习新词汇和新语段，在操练中掌握新授课中的重点内容。结合板书复述课文内容，不断地给学生搭设台阶和提供语言支撑，使学生较容易地进行语段输出。

板块三：学生作业学生评

学生自评

学生在完成作业单之后，需要根据自己的实际情况，就语言理解、表达和书写几个方面通过涂星星的方式完成自我评价。

表 2　自我评价单

评价内容	自我评价	教师评价
1. 能够理解语篇的大意。	☆☆☆	☆☆☆
2. 能够选择正确的句子或者词汇。	☆☆☆	☆☆☆
3. 能够书写正确、工整。	☆☆☆	☆☆☆

学生互评

学生的口头表达作业在组内完成，并互相填写评价单。以小组为单位完成的手抄报和翻翻书则在班级内展出并接受小组互评。

表3 同伴评价单

评价内容	同伴评价
1. 能掌握正确的语音语调。	☆☆☆
2. 能结合大意有感情且熟练地朗读对话。	☆☆☆

表4 小组互评单

评价内容一	评价内容二
1. 根据具体服装配以正确精美的图片☆☆☆	1. 根据具体店铺情况配以正确服装图片☆☆☆
2. 根据图片写出正确的词汇和句子☆☆☆	2. 写出正确的种类、尺码、颜色等信息☆☆☆
3. 内容丰富，构图精美，符合真实生活☆☆☆	3. 小组介绍时有分工，声音洪亮，语言正确☆☆☆

教师支持

本单元作业坚持全批全改的原则。根据评价主体的不同，可以分为同伴评价和教师评价。学生在完成作业后涂星星，就自身在完成作业时的语篇理解、技能策略、语言表达、书写等方面进行自我评价。教师则根据学生对作业单的完成情况，完成教师评价部分，并撰写简单的评语。

教师通过作业完成情况和评价量表判断学生掌握情况，总结共性和个性的问题，进行反馈。对学生存在的共性问题可以在课后服务时段或课上集中进行统一讲解；对部分学生存在的个性问题，则可以在业余时间进行有针对性的辅导。

板块四：学生"创做评"中的教师反思

在本单元的作业设计中，体现出面向全体学生，具有弹性化和多样化的特点，同时关注到作业课时内的梯度性和进阶性。在短周期和长周期作业中虽然设计一些选做题，但给予学生选择的机会并不多。作业作为针对性的学习任务，应该更加强调帮助个体的学习，根据学生的个体差异对其进行适切的教育。今后应设计更多不同类型作业来满足不同学习风格的学生的需求。另外，还可以根据学生前一次作业诊断出的问题，设计跟进性作业，满足不同阶段学生的发展需要。

梅雨洁　李明　北京市顺义区教育研究和教师研修中心附属实验小学

我眼中的"世界"

——以人教版小学英语六年级下册 Unit 2 All Around Me 为例

作业自主

《义务教育英语课程标准（2022年版）》倡导指向学生核心素养发展的英语学习活动观。英语作业是学生英语学习活动的重要评价方式之一，同时也是课堂活动的有效延伸。教师应更加注重发挥学生的主观能动性，引导学生成为评价活动的设计者、参与者和合作者，自觉运用评价结果改进学习，使其在体验中学习，在实践中运用，在迁移中创新。

板块一：学生作业学生创

学生创设

在单元整体作业设计的过程中，学生结合生活中的真实情境，参与到指向主题意义探究的学习理解、应用实践和迁移创新活动中，实现语言的操练与应用，并运用所学解决现实生活中的问题。在整体分析本单元内容后，得出本单元学习的主题与周围环境、人物相关的结论。学生通过本单元的学习，对自己身边的"世界"有了更清晰的认识与了解，从而增进对生活的热爱。

第一课时，Bill 前往加拿大多伦多，住在 Ted 家中，Ted 要带 Bill 游览多伦多。同学们在课堂上思考到达多伦多后想去哪里游览、如何去等问题，教师板书学生说出的地点单词、短语，如 Restaurant、Library、Go Straight 等。学生在教师帮助下设计基础巩固型作业、能力拓展型作业（如图1、图2所示），较为真实地呈现自己生活的街区图。

第二课时，Ted 带 Bill 参观他的学校。教师引导学生自创谜语，如 Where can we listen to music?（如图3所示），激发其学习主动性，复习有关学校话题的旧知。课后学生根据自己的实际能力创设题目，如用思维导图或小作文介绍自己的学校，实现个性化分层作业（如图4所示）。

图1 基础巩固型作业　　　　图2 能力拓展型作业

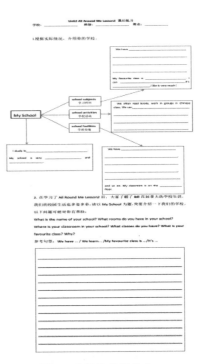

图3 基础巩固型作业　　　　图4 个性化分层作业

第三课时，Bill 描述他在加拿大新学校认识的朋友和老师，主要复习人物话题。课前学生收集关于人物外貌和性格描写的词汇（如图5所示）；课中创设学科实践型作业，如阅读介绍人物的短文，口头介绍自己喜欢的同学、朋友与老师等，以此锻炼自己的思维、口语表达能力（如图6所示）；跨学科综合型作业将美术与英语写作相结合（如图7所示），通过绘画加深对词汇表达的记忆，增加写作的趣味性。

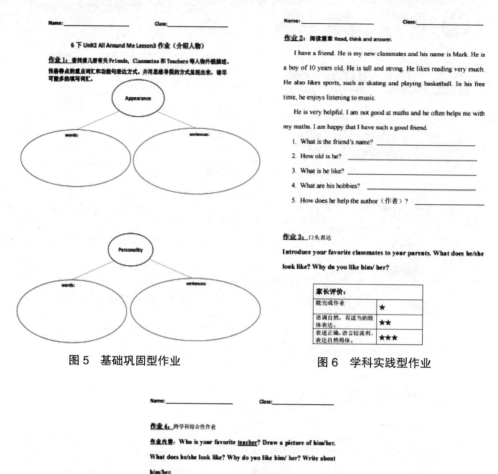

图5　基础巩固型作业　　　　图6　学科实践型作业

图7　跨学科综合型作业

第四课时，学生以小组为单位阅读故事，自主选择图片配音。根据板书、题干中的关键词完成排序题，培养良好的阅读习惯（如图8所示）。课后以任务为导向，让学生聚焦主题，进行绘本分享（如图9所示）。

Unit2 All Around Me Lesson4 作业（我爱阅读）

一、课中作业：

1.跟读故事，配音。
2.小组合作绘制故事发展情节图，形式自定。此环节教师提前给出总结性句子，提示学生。此项作业目的在于渗透学生的阅读策略，以培养学生的学习能力与思维品质。
例如：

1. 根据关键词及故事发展情节图，小组选择故事发展情节的一个环节来复述故事。
2. 阅读排序

( ) The Egyptian called his friend from Japan.
( ) The Chinese farmer called the Australian.
( ) The farmer and his wife could not pull up the turnip.
( ) The Australian called the Egyptian.
( ) They all enjoyed the turnip soup.

3.选择一个环节来表演故事

4.小组.讨论"我们从故事中学到了什么道理？"

图8 基础巩固型、学科实践型作业

二、课后作业：

1. 听音模仿 ★
2. 复述故事，将故事分享给家人或朋友。★★
3. 自选一本绘本阅读，做课前汇报★★★

课后作业评价：

1.生生互评（绘本汇报，学生进行星级评价）2. 自我评价（根据自我挑战的作业难度进行星级评价）语调自然，有适当的肢体表达。	★★
表述正确，语言较流利，表达自然得体。	★★★

图9 学科探究型、个性化分层作业

本单元整体复习作业，学生扮演大运会小记者，采访他人对成都的看法（如图10所示）。学生通过多种方式（如互联网、报纸、书籍和杂志等）获取采访所需信息，将课堂所学知识技能迁移、运用到真实的生活情境中。

Unit2 All Around Me 单元整体复习作业

（假如你是大运会记者）

<u>作业内容：</u>

成都大运会即将来临，你作为成都电视台特派的大运会小记者，将要采访来自世界各国的友人，你们会说些什么呢？（5人组队完成）

学生1：扮演记者，采访学生2、3、4、5
学生2：扮演来自美国的大学生
学生3：扮演来自英国的大学生
学生4：扮演来自印度的大学生
学生5：扮演来自中国的大学生

<u>单元整体复习作业评价</u>：小组互相投票，表现得最精彩、票数最多的小组胜出。

图10 学科实践型作业

英语篇 339

教师支持

学生在教师的指引下积极融入课堂，并完成四个课时的学习；同时，基于语言能力、思维品质、文化意识和学习能力四个维度，突破传统单向布置作业的形式，充分发挥学生的主观能动性，引导学生自主布置作业，将作业设计得富有趣味性、探究性和实践性。

板块二：学生作业学生做

学生实践

学生完成本单元第一课时"了解社区"的课前练习（图 1 所示），以表格形式呈现有关地点、指路的词汇与句子，再根据第一课时 B 部分地图改编一组指路问路的对话。上课以小组为单位，分角色对话进行展示分享，培养学生听、说、写、演的能力。

在进行第三课时教学前，学生需要查找有关 friends、classmates 和 teachers 等人物外貌、性格特点的重点词汇和功能句，以思维导图的方式进行呈现，并完成本课时以"了解人物"为主题的课前练习。

教师支持

教学中，教师将前置性作业代入课堂，在课堂上用新知答疑，培养学生的自主学习能力。如基础巩固型作业——学生根据教师搭建的语言框架，结合生活实际，呈现真实的街区图；跨学科综合性作业——学生画出最喜欢的人，并写出连贯的句子进行描述。

板块三：学生作业学生评

学生自评

表 1　英语听读表

日期	听读内容	自我评价	同伴评价

学生自评主要体现在基础性作业方面。如听读作业——学生在每日英语听读练习后，完成听读表格相关内容填写，对自己的听读情况作出星级评价。

学生互评

表2　阅读练习评价表

评价标准	星　级	同伴评价
书写工整。		
正确回答问题。		
正确回答问题并在文中画出关键句。		

表3　口头表达评价表

评价标准	星　级	同伴评价
简单描述。		
语调自然，有肢体表达。		
表述正确，语言流利。		

学生互评可以培养他们的交流能力与合作精神。学生根据作业类型，按相应的标准进行互评。

教师支持

学生自评、互评后，教师对学生不同层次的作品进行针对性评价。

第一，基础巩固型作业。比如，单词与图片匹配、看图写词等，教师用红笔画出需修正之处，重在提示启发，以培养学生的自主学习能力。

第二，能力拓展型作业。教师坚持激趣的原则，重点标出学生的精彩语句。

第三，综合应用型作业。教师引导学生根据评价标准，先关注自己与同学的"闪光点"，随后再对需改进之处提出建议，最后作总结升华。

板块四：学生"创做评"中的教师反思

在探索的过程中，难免也有疏漏，在此我们反思所遇到的问题：首先，部分学生思维不发散，设计作业局限于书写题。教师应在尊重、信任学生的前提下，给出适当的作业设计范围，不能让学生"摸不着头脑"。

学生自评时，由于评分标准不够细化、具体，容易盲目评价；学生互评时，有乱改错改的现象；作业评价后，学生将其抛掷脑后，没有形成系统的知识图谱。批改作业、评价作业看似简单，实则需要教师作好充分的预判与准备。

我们相信，通过作业的设计、评改与反馈，可以更好地实现教学相长、师生共赢。

林伟　张儒秋　罗宇　成都高新区行知小学

"双减"之下阅读课作业之学生自主实践
——以人教版中学英语九年级 Unit 4 Section B 阅读课作业为例

作业自主

作业是一个创造性的学习过程（李学书，2010）。完成作业的过程中，学生需要运用课堂所学独立思考问题、分析问题和解决问题，其个体思维能力可以得到充分发展（夏小庆，2014）。作为学习的重要环节，作业是教育改革的重要内容。2021年5月，中共中央办公厅、国务院办公厅颁布了《关于进一步减轻义务教育阶段学生作业负担和校外培训负担的意见》（下称《意见》），提出教师要提高作业设计质量，科学、合理设计作业，帮助学生巩固基础知识、提升能力、培养习惯，帮助教师检测课堂教学效果、精准分析学情、改进教学方法，达到提升学生的综合素养，构建良好教育生态的目的。

《意见》颁布后，一线教师在实践中不断探索控制作业总量、提升作业质量方面的具体策略。本文的人教版英语九年级 Unit 4 Section B 阅读课作业为例，探讨如何发挥学生的主体地位，科学、合理设计作业，提高学生的学习自主性，达到"减量增质"的目的。

板块一：学生作业学生创

学生创设

九年级 Unit 4 I used to be afraid of the dark 的单元主题是"变化与成长"，单元的育人目标是"理性认识变化，在困境中成长"，通过分析教材中的文本，梳理出"认识变化—分析变化—不惧挑战—不断成长"教与学的主线。Unit 4 Section B 阅读文本讲述了一个留守儿童经历的挑战和变化，该文本从语言、结构、素材等方面都是写作教学的一个范本。教师反馈了学生上一个单元写作中出现的问题，如词汇运用中的语法错误、词不达意、文章结构不清晰、素材不典型等问题后，为学生提供了一些作业设想参考，在此基础上，学生制定出课前作业和课后作业。

课前作业：

阅读教材 Unit 4 Section B 的文本，围绕以下问题，写一个文段来介绍李文。

1. Who is Li Wen?

2. What did he use to be like? What caused that?

3. How did the change happen?

4. What have you learned from his experience?

课后作业：

完善课堂上绘制的故事线，形成写作框架。以 My biggest change 为题写一篇英文短文，叙述自己身上曾经历的最重要的改变，产生改变的原因，以及从该经历中获得的感悟。

1. What was the biggest change in your life?
2. What did you use to be like? What caused that?
3. How did the change happen?
4. What have you learned from this experience?

教师支持

支持一：协助学生明确学习方向。教师分析学生之前的写作作业，统计并反馈学生在记叙文写作中的共性问题：超过半数的学生不能在语篇中恰当使用过去时来谈论个人经历；有三分之一以上的作文出现结构不清晰现象，句式单一，词汇重复率高。帮助学生认识到学习的短板和努力方向，指导学生有意识地关注教材文本的结构、时态和语言。

支持二：提供课时设计方案。在精准分析学生的学情和深入解读教材中的语篇后，在文本分析时找到两者的结合点，教师整体设计单元教学，让课前、课中、课后学习融为一体，达到教—学—评的一体化。

<h2 style="text-align:center">板块二：学生作业学生做</h2>

学生实践

一、课前作业

学生在写故事梗概时喜欢借用文本中的句子。在归纳概括时，他们遇到了一些问题，例如时态错误、情节之间不能很好地衔接以及情节理解不够准确等。但是，总体上讲，学生还是独立完成了作业，达到了预习诊断的效果（如图1和图2所示），为有效课堂教学提供了依据。

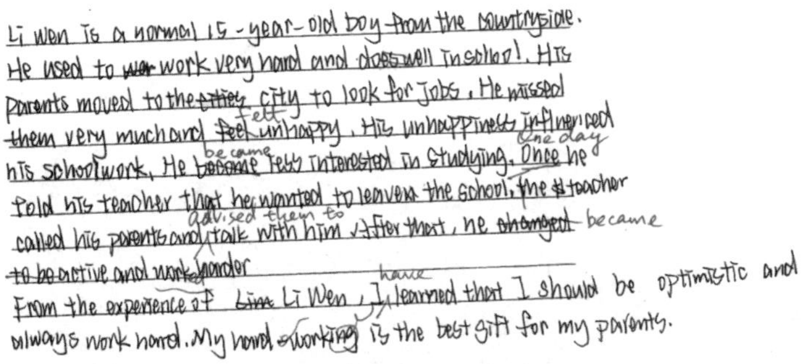

图1 课前作业1

Li Wen is a normal 15-year-old boy from the countryside. He used to spent a lot of time with his family together and work very hard, so he did well in school. However, things began to change. His parents moved to the city. He missed his parents so much and often felt lonely and unhappy. His unhappiness began to influence his schoolwork greatly badly, so his parents sent him to a boarding school. Because of his shyness, he found the life there difficult and wanted to leave the school. His teacher advised his parents to talk to Li Wen. so they had a long talk. After that, Li Wen understood his parents and became more out going and happier. From Li Wen's experience, I have learned that It's very important for parents to be there for their children.

图 2　课前作业 2

二、课后作业

在写课后作业 1 时，学生参考课堂上的阅读活动，自主绘制个性化的情节线。写作时，学生有意识地使用过去时并选取一系列的事件去支撑，但他们无法用精炼的语言来描述记叙文的"起承转合"，对故事的典型冲突点的定位尚不清晰。

在完成课后作业 1 的基础上，学生写作文时思路更加清晰，情节构建更加合理，词汇选择、时态运用、行文连贯等方面也有不少亮点。

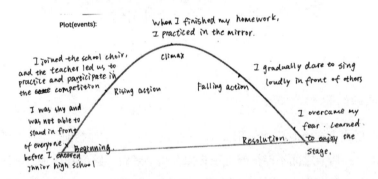

图 3　故事情节图作业展示 1

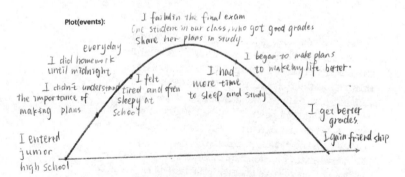

图 4　故事情节图作业展示 2

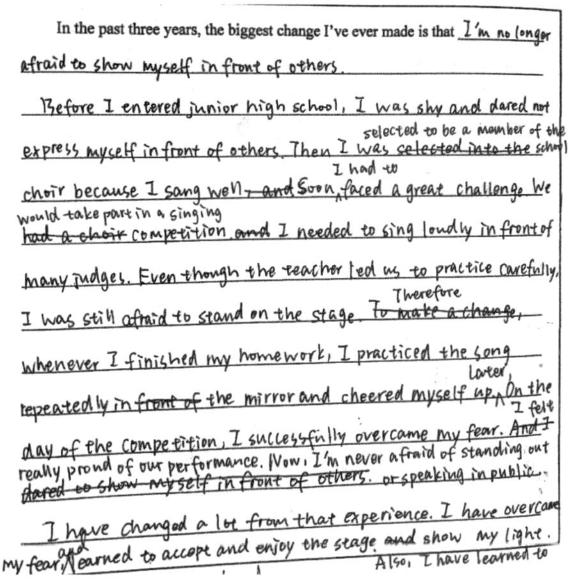

> In the past three years, the biggest change I've ever made is that <u>I'm no longer afraid to show myself in front of others.</u>
>
> Before I entered junior high school, I was shy and dared not express myself in front of others. Then I was ~~selected into the school~~ selected to be a member of the school choir because I sang well, ~~and soon~~ I had to ~~faced a great challenge. We would take part in a singing~~ ~~had a choir~~ competition and I needed to sing loudly in front of many judges. Even though the teacher led us to practice carefully, I was still afraid to stand on the stage. ~~To make a change,~~ Therefore, whenever I finished my homework, I practiced the song repeatedly in front of the mirror and cheered myself up. Later, On the day of the competition, I successfully overcame my fear. ~~And I~~ I felt really proud of our performance. Now, I'm never afraid of standing out ~~dared to show myself in front of others.~~ or speaking in public.
>
> I have changed a lot from that experience. I have overcome my fear, learned to accept and enjoy the stage, and show my light. Also, I have learned to

图 5 学生作文展示

教师支持

一、课前作业

作业中的问题紧扣阅读文本的主线，学生能恰当选用文本中的语言来介绍李文，达到了自主阅读文本的目的。在学生自主组织语言的部分（如问题 2 和问题 4），时态和语言的准确度还有进步的空间。这种学用结合、学思结合的自主学习活动，帮助学生建立知识间的关联，并促进知识向能力的转化。

二、课后作业

课堂上教师指导学生绘制李文的故事情节图，课后学生需要绘制自己的故事情节图，将课堂所学进行迁移创新。在绘制故事情节图（如图 3 和图 4 所示）时，学生无法直接从教材文本中借用句子，因此，语言的准确度有所降低。在学生提交的作文（如图 5 所示）中，教师发现时态问题（相比第一单元的作文）有很大改观，叙事脉络更为清晰。学生的选材丰富，可读性强。

板块三：学生作业学生评

学生自评

课堂学习结束后，教师设计出表 1，让学生通过自查自评来评价自己的学习效果和课时作业。

表 1　学习效果自评表

评价内容	我在以下方面强化了认识，并将其应用在写作中：		
	A	B	C
以时间推移为序进行写人记事			
可以建构一个清晰的写作框架			
针对"变化""挑战"等描写过去经历类的记叙文，在时态应用上有清晰的认识			
在语言表达上，将有意识地尝试使用形容词、副词、名词、动词词组等，进行多样化表达			

学生互评

教师从学生提交的作业中，精选了 4 篇不同风格的作文用作互评的素材。课堂上，教师邀请学生来赏析这些作文的优点，指出不足之处，并总结优秀作文具备的特点。

教师支持

教师整理班级学生的自评表，进行数据分析，发现尚未解决的问题；全批全改学生提交的作业，选取典型作业进行集中点评，在学生互评和教师集中点评的基础上，指导学生修改自己的作文。

板块四：学生"创做评"中的教师反思

学生在创设作业、自主实践和自主评价的过程中，客观认识到学习中的不足之处，主动去探寻解决的办法，提升解决问题的能力。教师通过批阅作业发现学生学习中的普遍问题，定位课堂改进的具体方向，提高教学的实效性。

教师在协助学生创设作业的过程中，将课前作业、课中活动和课后作业进行一体化整体设计，从学情分析中找到关键发展区域，从教材文本解读中找到突破口，秉持英语学习活动观进行设计，围绕主题意义逐步建构和生成深层认知，形成积极的价值判断，落实核心素养的培养。

在学生"创做评"中，教师不仅关注学生创设的作业内容，还重视良好习惯和态度的养成，指导学生整体阅读单元知识，形成结构化知识网络，在完成作业的过程中，发展学生的语言能力和思维品质，打造学生自主学习的优秀品质。

刘小红　北京市上地实验学校

探索小组自主合作学习，汇报团队合作实践案例
——以北师大版初中英语八年级上册 Unit 2 Teams 为例

作业自主

作业是教学过程中非常重要的组成部分，《义务教育英语课程标准（2022年版）》中"课程实施"建议，作业的设计既要有利于学生巩固语言知识和技能，又要有利于促进学生有效运用策略，增强学习动机。教师应基于单元教学目标，兼顾个体差异，整体设计单元作业和课时作业，把握好作业的内容、难度和数量，使学生形成积极的情感体验，提升自我效能感。作业设计还需要创设真实情境，联系学生自身生活，注重作业的趣味性、实践性、综合性和跨学科性，鼓励学生自己设计评价表，提升学生自主学习的能力。

板块一：学生作业学生创

学生创设

本单元为北师大版初中英语八年级上册 Unit 2 Teams，主题属于"人与社会"范畴下的"社会服务与人际沟通"主题群，涉及子主题"交流与合作，团队精神"。通过本单元的学习，学生逐渐形成"认识团队合作与生存、生活的关系，应对问题及困难时，采取有效积极的方式方法"的观念，并能够运用所学与"团队"相关的语言表达介绍团队活动，按照时间顺序描述团队经历，分析和阐释团队合作的原则，评价团队合作的意义，培养团队精神。

为了观察和考量学生核心素养综合表现的达成情况，教师设置本单元的单元大任务——汇报团队实践案例。学生围绕话题，以小组为单位自主搜索国内外团队合作案例，描述团队合作过程，评价团队合作意义，最后整理内容汇报团队案例，表达自己的看法和收获。两周后在英语课上进行展示交流。

学生小组分享袁隆平团队案例、屠呦呦团队案例等成功团队合作案例。以某小组搜集汇报的泰国足球少年脱困团队合作为例，学生小组明确任务要求，谈论分工与合作，运用本单元所学语言和结构化知识，按照时间顺序，描述洞内和洞外团队遇到困难和解决问题的过程，分析和评价团队合作成功的原因和意义，同时思考汇报内容和呈现方式是否有利于其他同学的理解，是否能够表达小组所要表达的观点，修改PPT，完成单元大任务。

教师支持

教师在进行授课时，结合单元主题和知识内容，提供一部分中英文的文字和视频资源，搭建语言知识框架和思维支架，引导学生们在真实的情境中，把结构化学习内容迁移到生活中来分析和解决问题，提升综合运用本单元的所学解决社会情境中真实问题的能力。

板块二：学生作业学生做

学生实践

经过5个语篇10个课时的学习，学生们能够流利地用英语谈论分工与合作、团队合作的意义，表达自己的感受。他们按照时间顺序，描述洞内受困泰国少年们遇到问题、解决问题的过程；洞外各国营救人员合作搜救遇到困难和解决问题的过程，分析并评价团队合作成功的原因和意义。为了向大家展示清楚，各组采用PPT形式进行汇报。小组完成汇报PPT初稿后，从内容逻辑性、呈现形式是否易于理解等方面，通过自评和师评，再次修改本组的汇报内容，形成终稿。

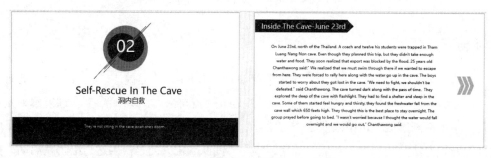

图1 洞内营救过程部分PPT初稿

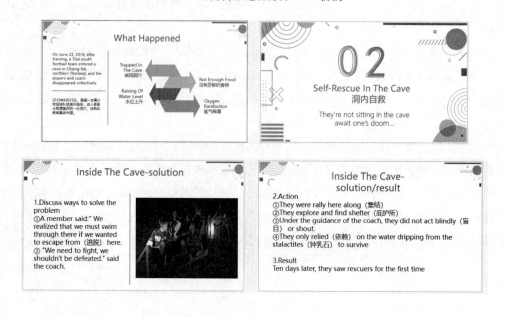

图 2　洞内营救过程部分 PPT 终稿及小组自评

教师支持

围绕 team 主题，对语篇进行深入解读与分析，建立各语篇内容之间及语篇育人功能之间的联系，提炼主题大观念和语言大观念，为学生搭建一个较完整、系统的学习单元。在每个语篇学习结束后，引导学生采用思维导图形式梳理语篇结构、语言知识，撰写学习体会，为完成单元任务奠定基础。

板块三：学生作业学生评

学生自评

学生完成任务后，依据 Lesson 4 Class Project 团队合作评价量表指标（表 1）对本组活动过程进行评价。再依据团队展示评价量表（表 2）对汇报过程进行评价。

表 1　团队合作评价量表

We listened carefully to each other.	①②③④⑤
We spoke to each other politely.	①②③④⑤
Each student had a different role.	①②③④⑤
Everyone in our team participated.	①②③④⑤
We asked questions to help us to understand the task.	①②③④⑤

表 2　团队展示评价量表

内　容	按照时间顺序，介绍了足球少年受困、自救和获救的过程。	①②③④⑤
	按照时间顺序，介绍了洞外营救人员遇到的困难和解决困难的过程。	①②③④⑤
	分享收获和感受。	①②③④⑤

续　表

语　言	语音语调正确。	①②③④⑤
	肢体语言得体。	①②③④⑤
PPT	图文并茂，有助于观众理解。	①②③④⑤
优　点		
改进建议		

学生互评

互评有利于促进学生自主学习和自我发展，有利于碰撞出思维的火花。通过评价他人作品联想到自己，正视自己的行为和成果，提升自己，进而促进全体学生的发展。所展示的修改前后的作品，可以看出学生关注同伴对自己的评价，同伴的建议更易于理解和接受。

表3　学生作品互评前后对比

修改前	
互评建议（部分）	梳理主要事件，明确之间的逻辑关系。可以用思维导图或者时间轴概括。增加PPT色彩，可以选用模板。
修改后	

教师支持

这是一篇来自网络的语篇资料，学生习惯用大段文字进行描述，对文章信息提取和整合存在困难。文章中出现一些超出学生水平的词汇，教师引导学生回归课本，认真阅读文章中的语言和表达方式，将较难、复杂的语言进行合理替换，以便易于理解；引导学生梳理主要事件，表明事件之间的逻辑关系，呈现关键短语或者以图文、图表等方式进行说明。为了增强分享的效果，指导学生分享合作的过程和呈现思路，帮助学生有意识地应用所学目标语言，互相学习。

板块四：学生"创做评"中的教师反思

在语言大观念的引领下，基于学情，创建情境，正向引导，促进学生形成并乐于表达自己的观点。在主题意义探究的引领下，让语言知识在真实的情境中得到内化和应用，逐步提升学生英语语言能力，激发学生的求知欲和主动探索、解决问题的能力。

作业的设计考虑到学生的学习和生活中的各种"team"，以跨学科的多种作业形式，注重作业的趣味性、个性化、实践性和综合性，引导学生自主搜集团队合作案例，在分工合作、分组展示、自评互评中促进学生内化、应用和迁移语言和思维的结构化知识，促进学生积极主动完成任务。

结合教学目标和作业目标，设计评价表，注重评价的科学性和客观性。鼓励学生自己设计评价表，培养学生自主学习的能力，提升学生对自己作业完成情况的责任感，提高学生元认知策略。从单元的学前调研到最后单元大任务的完成，能够观察到学生通过本单元的学习，围绕 team 这一主题，综合素养得到提升。

马越　董丽娜　张洁　刘春华　北京市昌平区天通苑学校

综合篇

巧用工程思维,设计作业册
——以湘科版小学科学三年级上册《我们来造纸》为例

作业自主

理解为先教学理念(UBD)指出,教学为学生的理解而设计,要求教师先关注预期结果,由此来确定教学行为,即以目标为导向进行教学相关设计。

《义务教育科学课程标准(2022年版)》指出,科学课程旨在培养学生的核心素养,为学生的终身发展奠定基础。

在学科核心概念——工程设计与物化中,学生的理解应该在哪个层次?我们作为教师要做的不应是仅仅让学生按照课本要求去设计、去制作,而是让学生在多次的实践之后,基于自己的经验和事实形成一些思维,例如工程是需要一定的过程的,制作是应遵循一定顺序的,等等。我们可以引导学生将这些思维物化成一本作业册,并完成探究实践,达到教学预期。

板块一:学生作业学生创

学生创设

《我们来造纸》属于课程标准中核心概念"工程设计与物化"的学习内容。根据课程目标的指向,本课的课型应是设计制作课,学生在老师的引导下,围绕"造纸"这一个主题,思考面临的问题、需要的材料,形成具体策略,完成纸的制作。学生要像工程师一样按基本步骤进行设计,形成一本作业册,并将创意转化为模型或实物,最终初步形成工程是需要一定的过程的,制作是应遵循一定的顺序的思维意识。

表1 作业册具体内容设计与目标达成

活动一 明确需求	
学习目标	作业内容
学生综合分析可利用条件和制约因素,确定需求。	小组讨论,我们是用废纸做再生纸,还是用木屑、渔网等材料造新纸质呢? 我们确定的纸品是:_____

续 表

	活动二　方案设计
学习目标	作业内容
能选择合适的材料和工具进行设计，利用技术意象表达法，将自己的设计想法用造纸方案的形式展现出来。	蔡伦造纸的流程包括切料、蒸煮、打浆、抄纸、晒纸，那么我们的造纸流程以及工具需要调整吗？ 请小组进行讨论，并撰写造纸方案。 造纸方案 计划造出的纸品： 需要的材料： 需要的工具： 造纸的流程图：

	活动三　加工制造
学习目标	作业内容
能利用技术具象表达法，根据造纸方案，按照基本步骤制作纸品，初步完成既定任务。	请按照制定的流程，学蔡伦造纸。

	活动四　调试改进
学习目标	作业内容
1. 能够实事求是地将纸品出现的问题记录下来；能够独立发现科学问题。 2. 利用创新性思维对自己的设计提出改进建议。	1. 在之前的学习中，我们已经知道了纸具有纤维，且可以书写，请同学们观察自己的作品，并对自己的作品是不是"纸"作出判断。 因为我的作品＿＿＿＿，且＿＿＿＿，所以＿＿＿＿。 2. 我们的纸终于造好了，那么我们的纸品怎么样呢？请同学们拿出身边的书写纸和自己制作的纸品进行对比观察，评价我们造出的纸，并填写对比观察表。 对比观察表 | | 身边的书写纸 | 我们造出的纸 | |---|---|---| | 颜色 | | | | 薄厚程度 | | | | 纤维的均匀程度 | | | | 软硬程度 | | | | …… | | |

续 表

活动四　调试改进	
学习目标	作业内容
3. 能利用技术意象表达法，将自己的改进建议转变为设计方案。 4. 用具象表达法，完成纸品改进。	3. 我们的纸出现了哪些不足呢？为什么会出现这些不足之处呢？请仔细思考问题可能出现的原因，并有针对性地想出改进办法，并填写改进建议表。 **改进建议表** | 我们造出的纸的不足之处 | 问题出现的原因 | 我们的改进办法 | |---|---|---| | | | | | | | | | | | | 4. 改进：请根据想出的改进办法重新造纸。
活动五　评估交流	
学习目标	作业内容
1. 愿意分享。 2. 对自己和他人进行客观评价。	1. 今天我们举办"我们来造纸"作品展，请同学们展示出自己最好的作品。 2. 同学们，别人的作品有哪些闪光点呢，请同学们发表自己的看法。 3. 请同学们将自己的最终作品粘贴在下方的作品粘贴表中。 **作品粘贴表** | | |---| | "自制纸"粘贴处 |

教师支持

在上一课《蔡伦造纸的历史》的学习中，学生已经学习了蔡伦造纸的流程。在本课的作业设计中，学生自然会想到对上一课的知识进行迁移与应用。但是"造纸"也是一个工程，在设计造纸流程前还需要考虑制约因素，设计制作完成后还需要进行改进与交流，教师需引导学生考虑完整，明确产品制造流程后，形成工程意识，再按照流程丰富自己的作业内容。

板块二：学生作业学生做

学生实践

一、学生作业手册填写情况（部分）

活动二方案设计：

面向群体：小组；完成时间：第1课时，10分钟；完成方式：小组讨论交流，填写造纸方案。

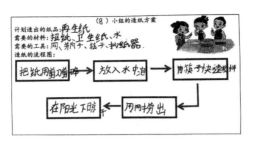

图1　活动二设计方案

二、学生造纸情况展示

图2　学生造纸情况展示

教师支持

在学生确定材料、设计方案环节，教师要做到"放"，让学生通过自主思考和小组合作完成，教师只需确保学生方案的可行性即可。在学生的纸品初步完成后，学生可能发现不了自己的不足，想要改进却找不到问题的源头。教师在这个环节要做到"扶"，引导学生用对比的方式找到不足之处，并通过梳理造纸环节，引导学生找到问题的根源，最终完善自己的作品。

板块三：学生作业学生评

学生自评

表2　学生自评表

项　目	内　容	自我评价
科学观念	知道造纸是技术发明，基本步骤包括明确需求、确定设计方案、制作与评价、改进与完善等。	好　一般　不好
科学思维	在老师的引导下初步掌握创新性思维的基本方法，初步形成工程思维模型建构。	好　一般　不好

续表

项 目	内 容	自我评价
探究实践	针对一个具体的造纸任务，能选择合适的材料和工具进行设计，按照基本步骤来完成既定任务。	好　一般　不好
	能对自己或他人造纸设计的想法、草图等提出改进建议，并说明理由。在制作过程中及完成后进行相应的测试和调整。	好　一般　不好
态度责任	乐于动手操作，有能基于事实表达自己观点的意识，乐于倾听他人观点并进行改进完善。	好　一般　不好

学生互评

学生将自己造的纸贴在作业手册中，与不同组的其他学生进行交换，并结合学生自评表中的探究实践项目进行相互评价。

教师支持

在自评与互评过程中，教师引导学生注重过程性的评价以及情感态度的评价，轻结果性评价。引导学生基于事实进行评价，有理有据地、客观地进行这一活动。

板块四：学生"创做评"中的教师反思

理解为先教学理念是从长远的综合学业表现开始逆向设计。对于教师来说，《我们来造纸》一课的教学核心是让学生在多次的实践之后，基于自己的经验和事实初步形成一些工程思维。这个理念指引着教师与学生作业的"创—做—评"。

随教材一同出版的科学活动手册也有作业的设计，从内容上看包括了造纸方案和改进办法两个部分，不利于学生思维的连贯性，给作业完成造成了一定的困难。

对比原有的作业内容，学生进行了一定的修改。按生产流程进行了活动环节的补充，看上去内容似乎多了，但其实是将中间的每一个思考步骤强调出来，并具象成了图画或文字，引导学生像工程师一样按照技术产品生产流程，一步一步地完成技术产品的制作，实际效果达到预期。

孙雪　北京市石景山区爱乐实验小学

探究沉浮秘密，巧设实践作业
——以湘科版小学科学五年级上册"沉与浮"单元为例

作业自主

作业对学生巩固知识、形成能力、培养习惯，以及对教师检测教学效果、精准分析学情、改进教学方法，具有重要价值。教学和作业是课程实施的两个重要环节，相辅相成。尤其是在"双减"政策实施后，作业作为学习评价的重要一环，作用日益凸显。如何提升作业设计的效率？如何使延展性作业服务于单元的整体性教学？这是每一个教育工作者都需要思考的问题。

板块一：学生作业学生创

学生创设

一、作业难度学生自主把控

由于科学学科本身的特点，涉及内容甚广。在进行作业设计与布置时，学生根据所学知识，可将作业的难度控制在合理的范围内。

根据每一次科学学习的内容与目标，以及学生所处的发展阶段，学生需要设计不同层次、不同类别的作业。在理解与应用的基础之上，教师可适当增加综合性、探究性和创新性作业。

二、作业形式不易选择

科学学科的作业有非常明显的多样性表现。除了常规用于知识内容巩固的练习、单元练习等书面作业之外，学生还可设计出其他多种类型的作业，如实验设计与探究、动手类操作作业等。形式多样的作业，各有侧重，需要教师根据教学内容进行取舍选择。

在钓鱼时，我们要观察鱼漂的沉浮状态，以此判断出鱼儿吃食咬钩的情况。然后确定提竿的时机，最终把鱼钓拉上来。鱼漂多用较轻的材料制作而成，如用鸟类的羽毛、木材、竹材或塑料等，一般是长条形，竖直漂浮在水中。

请你用一个一次性筷子做一个"鱼漂"。要让木筷子在水中竖直漂浮，用尺子测量上端浮出水面1—2厘米，则实验成功。

提示：1.可以在装满水的塑料水桶（30cm左右高）中调试，用抹布擦拭水渍。

2. 让一次性筷子竖直漂浮在水中用到哪些辅助材料？[曲别针、胶条（最好可防水）、橡皮泥、橡皮、螺母、线绳、细铁丝、口服液小瓶等可作为参考。]

记录制作过程：

1.测量筷子的长度是：_____ （请在筷子1厘米、2厘米处分别用黑色笔标记）

2.在没有加工之前，筷子在水中的漂浮状态是什么样？（用文字和图描述）

3.用了什么方法使筷子竖直漂浮在水中的？（例如要写清用了哪些材料，这些材料是怎样用？怎样尝试的?最后的效果如何？ 用文字和图描述）

4.你们小组筷子浮出水面的长度是：_____厘米。

图1 学生作业

教师支持

科学学科每一个单元均为某一领域的独立知识，横向关联小于其他学科。因此，单元整体的作业设计方式更适用于科学学科的教学。对于本学科的单元作业设计，我认为应当注意以下问题：

一、问题设置关注学生基础

对于科学单元的作业设置，要注重检测学生对于基础知识的理解与掌握情况。与此同时，应以检验学生解释问题、解决问题的能力作为考查重点。

二、作业形式确定重视学生实践

在对学生提出的作业创设进行选择时，想要有效地测评学生能力，在单元作业的形式上要突出实践性，所涉及的问题或人物，应当具有探究性。作业的目的在于检测和巩固学生对于本单元内容的掌握程度，探究性问题需要学生思考的时间较长，因此在设计作业时，题量应控制在合理范围之内，以保证学生充足的思考时间。

板块二：学生作业学生做

学生实践

在实践作业开始前，需要让学生对所设计与制作的作品有所了解。我通过钓鱼情景，带领学生分析鱼漂的制作材料、漂浮状态，出示作业任务，提出作业要求为鱼漂竖直漂浮，部分露出水面。

这个作业看似简单，实际在完成过程中还是具备一定的难度的，感兴趣的老师可以试一试。学生利用直尺测量木筷长度，描述木筷在水中的自然状态。通过思考、讨论，猜想改变木筷在水中状态的方法。根据猜想方法，动手尝试并总结改进。

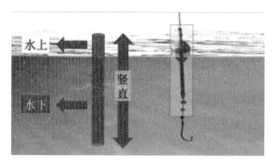 

图2 制作鱼漂的作业要求

在完成实践作业的过程中，既可以监测学生对物体沉浮相关知识的掌握情况，又可以考查学生科学探究与实际生活的联系情况。一般的书面作业或活动无法达到全面检测的效果，而"模拟制作鱼漂"的活动则可以达成。而且，开放式的制作过程可以使学生在小组合作过程中的科学态度显现出来。

教师支持

创设情境，为学生提供活动动机。在活动过程中，既考查学生对于材料漂浮能力的理解，又考查学生在探究过程中的演绎、求异等思维能力。教材中不管是改变沉浮，还是制作航道浮标，所用物品都是瓶子，本身具有内部容纳空间，而筷子不具备容纳空间，试验难度稍有提升。学生在实践过程中，除考虑沉浮材料的选择及调试，也要不断地调整和改变配重的方式和位置，再一次锻炼了学生比较思维的能力。本考核内容操作便捷，将教师评价与学生评价相结合，评价不仅全面，而且易于观察，指标明确，可在课堂中即时给出作业成绩。

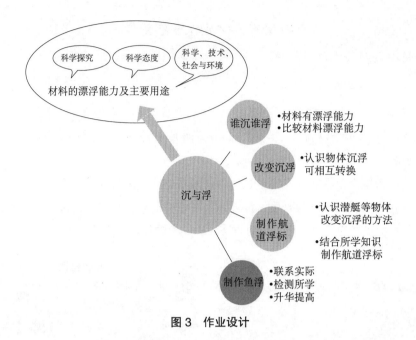

图3 作业设计

板块三：学生作业学生评

学生自评

本实践作业采用"教师自评＋学生互评"模式进行。对学生评分单本着易于操作、快速得出评价结果的原则进行设计。得分标准简单易观察，学生可在短时间内依据实验结果打出相应分数。学生根据自身完成情况进行自评。

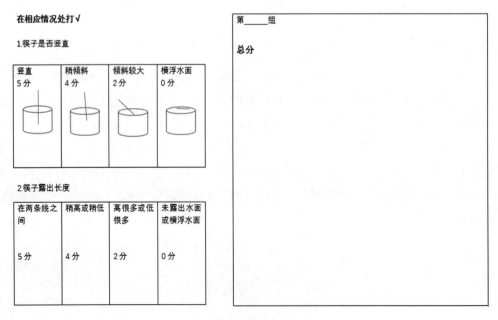

图4 学生自评

学生互评

在完成作业后,学生进行互评打分,教师进行归纳综合,最终在课堂上即时得出每组的最终分数。

教师支持

教师为学生设计简单明了的评分记录单,并在具体内容上制定出详尽的标准参照。

表1 评分记录单

题 号	题 型	答案类别	答案表述	得 分
1	测量数值	完全正确	正确使用尺子测量,数据真实、准确。	4
		部分正确	1. 正确使用尺子测量,数据不准确。 2. 使用尺子方法不规范,数据准确。	2
		错误	3. 使用尺子方法不规范,且数据不准确或存在捏造、抄袭数据的情况。	0
2	描述现象	完全正确	图文结合,画图使用铅笔,结构清晰;能用简洁的语句描述出筷子浮在水上的状态,如横浮或倒浮在水面上。	8
		部分正确	画图使用铅笔。	2
			画图结构清晰。	1
			正确、明确描述筷子在水上的状态。	4
			语言简洁。	1
		错误	画图未使用铅笔,结构不清晰,语言繁赘,描述筷子在水中沉浮状态不准确。	0
3	描述现象	完全正确	图文结合,画图使用铅笔,构图简洁明了;用简洁的语言表述出所用材料及实验方法,逻辑清晰。实验成功。	12
		完全正确	画图使用铅笔。	2
			画图结构清晰。	1
			写出所用材料、实验方法。	4
			语言简洁。	1
			实验成功。	4
		错误	画图未使用铅笔,结构不清晰,语言繁赘,未描述实验材料或方法。实验失败。	0

续 表

题号	题型	答案类别	答案表述	得分
4	测量数值	正确	正确使用尺子测量，数据真实、准确，达成实验目标。	4
		部分正确	正确使用尺子测量。	2
			数据真实、准确。	2
			达成实验目标。	2
		错误	使用尺子方法不规范，且数据不准确或存在捏造、抄袭数据的情况。未达成实验目标。	0

板块四：学生"创做评"中的教师反思

1. 利用"模拟制作钓鱼漂"的实践作业代替传统书面作业，凸显教学评一体化。在检测过程中让学生再一次得到锻炼，不断反思。检测与学习相辅相成，共同促进学生能力提高。

2. 在实践作业中，在原有航道浮标的基础上，设置更高级的认知问题，以此激发学生的思维，从而培养学生的思维能力、学习观念和自我评价体系。指标明确，可操作性强，评价简便、快速。

3. 作业场景既基于真实生活情景，又与学习紧密结合。鱼漂是生活中较为常见的工具，学生的实践表现能够反映出单元目标的达成情况。作业采用生活中常见的材料，最大限度地为教学提供了便利。

4. 实践的内容与形式，易于教师组织、执行。区别于以往分批考核的形式，本考核内容仅需一名教师就能够完成对全班同学的考核检测，并能当堂对学生表现进行核定反馈。

5. 实践作业单既能反映出学生的操作状况，又能外显出学生的思维过程。真正做到了一杆挑起沉与浮，单元延展显素养。

随着"双减"政策的全面落实，在作业设计与实施方面将会有更高的要求，教师也将面对更多的机遇与挑战。本次作业设计为我的工作带来了非常大的启示。面向未来，我们不但要顺应改变，更要创新求变。面向未来，更期待未来！

毛德录　北京市通州区潞苑小学

在课堂实验单辅助下重演古生物学家的发掘历程
——以湘科版小学科学六年级下册第二单元"化石"为例

作业自主

在《义务教育科学课程标准（2022年版）》中关于科学课程的定位是：体现科学本质的综合性基础课程。"双减"政策又明确提出要"减轻学生过重作业负担"，但是减负的前提是提质，我们科学教师更需要思考：科学作业应该怎么设计才能真正做到减负提质，不负科学课程的重要职能。

在科学课堂中，实验记录单是最能够及时反馈学生学习状态的作业，因此教师一定要抓住记录实验单的时机，提高学生的能力。在设计"化石"一单元时，我力争通过实验单提升学生解决问题的能力，使学生重演古生物学家的发掘过程。

板块一：学生作业学生创

学生创设

"化石"属湘科版小学科学六年级下册第二单元的内容。在以往的教学中，教师往往过于重视学生的发掘活动，忽视学生的实证意识和推理意识的养成，没有通过紧跟教学活动的观察实验记录单来体现学生的发掘过程和学生的思维轨迹。我们在教学这一节课时，应该从培养学生的思维能力特别是推理能力出发，设计的教学活动不仅要引领学生进行发掘活动，还要引领学生搜集整理证据，进行基于实证的推理，重演古生物学家的发掘过程。在这种需求下，设计一张能够呈现学生推理过程的实验单就十分必要。

教材中给出的教学建议是通过体验古生物学家的工作，重现他们的工作步骤和注意事项。但是古生物学家在发掘时为什么要划区域发掘？在发掘后古生物学家又是如何推断的？在此思考基础上，我在上课之前请学生阅读科普文章《黄河象》并思考以上问题，根据自己的推断设计实验单，引导学生探究古生物学家发掘活动背后的想法。孩子们在问题引领下设计实验单，教师帮助完善，最终全班学生集思广益，设计出了新的实验单。新的实验单注重记录学生的思考过程，关注学生解决问题能力的培养。

表1　学生设计的实验单

姓名		组别		负责工作	
推理一	1.《黄河象》一文中黄河象的体积有多大？				
	2. 这头黄河象是怎么死亡的？科学家是如何推断出来的？				
	3. 根据象类动物的生活习性，推断古代甘肃的气候特点是什么样的？和今天一样吗？为什么？				
推理二	结合古生物学家对黄河象的发掘和思考，我认为化石发掘工作应该注意以下要求： 1. 2. 3.				
活动一	我们组负责（　　）号现场的发掘工作。				
工具					
我们发掘到的化石	根据本组发掘现场图，我推断小组发掘的是（　　）				
活动二	全部化石拼装，我认为我们发掘的是（　　）化石。理由是：				

教师支持

在本节课中，主要探究活动是发掘，但这个活动本质上是学生对观察到的现象和推理结论之间联系的理解，是推理论证等科学思维方法的内化。换言之，学生不仅要学会发掘，还要理解为什么发掘，最终根据自己获取的化石样本进行合理推演。在此基础上，我引导学生思考：为什么要发掘化石？为什么要分区域发掘化石？正是有了这样的问题引导，孩子们才能在思考化石发掘意义和作用的基础上设计出实验单。

板块二：学生作业学生做

学生实践

在课堂教学之前，学生先阅读科普文章《黄河象》，教师引导学生在文中寻找黄河象的体型等相关数据，在此基础上思考：科学家是如何推断黄河象的死亡原因的？进而通过古黄河象和现代大象的同属性质推断古代黄河象的生存环境。

之后，教师将学生的注意力引到了教室中间的沙盘上，给学生一个真实的情境：我们处于一个化石发掘现场，应该怎么去发掘化石？为什么化石发掘要分区域进行？原来这是为了在发掘时尽可能还原化石的结构，利于后面组装。学具袋中的恐龙化石有拼插的接口，学生不需要考虑在哪个区域的问题就能利用拼插接口还原恐龙结构，这还怎么产生需要仔细发掘化石，不移位才能拼装组合完整化石的意识？为此，我摒弃了恐龙化石，用热熔胶枪制作了一份"特殊化石"，全班同学必须要分工合作才能发掘，发掘之后还要推理组装才能看出是什么化石。有了前面分析化石信息重要性的铺垫，学生面对沙盘提出了自己的观点，主要有以下两方面：

1. 有9个小组，要将沙盘分成9份，发掘活动一定要细致。
2. 要给沙盘编号。活动之后，还要将托盘按编号放回来。

图1　学生对发掘现场进行观察

图2　学生进行现场发掘活动

教师支持

这时，教师在一定意义上属于旁观者，由学生讨论、梳理需要注意的事项。需要分区域发掘的原因就是学生自己感悟出来的。但是，在学生活动时，教师又是活动的引路人，不仅要为学生提供尽可能还原真实的发掘情境，更要为学生提供真实的思考问题，让学生像古生物学家一样进行思考。

板块三：学生作业学生评

学生自评

发掘活动之后，我们先请学生对自己小组的实验单进行评价：实验单是否能如实记录发掘出的化石的状态？在这个环节，学生用最朴素的语言"像不像"来评价自己的实验记录单是否客观真实地反映了化石状态。这就是对自己小组是否能还原发掘现场的反思审视。

学生互评

互评时，为了评价的客观真实性，教师引导学生通过实验单找化石的活动，来审视每一组是否如实记录。先收集各组的实验单，随机下发给各组学生，他们依据实验单的记录，找到化石标本在哪里，如能匹配则证明该记录真实客观，如不能匹配，则证明该实验单真实性有待改进。

教师支持

完成化石记录的客观性评价之后，面对自己小组发掘出的化石中的一部分，有同学能看出自己发掘的是鱼骨，而有的组由于分到的部分没有典型特征，推断不出来，这时教师的引导至关重要：我们在发掘大型化石时不能根据局部来推断化石品种，这时就要拼装。学生又一次体会了分区域发掘的意义，这也是对上一环节学生讨论分区域发掘化石活动必要性的反馈评价。

板块四：学生"创做评"中的教师反思

实验单的改进，呈现了学生的思维发展轨迹，并为学生搭建了推理的脚手架。在实验单的提示下，学生重演了他们的发掘过程，并在拼装化石和填写实验单的过程中，体验了古生物学家是如何思考的。我们在教学时引导孩子们像古生物学家一样结合情境思考问题、解决问题、推理论证，养成解决问题的能力，这才是重演古生物学家工作历程的真正意义。

范亚芳　北京市通州区后南仓小学

聚焦科学素养，关注单元整体

——以教科版小学科学四年级上册“声音”单元为例

作业自主

合理有效地设计科学学科作业，能够让学生在掌握所学理论知识的同时锻炼实践能力，从而达到培养良好的科学素养的目的。在“双减”的背景下，教师课堂教学要求提高时效性，增加趣味性，有结构的作业设计可以把知识点与生活实践相结合，有效提升作业的质量。

小学科学教学内容丰富多彩，大多利用现实生活背景作支撑，以探索生活中的科学为入口。本单元的作业设计是要求学生利用生活中的材料设计制作小乐器，本次的实践作业不仅丰富了学生对声音的理解，还激发了学生的创作潜能，让学生体会到了科学与技术的密切联系。

板块一：学生作业学生创

学生创设

本单元以声音为主题，学生通过实践探究、模拟实验等方式对声音的知识有了系统的了解。学生的作业设计是利用生活中的材料设计制作小乐器并演奏出高低不同的声音，此项作业是声音单元的应用和总结，在完成作业的过程中除了本单元前几节课的知识基础外，还需要用“技术与工程”领域的观点来阐述制作过程及进行调试，可以用 STEM 学习方式来丰富学习内涵。从学生的设计单可以看出，学生选取的都是生活中方便找到的材料，制作方法简单，方便调整音调高低（见图 1）。

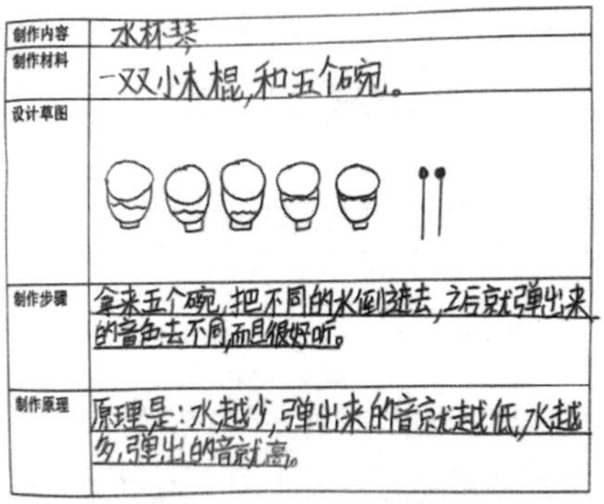

制作内容	水杯琴
制作材料	一双小木棍，和五个碗。
设计草图	
制作步骤	拿来五个碗，把不同的水倒进去，之后就弹出来的音色去不同，而且很好听。
制作原理	原理是：水越少，弹出来的音就越低，水越多，弹出的音就高。

图 1　学生设计的制作小乐器的实践作业方案

教师支持

通过前面的学习，学生已经对声音有了全面的认识，探究了弦乐器发出声音高低的秘密，知道了影响音调高低的因素。学生把学到的声音知识与生活中简单易得的材料相结合，制作不同种类的小乐器。在学生设计前教师通过三个问题帮学生梳理了设计思路。

1. 制作哪类小乐器？是管乐器、弦乐器还是打击乐器？
2. 用什么材料制作小乐器？
3. 怎样让这些材料发出高低不同的声音？

在学生明确了这三个问题后，出示制作小乐器设计方案学习单，让学生利用学习单进行小乐器的方案设计，引导学生选择合适的材料，并弄清楚这种材料改变音高的方法。

板块二：学生作业学生做

学生实践

学生按照设计方案寻找材料，制作小乐器，并进行调试。

一、管乐器

学生自制的管乐类乐器是排箫（见图2），制作排箫的材料方便易得，就是生活中的吸管和胶带，通过不同长度的吸管来发出有规律的、高低不同的声音。

甲　　　　　乙　　　　　丙

图2　学生自制的排箫

二、弦乐器

学生自制的弦类乐器是皮筋琴（见图3），利用橡皮筋制作而成，通过拨动橡皮筋来发出声音，调整橡皮筋的松紧或者长短来发出有规律、高低不同的声音。

丁　　　　　　　　　　　　　戊

图 3　学生自制的皮筋琴

三、打击乐器

学生自制的打击乐器是水杯琴（见图 4），利用敲击让水杯琴发出声音，通过不同水量让水杯琴发出有规律的、高低不同的声音。

图 4　学生自制的水杯琴

教师支持

学生设计制作的小乐器种类多样，选取的材料也各有不同。学生虽然能够把学到的声音知识与本次实践作业相结合，但是在调试和演奏阶段，可以看出有的学生在制作方案初期已经考虑到了音高的调试，但是部分学生却忽略了这一点，致使乐器发出的高低音不明显。

板块三：学生作业学生评

学生自评

学生可以根据完成作业的进度情况，随时进行自评。评价标准也是课上学生们集体思考后共同提出来的，教师根据提议进行补充修改。学生通过反复对自己设计的小乐器进行测试与改进，不断提升作品的精细程度。

表 1 制作小乐器评价标准

序号	评价标准	评价等级（优秀）	评价等级（良好）	评价等级（合格）
1	小乐器设计环节	自主探究、设计合理，美观实用。	设计较为合理，有自己的思考，同时也采纳了他人的建议。	设计有缺陷，他人指导后需要较大力度调整和修改。
2	制作成品与设计图一致	自己独立探索，动手实操完成，制作成品和设计图一致。	自己独立实践完成，作品在一些环节中和设计图有一些差异。	在他人指导下完成作品，作品和设计图存在一定差异。
3	小乐器制作精美程度	作品制作美观精细，耐久度较好，体现了一定的艺术美感。	作品制作较为美观，对外形进行了美化设计，耐久度较好，但是质感一般。	作品制作成功，外形结构比较简陋，耐久度较差。
4	小乐器使用材料情况	制作作品全部使用了环保材料和废旧物品再回收材料。	制作作品部分使用了环保材料，一部分需要利用新材料。	制作作品只利用成品材料等新材料，没有考虑环保材料。
5	小乐器演奏能力	能够完整演奏一首歌曲。	能够演奏部分曲调。	能够奏出声音。

学生互评

在小乐器展示活动中完成学生互评活动，达到了知识互动和能力探究的目的。学生依照小乐器的各项标准进行评判，发现他人作品的闪光点，并对作品提出有深度思考的建议，学生可以吸收好的观点进行改进。同学之间互相倾听、相互认可、互相帮助，充分体现了以学生为主体的教学。

教师支持

学生评价之后，教师针对某一作品进行补充说明，认可学生的观点或提出自己的建议。如果学生遇到困难，及时进行引领，鼓励学生独自完成难点的突破，培养学生独立实践探究的能力。

板块四：学生"创做评"中的教师反思

"双减"政策要求学生的作业减量不减质，高质量的作业设计能够弥补课堂教学所不能给予学生的知识内容。作业是教师教学环节中的重要的一环，它可以承上也能启下，灵活应用可以更好地服务于课堂教学。在学生"创做评"的过程中，有些设计内容引起教师反思。

1. 作业设计一定要从大单元整体设计出发，结合每一节课的知识重难点以及学生学习情况进行作业设计与实施，构建以单元整体连贯性为核心的作业框架，使每一节课的作业设计内容既有针对性也有拓展性。

2. 小学科学作业设计突出锻炼学生动手实践能力。学生经历从设计、制作、调整到展示小乐器的过程，将科学和技术密切联系起来。不仅能充分调动学生的想象力和创造力，还锻炼了学生的动手制作能力。但是，也存在一些问题，例如在作业布置阶段，只给学生提示了方案设计和制作过程中的评价要素，忽略了对乐器制作完成后的调音工程的评价。

郭琳　武磊　北京市朝阳师范学校附属小学黄胄艺术分校

感触自然的美，创编自然科普绘本
——以教科版小学科学四年级下册"植物的生长变化"单元为例

作业自主

"双减"政策与培养具备核心素养人才的教育理念不谋而合。"双减"并不意味着减少学生作业时间或是作业量，而是减少机械性学生作业、与教学目标不符的无效作业。对于科学学科，作业是教学的拓展环节。创设基于观察、记录的科学作业可以使抽象概念变得具体，让学生在实践中将所发现的现象、获得的经验或思想通过文字或是图画的方式进行表达，实现原有知识的有意义转译及呈现，实现与他人的有效沟通和交流。

板块一：学生作业学生创

学生创设

对于学生自主创设作业，教师需要注重作业情景的设计，帮助学生在科学观察活动中形成由"看见"到"看懂"最后再到"看好"的过程；设计出适合小学生的培养策略，可以从学生的兴趣出发，创设具有一定开放性的学习背景，选择适合学生的观察主题，引导学生在观察中运用正确的方法，并且做到及时记录。记录内容要统一，记录形式不限定，鼓励学生创设不同的活动记录形式，学生完成记录的同时提升了对事物的洞察力，也实现了综合素养的提升。

作业主题1：假如你是……

"假如你是……"是一次科学写作的练习，结合了教材中《种子里孕育着新生命》和《果实和种子》两节课内容，设计了帮助学生建立科学概念的作业主题。学生自主创设的作业形式是多样的，有些同学创设科学连环画表示红豆种子孕育新生命的概念，有些同学则运用拟人的方式描写果实成熟的过程，有些同学从小蜜蜂的角度生动地描述桃子的形成过程，语言风趣但也不缺乏科学性。

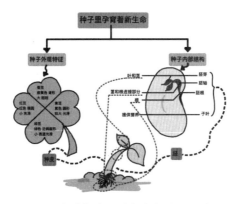

图 1　教学板书设计与自创作业形式

作业主题 2：笔记大自然

"笔记大自然"是一次种植实践与科学写作结合的练习，结合教材中第 2、3、4、5、6 节课的教学内容，学生创设了观察种植杯的种子萌发过程及植物生长过程。通过亲自制作种植杯，熟悉植物生长发育过程中的必要条件，培养学生的动手能力以及促进学生养成科学观察记录的习惯。

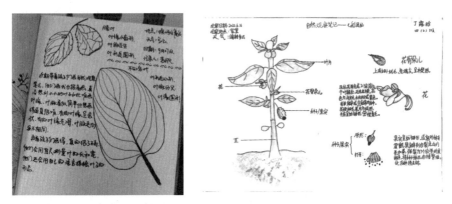

图 2　教师自然笔记设计模板与学生自然笔记作品

作业主题 3："国王"的新衣

"'国王'的新衣"是一次手工实践活动，结合了教材《种子的传播》一课中的拓展内容，学生观察一种陌生种子的外形特点，猜想这种种子的传播方式，并且制作一个种子的"外衣"，培养学生分析与推理的科学思维。

作业主题 4：植物回忆录

教材中最后一课的设计是为了让学生回顾整个植物生长变化的过程，从而复现植物各个组成器官的相关科学概念。最后一课的作业主题引发学生思考一个问题：想一想在你的观察与记录中最有趣的现象是什么？在思考的过程中学生能一边查看自己的记录，一边进行评价，这是另一种形式的复现，可以是诗歌，可以是绘画，抑或是散文。

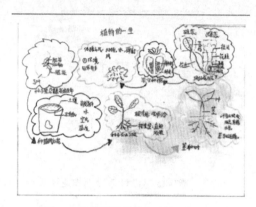

图 3　学生创设植物回忆录流程图

教师支持

　　对于植物种子是如何生长成一棵植物的问题研究，教师给孩子们布置同一个主题作业，学生运用自己的能力创设不同的记录方式，用自己的视角观察植物生长、搜集植物成长数据。教师在课堂中要做的就是从学生的记录与观察中帮助他们获取答案，并明确科学家也是这样做的。以科学家观察事物的角度创设科学作业可以促进学生提出问题，同时提升学生观察与比较的思维能力。

板块二：学生作业学生做

学生实践

　　一、记录你的种植杯

　　给孩子们下发种子，并告知他们要制作一个种植杯的时候，能够感受到他们的热情与期待，他们期待看到神奇的现象。这就好比打开了一扇窗户，不知道会看到什么，这过程即便短暂，但是却与自然融为一体，对于观察者来说能够与自然融为一体是一件美妙的事情，这一刻只管把一切交给安宁和专注，哪怕只有五分钟。

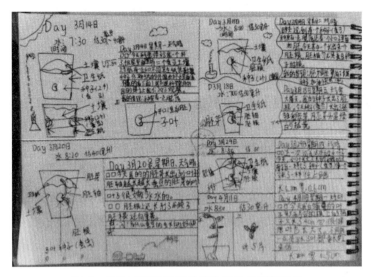

图 4　学生对蚕豆种子的萌发与生长进行记录

二、假如你是……

"假如你是……"这样的命题让学生有一种亲切感。在自然观察中学生要与自然融为一体，从其他事物的角度看世界，很自然地将学生带入到真实的情境中。结合自己所学把故事讲给他人听，这是四年级学生愿意尝试做的事情。

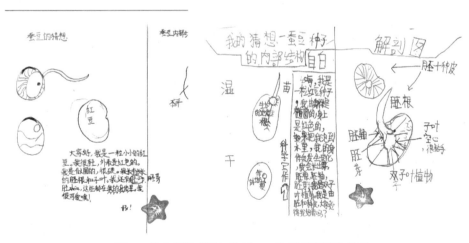

图 5　学生创设"假如你是……"的科学写作作品

教师支持

"假设你是一粒菜豆种子，请你说说你的萌发故事"，种子萌发的动态过程在学生的画笔中展现得淋漓尽致。学生通过自己的实践观察，回忆种子萌发的过程。在科学写作记录中学生很容易想到运用图文的形式进行说明，在进行科学现象的表达时，也愿意用画图的形式说明，因为图画表达、形象记忆对于学生来说更简单、更生动。

板块三：学生作业学生评

学生自评

在学生做完了拓展作业后，让学生自批自改。学生在批改过程中把自己好的观点用线条画出来。

学生互评

学生把自己的拓展作业与同桌交换批改。学生在批改过程中，要把同桌作业中的亮点用线条画出来，同时将作业中的错误向对方反馈。

把不同水平的学生安排成前后两桌，每四人组成一个小组，由组长负责组织组员在组内分享自己的拓展作业。

教师支持

教师要给予学生足够的时间，让学生在评价过程中完成自我提升。这赋予了他们一份责任——客观审视自己与同学作业。纵然，在平时的生活中他们会抽时间观察周遭的人或事，但不如停下脚步全心审视，提升自身专注力，洞察事物的细节，通过自己的亲身经历与体验，形成基本的科学态度和价值观。

板块四：学生"创做评"中的教师反思

1. 观察记录的优势。写自然记录，是与自然建立联系的一种相对简单的方式。只要教师给学生提供一个自然环境，可以是校园、教室抑或是讲台上的生态缸，让孩子们走一走、看一看，然后借助文字表达一下，就是最为真实与科学的记录。学生通过观察，梳理周遭事物的特点以及事物之间的关系，在梳理的过程中，运用语言表达自己观察到的现象，思考现象背后的原因，品味自然和空间的联系，找到自己的心灵所属，学会对新事物敞开心扉。

2. 科学态度的养成。让学生从记录植物开始记录自然，也是为学生赋予一定的责任——保护环境。现今学生的学业生活被安排得满满的，对于自己居住的地方知之甚少，也缺少思考，比如，所有植物都有果实吗？果实是如何长大的？不同环境下植物有怎样的变化？通过观察生活，使学生感悟自然、认知自然、学习自然。

袁欣　北京市朝阳区白家庄小学

制作自然观察笔记
——以教科版小学科学四年级下册《种植凤仙花》为例

作业自主

在《义务教育科学课程标准（2022年版）》的指导下，教师在课堂中要主动调动学生学习科学的积极性，激发他们的学习兴趣和创新精神，满足不同学生的个性化发展需求。在作业的制定和设计中，教师要把学习的主动权交还给学生，在实验操作中锻炼学生的思维能力和主动思考的能力，使作业设计成为学生科学思维成长的学习需要，让学生真正地走入科学世界，使每一位同学找到属于自己的成就感，树立学习自信心。在义务教育改革和科学大环境进步的背景下，教师要转变固有的教学与作业观念，围绕教学目标和教学内容，综合、有效、有重点地设计科学作业。

板块一：学生作业学生创

学生创设

单元教学目标要求学生能初步掌握凤仙花的种植方法。在本节课后，学生会通过巩固作业来完成凤仙花种植以及观察实践活动。由于凤仙花的种植是一个长期的过程，这需要学生进行一个长时间的观察记录。学生首先要对观察记录单进行自主设计，记录的方式可以是绘画、文字、照片、录像等。在完成记录单设计后，再对凤仙花的种植和生长进行长期的观测记录。

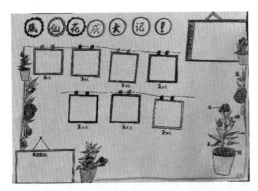 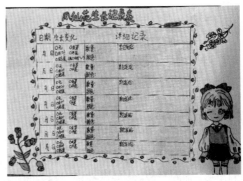

图1　学生的凤仙花观察记录单设计

教师支持

教师鼓励学生进行种植经验分享，同学间分享种植经验更加有助于学生完成种植凤仙花的作业。帮助学生在观察植物生长发育过程中认识根、茎、叶、花、果实、种子等植物器官。

板块二：学生作业学生做

学生实践

对凤仙花的种植进行中长期的观察记录：
1. 挑选颗粒饱满没有受伤的凤仙花种子种植，并记录。
2. 观察种植杯中已生根发芽的种子，把种子种到花盆里，观察它们的生长变化，并记录。
3. 对凤仙花的种植和生长进行长期的观察并利用自己设计的记录单进行记录。
4. 观察开花的凤仙花，并用自己的方式记录凤仙花从发芽到最后凋零的过程。

教师支持

1. 讲解凤仙花种植方法。
2. 给予理论引导。通过观察记录引导学生理解植物各器官在生长发育、繁殖后代过程中发挥的作用，在观察记录的过程中建立对生命世界结构与功能、局部与整体、多样性与共同性相统一的认识。

板块三：学生作业学生评

学生自评

学生的观察记录是一个中长期的实践活动，植物不方便经常搬运到学校来观察，那么我们可以利用课前展示、课前小主持介绍等方式为学生在课堂中提供展示的平台。在汇报过程中增加趣味性和互动性，发展了学生的合作与沟通能力，丰富了学生的实践经历。

学生互评

在凤仙花的种植过程中，学生可以通过小组微信群、班级微信群等方式进行交流，同学们可以拍摄照片在线进行交流。这种线上、线下相融合的评价方式促进了学生在学习的过程中深入探究，使学生的学习兴趣高涨。

教师支持

1. 教师的教、扶、放。在活动设计上，我们基于对植物生长规律的把握，将中长周期实践活动划分出若干阶段，形成阶段性的小问题，促进研究的不断推进。例如，你能在观察凤仙花的生长过程中，总结出它生长变化的关键词吗？请写一写。教师在布置了凤仙花种植作业后，会跟随学生一段时间，加强教学指导，在中长期的观察过程当中进行实时评价。

2. 教师的以评代管。教师隔一段时间会收上学生制作的植物种植记录单，为学生写出阶段性的评语等，给学生一个中期评价，提升学生坚持完成长周期实践活动的动力。

板块四：学生"创做评"中的教师反思

在"双减"政策背景下，我校将作业设计的过程纳入到了教研体系中，将作业完成的过程纳入到了育人体系中。我校科学教师队伍基于大单元视角对作业设计进行整体思考。科学作业的设计，不仅要巩固学习的知识与技能，还要激发学生对科学知识研究的兴趣。有了这些思考后，我们尝试将单元整体作业设计与科学实践活动进行整合，激发学生的学习兴趣，发展学生自主学习的能力，提高学生的科学素养。

在《种植凤仙花》一课中，通过学生自主创作凤仙花观察记录单—在家中自主实践种植凤仙花—自主评价凤仙花的种植状况这三大环节，培养了学生的实验设计能力、观察能力、总结概括能力，有效地帮助教师关注学生在探究与实践过程中的真实表现和思维活动。同时，在学生"创做评"的实施过程中，教师也有了一些新的启发和反思。

1. 关注学生在科学实践活动中产生的新问题，进行科学作业设计。学生在科学实践活动的过程中会不断产生新的问题和新的想法。创新科学作业就是由于学生有这种需求而产生的，在探究与思考的过程中，有痕迹地展示出学生科学探究问题的过程和自我评价以及他人评价。因此，教师要在日常教学中多关注学生提出的问题，这样可以为作业设计的有效性提供帮助。

2. 关注学生自主、个性化、长期的发展。科学作业不仅能激发学生学习的兴趣，还能巩固所学的知识与技能，最终的目的是让学生提高科学素养，学会自主学习。因此，对于科学作业教师要进行长远且长期的考虑与设计。教师要通过科学作业的设计，引领不同层次的学生，结合自己的特长和喜好，进行自主创作、自主实践、自主评价，从而培养学生的自主学习习惯，让学生自主学习的能力得到长期的培养和发展。

3. 关注学生自主评价的指标。评价是对学生学习最好的激励，因此，学生评价尤为重要。在自主评价过程中，不仅要考虑到评价指标的全面性，还要考虑到不同层次学生的评价方式。当学生自主评价中缺少一部分评价指标时，教师要做到及时关注与补充，尽可能使评价既全面又有层次。

吴雪涵　王蕊　常亚静　北京市朝阳区垂杨柳中心小学

探究"AI+ 体育",学生自主创设单元整体作业
——以人教版小学体育与健康五年级"居家体育锻炼"为例

作业自主

体育家庭作业作为课堂的有效延伸,不仅有助于学生锻炼意识和锻炼习惯的养成,也是核心素养中健康行为的内在要求。随着"双减"政策的实施与落实,原有的教育生态迎来了巨大的变革。体育家庭作业也是如此,具体表现为作业时间短了、锻炼时段晚了、身体状态累了、内容布置少了、作业评价简了等几个方面。基于此,本研究以我校为例,从目标管理、活力校园、作业引领、自主选择和多元评价五个方面提出应对措施,让学生终身与体育为伴。

合理计划体育课外活动,确保学生每天能在校内和校外各开展 1 小时体育活动,以此培养学生的终身锻炼习惯。2022 年 4 月,学校逐步使用 AI 体育智能平台取代过去的"家校面对面",进一步解决和应对传统体育作业模式的难题。

板块一:学生作业学生创

学生创设

学生居家体育锻炼更多的时候源于自觉与家长的督促,而家长又不能制订专业的锻炼计划。教师在课上对学生进行培训,学生运用 AI 体育智能平台自行制订适合自己的锻炼计划,教师利用平台对学生居家体育锻炼给予奖励,激发了学生课后体育锻炼的兴趣。

教师支持

一、实施阶段

在作业设计时细化为 12 项体能动作、2 项球类运动、4 款体感游戏等,包含上下肢体育、亲子游戏等方向。活动顺序则划分为准备动作、基础动作、放松动作,完成三轮即可。活动合计持续 8 周,每周开展 5 天,每天实施 5～6 组动作。作业执行时,需要安排班主任监督管理,每日体育老师会在 AI 体育智能平台上对学生的锻炼情况给予指导评价。

二、实施操作流程

综合考虑学校教学情况、家长互动方法等内容，笔者在进行执行程序设计时，将程序内容细化为教师推送作业、家长接收信息等部分。

三、建立沟通机制

以班级群为媒介创建沟通机制，教师在发布作业后，可利用 AI 体育智能平台和班级群对家长进行提醒，让家长及时进入平台查看作业。固定时间进行提醒，以此保证家长能及时获取信息。家长在获取信息后，与学生进行商讨，在科学时间内完成作业。AI 体育智能平台可有效建立"四位一体"互动模式，整合不同主体的资源，使学生作业执行效果大幅提升。

图 1　学生完成情况

板块二：学生作业学生做

学生实践

一、接收作业信息

学生查看作业信息，在遇到特殊情况时，能利用平台请假，随后向老师说明原因，老师进行信息记录。

二、学生观看学习并进行锻炼

学生登录平台，动态观察作业内容，及时观看教学视频，结合任务要求完成作业。平台能动态分析学生打卡频率、时间、动作完成情况等，为学生建立体育作业档案，向完成任务的学生发放锻炼勋章，以此提高学生完成作业的积极性，使学生在运动过程中找到自身的价值。

教师支持

一、教师推送作业

教师是平台管理的主导者，首要工作就是确立学生的学习目标，为学生提供更合适的教学素材，使学生能按照目标进行操作。随后，根据学生的个人情况、作业难度等，设置合理的活动频率。教师在这个过程中，也可以根据性别、班级进行作业设计，学生进入平台后即可查看练习方法、目标、时间、难度及作业截止时间等信息。

二、家长辅助作业

在平台上，家长一方面可配合完成监督指导、辅助录制等要求，另一方面能通过双人游戏进行亲子锻炼，使亲子沟通有所提升，使学生完成家庭作业的主动性有所提高。

三、体育教师与班主任联合监督统计

教师可在后台直接审批学生作业，如果发现学生没有完成作业，则向学生推送提醒信息。随后将学生的作业信息导出，即可对学生的作业进行分析和评价。在家长和班主任的双重监督外，还可以任命体育委员，每天动态跟踪学生打卡情况，确保体育作业有效落地和执行。

板块三：学生作业学生评

学生自评

学生可利用平台查看作业分数，同时结合视频进行自我分析，做好自我评价活动，促进作业质量的提升。

学生互评

学生通过平台进行互评和交流，还可以向比较优秀的学生发起挑战，进行 PK 赛，增进课后体育作业乐趣的同时增进同学之间的情感。

教师支持

教师通过后台查看学生之间的评价，抓住动作的重难点，给予把控和反馈。如果学生的评价很到位，教师可给予奖章及语言激励。同时，教师可整合平台，分析学生作业的完成情况，提前做好视频查阅工作，以主动积极的态度分析学生的作业表现、进步程度，优秀作业还可在体育课上进行现场展示，使学生保持良好的互动氛围，实现共同进步，进而开展更有效的体育家庭作业工作。

板块四：学生"创做评"中的教师反思

课后体育作业是现代课堂教学的有机组成部分，是教学改革的重要环节。研究制定科学合理的课后体育作业，对帮助学生实现全面发展、促进教师专业成长具有重大意义。通过一个学期对平台的使用，笔者认为这个软件还是比较符合我校学习情况的，通过"创做评"的过程，让学生更能自主地设计、完成、评价作业，在体育锻炼中提高综合素养，为今后的课后体育作业打下坚实的基础。

"AI+体育"网络平台下的小学体育家庭作业模式实施效果如下：

1. 学有所成。学生通过AI体育智能平台进行体育锻炼，在家长的大力配合下，不仅养成了良好的锻炼习惯，还融洽了亲子关系。

2. 遇到的困难及解决方法。AI体育智能平台是一个新兴事物，很多学生都是跟老人一起住，操作起来有一定困难，因而无法参与线上体育锻炼，体育老师只能给其布置一些体育锻炼任务，但是无法有效监管。

卢凯　黄云飞　杨硕　北京市朝阳区垂杨柳中心小学劲松分校

探究秋末农人生活的苦与乐
——以小学六年级综合实践活动"柿乡秋韵"为例

作业自主

《中小学综合实践活动课程指导纲要》中指出,综合实践活动是从学生的真实生活和发展需要出发,从生活情境中发现问题,转化为活动主题,通过探究、服务、制作、体验等方式,培养学生综合素质的跨学科实践性课程。课程视域下的作业目标需要综合考虑课程目标要求和学生的学习活动来进行设计和调整,关注作业目标的多维性和综合性。因此作业内容应该包括一些实践类、操作类、合作类、以综合解决问题能力发展为主的学习任务与活动,采用多样的作业形式,进行跨学科知识与能力的整合应用。

板块一:学生作业学生创

学生创设

习总书记强调,农业强国是社会主义现代化强国的根基。北京市昌平区作为农业大区,在十三陵一带种植了大量的柿子,但其中有很多柿子虫害严重、无人采摘,影响了农人的收成。我校现有的两棵柿子树也遭遇了同样的问题。学生发现这一现象后,采访了一位种植柿子的果农。了解到农人秋末的快乐与苦楚后,学生决定帮助果农解决柿子采摘和销售难题。全班头脑风暴后,开展"柿乡秋韵"主题综合实践活动,学生们共同设计了本次综合实践活动的主题与课时内容。

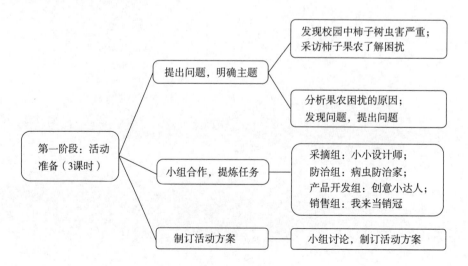

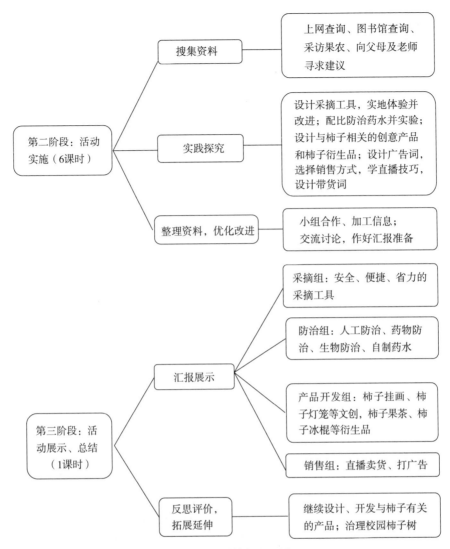

图 1 单元整体框架设计

表 1 单元作业设计

活动阶段		需要完成的主要作业
准备阶段	提出问题，明确主题	观察校园柿子树虫害问题； 采访柿子果农了解困扰，分析果农困扰的原因。
	小组合作，提炼任务	确定研究方向，根据兴趣自主选择小组； 明确研究目标和任务。
	制订方案，讨论分工	制订活动方案； 制定完成小组人员分工单。
实施阶段	搜集资料	各小组成员通过上网查阅、果农采访、寻求建议等方式分组查找采摘、防治、开发、销售四类任务资料。

续 表

活动阶段		需要完成的主要作业
实施阶段	实践探究	设计采摘工具，实地体验并改进； 配比防治药水并实验； 设计柿子相关的创意产品和柿子衍生品； 设计广告词，选择销售方式，学直播技巧，设计带货词。
总结阶段	汇报展示、反思评价	各组分享研究成果； 其他同学评价并提出改进建议。
	拓展延伸	继续设计、开发与柿子有关的产品； 治理校园柿子树。

教师支持

教师引导学生围绕活动主题进行讨论，确立研究小主题。在学生实践过程中，进行资料的补充，适时提出修改建议，为学生在课后自主完善解决方案提供必要的指导与帮助。力求将劳动、语文、信息技术、美术等多学科融入到综合实践活动中来，采用多种作业形式，进行跨学科知识与能力的整合应用。

板块二：学生作业学生做

学生实践

一、明确主题，制订方案

学生了解农人的困扰后，分组探讨从哪些方面解决问题；共同梳理，形成研究小主题：小小设计师、病虫防治家、创意小达人、我来当销冠。学生根据感兴趣的内容自主形成学习小组，确立活动内容、小组成员分工，设计活动任务单。

二、搜集资料，实践探究

学生运用常见、简单的信息技术方式搜集资料，如上网查询、采访果农、向老师寻求建议等。

采摘组：设计采摘工具，实地体验并改进工具。
防治组：设计防治方案，并动手配比防治药水，通过实验验证药效。
产品开发组：设计与柿子相关的创意产品和柿子衍生品。
销售组：设计广告词，选择销售方式，学习直播技巧，设计带货词。

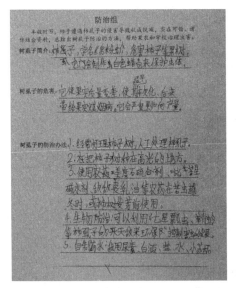 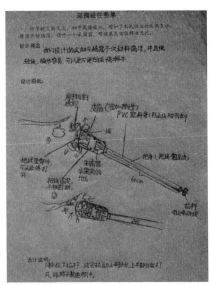

图 2　学生作业

三、汇报展示，交流反思

各组学生形成汇报总结 PPT，分组展示，分享交流小组的研究成果；同学互相评价或提出建议，总结收获。

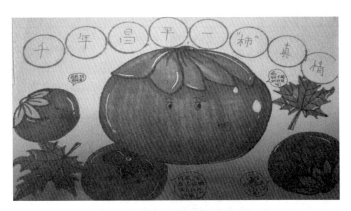

图 3　销售广告语

教师支持

教师指导学生完成学习任务。引导学生通过小组合作、交流讨论，将搜集到的资料进行整理提炼，优化改进。同时筹备汇报、展示交流，组织学生进行活动总结和评价。在展示交流过程中，引导学生认真倾听，对本次实践活动进行总结与反思。激发学生的理想信念，树立为家乡发展贡献力量的理想。

板块三：学生作业学生评

学生自评

关注学生知识和技能的获得情况，了解学生在实践中的发展需求。发现和发展学生多方面的潜能，帮助学生认识自我、建立自信，促进学生在原有的水平上发展和提高。建立以学生自评为主，学生互评、教师共同参与的评价制度。

学生互评

评价的方式应该是多种多样的，学生之间的评价便是其中的一种。本次主题主要以学生的学习态度、组织合作能力、搜集信息能力、探究能力和反思能力作为主要评价内容。

表2　学生互评表

评价项目	评价内容	自　评	小组成员互评
学习态度	对主题有探究兴趣，认真对待、积极参与。	☆☆☆☆☆	☆☆☆☆☆
组织合作能力	分工明确，团结合作。认真倾听同学意见，积极表达观点，乐于与别人分享成果。	☆☆☆☆☆	☆☆☆☆☆
搜集信息能力	信息搜集途径广，能获得大量信息，且信息内容全面。	☆☆☆☆☆	☆☆☆☆☆
探究能力	善于观察、思考，能够提出问题、分析问题和解决问题，有新的观点和设计。	☆☆☆☆☆	☆☆☆☆☆
反思能力	实践活动中能及时反思问题并改进。	☆☆☆☆☆	☆☆☆☆☆

教师支持

教师引导学生进行自评和互评。肯定学生的成绩，并给予积极有效的建议，设计拓展延伸；鼓励学生尝试把设计的工具变成实物，和家人一起采摘柿子；帮助学校出具体防治树虱子的方案，解决虫害问题；继续文创开发，设计更多产品。

板块四：学生"创做评"中的教师反思

一、联系生活，提高探究能力

本次活动来源于生活，立足于学生的生活实际。六年级的学生有一定的合作学习能力，能根据身边的现象提出问题并进行信息的收集和整理。但是学生解决问题、创意物化的意识和能力较弱，因此在活动中，我引导学生在活动中体验了"提出问题—分析问题—解决问题"的探究过程。

二、学科融合，促进全面发展

本次实践活动涉及语文、劳动、信息技术、道德与法治、心理、美术等学科的内容。多学科融合，促进学生的全面发展。

三、立德树人，强化责任担当

1. 对组负责。学生积极参与本次实践活动，小组成员分工明确，共同设计实践方案并实施。通过全员的信息收集、加工整理，形成汇报材料，培养了小组成员间的合作意识，锻炼了合作能力。

2. 对国负责。此次实践活动，学生们在观察、采访、提问、调查的过程中，了解到农人秋收工作的劳苦以及后续产销的苦楚。他们查找资料，创新产品，自主提出从采摘、防治、开发、销售四个角度体验、实践，帮助农人找到解决方法。在他们了解了农业对于现代化强国建设的重要性以及此次实践活动的重要意义后，树立了科技助农、为农业现代化建设贡献力量的远大理想。此次活动增强了学生的责任担当意识，培养了学生的责任感。

张晓晨　北京市昌平区史各庄中心小学

"真人象棋"游戏创编
——以义务教育阶段六年级自主校本课程"真人象棋"为例

作业自主

2022年8月,《北京市义务教育课程实施办法》落地实施,明确义务教育阶段学校在开足开齐体育与健康课程基础上,保证每天开设一节体育课。我校在贯彻落实北京市通州区新课程改革进程中,高度重视学生需求导向的学校课程资源建设渠道开发,尝试探索学生自主作业设计创新体育类校本课程开发与实施的有效路径,系统解决非体育专业师资在体育类校本课程实施层面的困惑。

板块一:学生作业学生创

学生创设

现阶段学校体育专业师资数量有限,非体育专业教师承担学校体育类校本课程实施的现象在我校各年级普遍存在。教师借助项目式学习策略,将课程内容的制定权和指导实践权最大限度交给学生,让学生在"我的课程我设计"主题作业设计实践中经历"自主研发—自主筹备—自主实践"的研究历程。

教师支持

课程伊始,学生在教师的引领下进行团队建设,按每组4~5名成员自由结组,并开展起组名、创口号、做Logo等系列团建活动,让学生能够在自由、民主、和谐的课堂氛围里"预热"思维。

板块二:学生作业学生做

学生实践

一、课内作业研讨实践

为进一步提升学生自主设计课程活动的有效性,引导学生快速进入"游戏设计师"这一角色当中,教师在项目任务布置初期就组织学生分组开展活动规划研讨,引发学生对体育游戏设计的基本流程和要求的关注。

学生通过课内分组研讨基本达成两个共识：一是在原有体育游戏基础上进行改造，以"××游戏新玩儿"为主题，将其变成班本特色项目，玩出"新意"；二是完全自主设计开发项目，以"××游戏原创"为主题，充分展现团队成员的想象力、创造力和协同力。"真人象棋"主题游戏的开发实践项目被学生赋予"原创类"标识。

二、课外作业设计实践

任务认领后，学生团队将任务进行细化。首先确定任务达成需要几个阶段，各阶段分几课时来实现，然后设置好规定时限内每个成员的任务内容和达成目标，为每次课内研讨做好行动规划和素材准备，最终形成可操作的项目体验活动的实践方案。

学生分组制定任务时限一般为一周，成员可以集体行动，也可单独行动。有困难可以通过调查走访、查阅资料、线上研讨等形式尝试解决。任务进展实效由组长全程负责督导，初步形成阶段性成果素材，以备参加全班性的宣讲和比选活动。

三、作业成果体验实践

学生经历共研设计主题和实践方案、互研确定具体操作流程和物资、人员调配分工后，基本完成了一次较完整的室外"真人象棋"体育游戏活动的开发工作。接下来，就是针对某团队的中选方案进入真实场地开展体验活动。

活动前，中选方案的团队负责人作为班级活动的"总指挥"，对活动场地布置、"棋子"布局方式、物料准备等方面工作做具体的规划和解读，其他团队成员则负责给全班同学分配"棋子"角色，并在角色游戏过程中做好监督和评判工作，直至一轮游戏结束。

教师支持

在课内研讨过程中，教师对各学生团队的研究进展进行密切关注，为有困难的小组提供必要的物质支持和智力支持。在体验环节前，教师重点引导各团队做好有效互动研讨，以便学生在活动实践环节得到更好的体验。教师具有一票否决权，理由为"组织纪律和场务安全"。在学生自主活动中，教师作为"棋子"中的一员积极参加活动体验，让学生能够感受到"老师与我们是一体的"。

板块三：学生作业学生评

学生自评

学生在团建活动伊始便开启了"自我认知""自我评价""自我反思"的心路历程，如"我该与谁合作？""我如何在小组中发挥重要作用？""室外活动场地怎样布局？"……整个活动过程中，学生始终身处于这样的"自我追问"与"自我解答"的闭环问题思考态势之下，学科知识与生活经验被一步步唤醒，跨学科意识引领的问题自我解决能力逐步形成。

学生互评

学生互评主要体现在两个方面：一方面，在团队合作设计游戏项目时，成员间围绕体育游戏主题的确立、游戏内容和规则的设计、组织全班同学进行实践体验的预设等环节，尤其在走出课堂、走出校门，自主开展团队研究活动时，成员间的意见交换会更为频繁，唯有相互理解、相互成就才能收获最好的团队成果。另一方面，在团队间交流分享过程中，各组为达成"本组方案中选"的目标，全力以赴应对来自其他组成员的质疑与追问，进而不断丰富和完善作业成果。

教师支持

教师要给予学生充足的交流与研讨的时间和空间，不轻易否定学生团队的研究成果。学生在自主研究、合作研究环节出现困惑或分歧时，教师能够适时点拨，为之提供精神和物质方面的双重保障。

板块四：学生"创做评"中的教师反思

虽然整个活动过程并非我们想象中那么顺利，但是，当看到孩子们在征用场地之前能够主动找学校相关德育干部、后勤干部、体育老师等协调场地使用时间和使用面积，并告知会用粉笔圈画场地，等活动结束之后会主动擦除，我感到无比欣慰。这些学生自发的行动细节，看似很小，却折射出学校教师五年言传身教的鲜活成果，试问：为人、为学、为事，教育又夫复何求？

邢妍　北京市通州区龙旺庄小学

体育作业师生共创，促进体能技能提升
——以人教版小学体育与健康"水平三"为例

作业自主

体育课后作业可以通过不一样的练习方式达到不同的锻炼目的。我们可以开展线下线上教学相结合的方法，通过班级 QQ 群、微信群、学校人人通平台等多种媒介，确保学生每天除了在校内进行一小时体育锻炼，也能在校外进行体育活动，以此培养学生的锻炼习惯。学生既可以在自主学习中丰富自己的体育知识，也能磨练意志品质。

板块一：学生作业学生创

学生创设

根据学生的心理和生理特点，结合《义务教育体育与健康课程标准（2022 年版）》的内容，教师从技能、体能、技能+体能等方面设置每天的锻炼内容，学生根据自己的情况、喜好、能力选择参与，引导学生选择适合自己的锻炼内容。

教师支持

一、实施阶段

在实施计划之前，教师应对学生学情进行分析，认真研读《义务教育体育与健康课程标准（2022 年版）》，从而制定适合学生体能发展及技能掌握的训练。以六年级体育作业设计为例：其一，布置以项目运动技能为主的一周体育家庭作业。

表 1　六年级学生运动技能体育家庭作业

星　期	主题和内容	时间及其他
周一	体操： 1. 家长保护下的前滚翻成直腿坐； 2. 家长保护下的肩肘倒立； 3. 坐位体前屈； 4. 1 分钟短绳。	每次活动 30 分钟或以上

续 表

星　期	主题和内容	时间及其他
周二	田径： 1. 原地高抬腿、小步跑、收腹跳等； 2. 连续跨跳练习、跑跳组合练习等； 3. 保证安全的前提下，投掷练习，特别是投掷中的转体出手等动作连贯性练习。	每次活动 30 分钟或以上
周三	武术： 1. 长拳套路练习； 2. 太极套路练习。	每次活动 30 分钟或以上
周四	球类： 1. 篮球：双手胸前传接球、高低快慢运球、运球接球投篮等； 2. 足球：脚背正面运球、移动中脚内侧传接球、运球射门等； 3. 排球：自垫球、对墙垫球、与家长合作垫球等； 4. 自选球类：乒乓球、羽毛球、板羽球等。	每次活动 30 分钟或以上，每周选择一种球类练习
周五	韵律操等： 跟随音乐，完成组合动作。	每次活动 30 分钟或以上
周末	自选项目： 郊游、登山等。	每次活动 30 分钟或以上

其二，布置以发展体能为主的一周体育家庭作业。

表 2　六年级学生体能体育家庭作业

星　期	主题和练习内容	练习方式	强　度
周一	1. 原地小步跑＋高抬腿； 2. 波比跳； 3. 拉伸放松。	两个动作，每个动作练习 20 秒，每组间隔 2 分钟，练习 3 组。	中等
周二	1. 静态平板支撑； 2. 开合跳； 3. 原地弓箭步； 4. 拉伸放松。	三个动作，每个动作 15 秒，每组间隔 2 分钟，完成 3 组。	中等
周三	1. 深蹲； 2. 抱头侧抬腿； 3. 波比跳； 4. 拉伸放松。	三个动作，每个动作 15 秒，每组间隔 2 分钟，完成 3 组。	中等
周四	1. 仰卧交叉开合； 2. 仰卧半起； 3. 原地高抬腿； 4. 拉伸放松。	三个动作，每个动作 15 秒，每组间隔 2 分钟，完成 3 组。	中等

续 表

星　期	主题和练习内容	练习方式	强　度
周五	1. 家长保护下，双手快速推墙； 2. 纵跳摸高； 3. 开合跳； 4. 拉伸放松。	三个动作，每个动作15秒，每组间隔2分钟，完成3组。	中等
周末	1. 静态平板支撑； 2. 波比跳； 3. 深蹲； 4. 拉伸放松。	三个动作，每个动作15秒，每组间隔2分钟，完成3组。	中等及以上

其三，布置以运动技能+体能组合练习为主的一周体育家庭作业。

表3　六年级学生运动技能+体能组合体育家庭作业

星　期	主题和内容	强　度
周一	1. 技巧：家长保护下肩肘倒立、前滚翻成直腿坐等； 2. 体能：仰卧卷腹、仰卧起坐等。	小
周二	1. 蹲踞式起跑、加速跑等； 2. 原地小步跑、原地高抬腿等。	中等及以下
周三	1. 韵律操：配音乐韵律操组合动作练习； 2. 体能：连续蛙跳、仰卧卷腹等组合。	中等
周四	1. 球类：各种球类练习任选其一； 2. 体能：跳短绳、开合跳等组合练习。	中等及以上
周五	1. 武术：长拳套路、太极套路等； 2. 体能：波比跳、深蹲等组合练习。	中等及以上
周末	自选项目： 郊游、登山、跑步、自行车、球类比赛等。	活动1小时或以上

每周的一、三、五布置作业，每天实施3～4组动作。学生选择适合自身的训练开展练习，当训练进行时，需要家长进行监督管理，在作业完成后，可以将训练的视频上传到网上。教师根据学生的锻炼情况给予指导评价。

二、实施操作流程

教师通过班级QQ群、微信群、学校人人通平台发布任务后，家长能够及时获得相关作业信息，学生可以任意选择训练内容并完成作业。通过教师、家长、学生三方联合，建立"三位一体"的互动模式，最大限度整合教育资源，提升学生的体育锻炼效果。

板块二：学生作业学生做

学生实践

学生及时接收作业信息，完成作业。课后作业总用时 30 分钟，5 分钟热身准备，20 分钟完成基础练习内容，最后 5 分钟拉伸放松。学生可选择自身较薄弱的项目进行练习。

教师支持

教师在接收学生训练视频后，根据学生的训练结果给予指导评价；收集大部分学生训练中遇到的问题，对于代表性问题进行讲解分析。

板块三：学生作业学生评

学生自评

学生对自己的训练视频进行自我评价，并发现其中的不足之处，培养学生自我评价和自我管理的能力。

学生互评

学生之间交换作业，进行互评沟通交流，进而增加学生完成作业的积极性，同时促进同学之间的情感。

教师支持

教师及时关注学生自评和互评的内容，关注学生是否抓住重点，在适当的时机给予学生提示和反馈，对于评价到位的学生给予表扬。

板块四：学生"创做评"中的教师反思

通过课后的体育练习，加上家长的大力配合，不仅督促学生养成良好的体育锻炼习惯，强身健体，也增强了学生与家长之间的亲子关系，促进家庭和谐。学生自主创设作业、做作业和自评互评，不仅提高了学习兴趣，还能在自主作业设计中加强对体育知识的掌握。

朱婉　四川省成都市成华小学校

探究大自然，创意巧表达

——以"葵娃秋日寻宝"跨学科实践作业为例

作业自主

《基础教育课程改革指导纲要（试行）》中明确提出将"以学生发展为本"作为新课程的基本理念，"倡导学生主动参与、乐于研究、勤于动手"。基于新课改学习方式变革的要求及学生未来发展的要求，开展主题意义引领下的单元整体实践作业有助于学生通过作业自主"创做评"促进自主学习能力的提升。

"生命科学"是小学科学教材四大领域之一，其中与"植物"相关的内容更贯穿一至六年级的科学教材。运用多种感官进行细致观察是提升学生语文习作能力的重要途径，语文教材中也有"写观察日记"的习作要求，而借助多种艺术形式进行表达也有助于学生审美力与创造力的提升。基于以上思考，我校从学生的真实生活和发展需要出发，从生活情境中发现问题，转化为活动主题，设计并实施了面向小学中年级的"葵娃秋日寻宝"跨学科实践作业。

板块一：学生作业学生创

学生创设

由于小学生的年龄特点，他们乐于将身边事物"拟人化"，如将"树"称为"我的大树朋友"。但这位"大树朋友"究竟是怎样的，学生却很难说清。因此，这就成为"葵娃秋日寻宝"的第一个实践作业。

如果说"大树朋友"是学生与自然产生联结的起点，那真正走进山野之中会带给学生更丰富的体验。小长假期间，学生往往会走出家门，大自然的奥秘有哪些？自然中有哪些有趣的植物？"山野拾趣"便成为学生实践作业的活动之一。基于对"大树朋友"的观察经验，"山野拾趣"对学生来说难度升级，也更具有趣味性。

教师支持

教师从真实情境出发，以"假期出游"为切入点，以寻找大自然的宝藏为任务驱动，帮助学生获得实践探究的基础性动力，引导他们找到自身实践活动的出发点和落脚点，构建实践活动的基本框架与内容。

课堂上，教师引导学生从"选择、走近、阅读、收藏、思考"等角度出发，融合科学、语文、美术等学科要素，学习观察的方法，多角度地感受一棵树，形成丰富的认知体验，以图画、观察日记、自然笔记、自然标本和科学影像等方式进行创意表达。在此基础上思辨"人与树的关系"，从而走向更广阔的学习实践。而"山野拾趣"则倾向于引导学生运用已有的观察、表达方法去进行更广泛的实践。

板块二：学生作业学生做

学生实践

小长假期间，学生纷纷走出家门，细致观察身边的"大树朋友"。不同维度、不同感官，让孩子们以全新的视角审视每天习以为常的景物。而外出徜徉于山野间，则让他们能够在大自然中去探究、去思考、去交流。在实践活动的引领中，学生学会观察、感受自然之趣，领悟自然之美；在与家长、同伴的交流中，学生学会表达；在实践作业的完成中，学生收获成长。

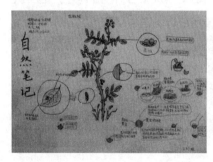

图1 学生作业

教师支持

为帮助学生完成实践作业，各学科教师不仅在学科课堂上予以支持，更为学生提供相关资料。比如，在科学课上，学生学习植物标本的收集与制作；在美术课上，运用线条与色彩去表达观察到的事物；在语文课上，引入自然笔记、观察日记等相关学习内容，拓展阅读相关书籍等。

为了让学生能够更好地通过实践作业提升综合能力，我们还从班主任和家长教师协会两条途径对实践作业进行双重发布。一方面，由班主任利用班会时间将此次实践作业内容面向学生进行宣讲，激发学生的参与兴趣；另一方面，充分发挥学校家长教师协会的作用，将此次实践作业告知家长，争取家校协同开展，为学生顺利参与实践活动奠定坚实的基础。

板块三：学生作业学生评

学生自评

在完成实践作业的过程中，借助活动实践指南协助学生对自身活动的完成进度与相关情况进行自我评估，培养学生自主管理与自我评价的能力。学生的自我评价要贯穿于整个活动的过程之中。活动实践指南中的"家长评语"也能够给予学生即时的反馈，帮助学生进一步自我评估与改进。而在班级内进行分享与交流时，学生对自己的实践成果进行总结与分享，这样的过程不仅为其搭建了展示的平台，更有助于学生在分享中回顾自己的实践过程、总结经验、交流不足、思考改进。

表1 "葵娃秋日寻宝"实践活动指南

完成一项就在项目任务前的"□"里画"√"	
项目一：我的大树朋友	项目二：山野拾趣
□选择一棵特别的树 我选择它的原因是：	□我和_____共同出游，我们的目的地是 _____
□走近这棵树 我从以下几个维度观察它：_____ 比如：抱一抱、摸一摸、听一听……	□我完成了科学影像的录制。 录制的内容是：_____
□我阅读了一本关于"树"的书，它是_____	□我采用（自然笔记/科学影像）的形式进行了记录。 内容是：_____
□我用下面的方式收藏了这棵树：_____ 比如：制作了树叶标本、保留了脱落的树皮、画出这棵树的样子……	□我和_____一起阅读了《人间草木》。 我喜欢的段落是：_____
□大树为我们带来什么？以下是我的思考：_____	（　　）喜欢的段落是：_____
家长评语：_____	家长评语：_____

学生互评

回到学校后，我们首先在班级中对学生提交的作业成果进行了分享交流、生生互评，这样的多元评价方式充分尊重了学生的努力，同时也激励了其内在动机。通过班级评选，我们将优秀作品推选出来，参加学校自然观察节的展览。

教师支持

假期中，教师鼓励学生发送作品到班级群中，一方面对学生的参与进行鼓励，另一方面也起到带动引领其他学生积极实践的作用。对班级群中发送的作品，各学科教师也会给予反馈，及时指导，为学生的继续探究指明方向。假期结束后，教师搭建班级分享交流平台，促进学生的自评与生生互评。校级展示平台的搭建，也激发了学生更持久的自主探究的欲望，有助于学生更好地去学习与交流。

板块四：学生"创做评"中的教师反思

此次实践作业的设计从学生的真实生活出发，在交流分享中提炼出学生感兴趣的实践作业，充分保护了学生自主创设作业的热情。学生从不同的角度去观察、记录，对身边的"大树朋友"产生新的认识与理解，丰富了知识体系，完善思维结构。而在与自然的亲密接触中，学生对自然也产生了浓厚的兴趣。在与家长的交流中，针对"树与人之间的关系"这样的问题也能从多个角度去阐明自己的观点。

跨学科实践活动作业是对教学形态的一种突破，在日常教育教学中，我们还应主动加强学科之间的联系，这也是实施跨学科实践活动作业设计的保障。当然，在本次作业设计中还存在作业内容设计不够完善、延伸作业不充分等问题，我们会进一步总结、反思，从而为学生更好地发展不断努力。

乔克　北京市昌平区回龙观中心小学

探索校园植物，感受生命之美
——以北京版生物学七年级"调查校园内的木本植物"为例

作业自主

作业是教学工作的重要环节，是课堂教学活动的必要补充。《义务教育生物学课程标准（2022年版）》要求作业设计以核心素养为宗旨，教学过程重实践。要提升学生的核心素养，就要强化学科实践，推进综合实践类作业的设计。因此，科学合理、有效规范地设计实践类作业，实现现有作业形式和内容的改革，把核心素养的培养融入到作业设计中已迫在眉睫。

板块一：学生作业学生创

学生创设

我校为九年一贯制学校，地处天通苑小区内部。校园里虽生长着丰富的植物，可是每天生活在城市环境中的学生们，特别是小学生们，对大自然的这些伙伴们却不是那么熟悉，甚至叫不出一些植物的名字，而初一的学生恰好在生物学课程中学习了《认识我们身边的植物和动物》。因此，他们希望通过调查的方式，与同学们一起来认识校园植物，使同学们对这些周边植物有更深层次的了解。

基于此，学生设计了以"调查校园内木本植物"为主题的项目化任务。学生围绕着这个项目化任务，自发组成小组，上网查阅资料并进行实地调查，经历调查校园植物的种类、搜集有关植物的文献资料，并为校园内木本植物设计创意的标牌。学生设计的项目化作业导航图见表1。

表 1　项目作业导航图

核心素养	学习目标	学习活动	学习评价
生命观念	结合生活实际用观察的方法认识校园内的木本植物，并对植物进行简单的分类。	活动1：学生利用"两步路"软件记录自己的调查轨迹，并标注出该轨迹上观察到的植物（1课时）	调查方案设计及调查报告完成情况，依据评价量表完成自评、互评、师评。
科学思维	培养学生观察、搜集、分析、处理信息以及对作品的创新能力。	活动2：记录观察到的植物并采集样本，进行标本制作（1课时）	各环节中问题的回答、对话、分享、讨论、小组合作情况。
探究实践	引导学生发现身边的科学，尝试发现的途径和方法。感受用观察法去探究身边植物的结构特征及分类。	活动3：上网查阅资料，设计并制作植物标牌（1课时）	产品制作的准确性与优美程度。
态度责任	宣传、科普校园内植物，培养学生爱惜植物、关心校园环境，理解人与环境的关系，同时培养了团队合作意识。	活动4：根据整个调查过程，撰写调查报告并进行展示分享（1课时）	

教师支持

　　教师为学生提供真实情景中的问题：如何通过调查校园植物的种类，并为这些木本植物进行挂牌，起到宣传及科普校园植物的作用呢？通过这个真实情景引导学生思考、解决问题以及发现身边的科学，并尝试探索发现的途径和方法，感受发现的乐趣。

板块二：学生作业学生做

学生实践

1. 学生通过手机下载"两步路"与"标本伴侣"软件，并利用"两步路"软件记录自己的调查轨迹以及观察到的植物。若学生遇到不认识的植物，利用"标本伴侣"查询该植物的名称及结构特点。

2. 在不破坏植物生活环境的前提下，学生采集轨迹上观察到的部分植物的样本，带回实验室进行标本制作。

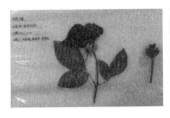

图1　学生制作的标本作品

3. 学生进行小组讨论并设计本组负责的植物标牌。学生完成挂牌的制作并为校园内的植物进行挂牌。

4. 调查活动结束之后，学生撰写调查报告并进行展示汇报。

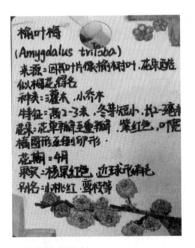

图2　学生设计并制作的植物标牌

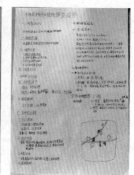

图 3 学生实验报告展示

教师支持

在学生具体实践的过程中，教师为学生提供一些工具，如"两步路""标本伴侣"软件等。在这个过程中，教师只是起引导作用，学生是真正的主体。这种方式提高了学生自主学习的能力，培养了学生的观察、探究、搜集、处理信息以及团队合作能力。学生实地观察校园内的植物，学生之间小组分工合作与讨论，记录完成项目的过程并互相评价，最后展示作品。

板块三：学生作业学生评

学生自评

学生和教师共同讨论完成标本制作评价量规的制定，并进行自评、互评与师评。

表 2 标本制作评价量规

评价项目	评价要点	自评	互评	师评
整体效果	1. 整体色彩要协调和谐，固定好。			
	2. 造型优美，线条流畅，自然得体。			
	3. 高度合理，比例恰当，具有美感。			
美观创意	1. 创新性。			
	2. 美观，体现小组设计风格、独特构思和表现手法。			
制作技术与专业性	1. 选材部位及标本具有完整性，具有植物的多种器官。			
	2. 材料选配合理，清洗干净，无反复拨弄。			
	3. 脱水完全，符合标本制作基本原则。			

学生互评

学生和教师共同讨论完成植物挂牌评价量规的制定，并进行自评、互评与师评。

表3 植物挂牌设计评价量规

评价项目	评价要点	自 评	互 评	师 评
科学性	1. 有制作人、指导教师等相关信息。			
	2. 正确地对该植物进行生物学命名，有俗名。			
	3. 对该植物的生长习性、结构、花期、果实等信息有准确的描述。			
创造性	进行创造性的设计，材料、内容等方面有创新，如有二维码等信息技术的应用等。			
艺术性	1. 材料环保、创新。			
	2. 制作精巧，形象美观。			

教师支持

学生和教师共同讨论完成调查报告评价量规的制定，并进行自评、互评与师评。

表4 调查报告评价量规

评价项目	评价要点	自 评	互 评	师 评
结构	1. 有明确标题，精练、概括性强。			
	2. 写出调查人员、地点、时间等基本信息。			
	3. 写出调研结果，有调查植物的具体信息。			
	4. 有调查后的感受与反思。			
内容	1. 调查对象及内容准确无误，能反映学校木本植物的大概分布状况。			
	2. 调查方法正确，能借助"两步路"和"标本伴侣"软件协助调查。			
	3. 有拍摄所观察植物的照片，且进行植物相关信息的搜集。			
	4. 植物相关信息的描述科学、准确。			
版面设计	1. 文段、照片有穿插变化、生动活泼。			
	2. 有题花、尾花、花边等装饰，色彩丰富。			
	3. 文字工整清晰，字距、行距适当。			
交流评价	1. 呈现方式科学、有特色。			
	2. 能对本次活动及时反思，有自己的思考、发现或感悟。			

综合篇 407

板块四：学生"创做评"中的教师反思

通过学生自主创作、自主实践与自主评价作业的方式，培养了学生的兴趣，提高了自主学习的能力，包括学会与人合作、自主决策、收集信息、解决问题等技能，从而使学生的个性健全发展。这种项目化作业设计形式也为教师对于"双减"背景下如何创新作业形式，从而达到减负增效提供了思考的空间。

1. 任务设计项目化。项目式作业作为一种打破学科逻辑结构而以项目来呈现的作业形式，本质就是要解放学生、促进学生进行自主的探究学习。与常规课堂教学和书面作业实施方式相比，其更有利于学生认知的形成、合作意识的培养、创新能力的激发以及核心素养的达成。因此，设计以项目为导向的实践类作业是扩展视野、增强本领的重要途径，是创新型人才的重要标志。

2. 实施途径重实践。生物学课程高度关注学生学习过程中的实践经历，强调学生的学习过程是主动参与的过程，选择恰当的真实情境，设计学习任务，让学生积极参与动手和动脑的活动。通过实验、探究类学习活动或跨学科实践活动，加深对生物学概念的理解，提升应用知识的能力，激发探究生命奥秘的兴趣，进而能用科学的观点、知识、思路和方法探讨或解决现实生活中的某些问题。

3. 作业评价促发展。生物学课程重视以评价促进学生的学习与发展，重视评价的诊断、激励和促进作用。开展学业评价要高度关注生物学科的特点，将评价重点放在学生的学习活动上，特别要注重对探究和实践过程的评价，致力于创建一个主体多元、方法多样、既关注学业成就又重视个体进步和多方面发展的生物学学业评价体系。因此，设计针对实践类作业的评价量规以达到及时评估反馈、指导评估反馈、跟踪评估反馈，帮助学生建立学习自信，增进学习动力，养成自主学习的习惯。

刘文娟　汪雪静　北京市昌平区天通苑学校

石琳娜　北京市昌平区教师进修学校

测量常见平均速度
——以北师大版初中物理八年级"平均速度的测量"为例

作业自主

学生自主设计、完成和评价物理实践作业，能够有效激发学生学习的积极性和创造性，培养学生利用所学知识解决实际问题的意识和能力。教师要发挥好指导作用，确保作业内容和形式符合学习目标，并协助学生解决作业中的问题。

板块一：学生作业学生创

学生创设

物理自主实践作业设计要格外注重培养和激发学生的学习兴趣，建立知识与学生经验、现实生活之间的联系，在真实的生活情境中解决问题，在实践中培养学生的学科素养和解决问题的能力。

结合本节内容的特点，学生自主设计作业分为以下步骤。

1. 明确作业目标。在教师指导下，学生明确作业要达成的学习目标，以此为依据设计作业。本节作业的主题是测量生活中常见物体的平均速度。学习目标有三项：能使用停表和刻度尺等测量工具正确地测量时间、距离，并利用公式求出平均速度；能根据测量需要和实际情况，选择恰当的工具测量生活中常见物体的平均速度；学会写简单的实验报告。

2. 设计作业内容。学生个人或小组合作，结合生活实际设计作业内容，并上交教师进行审核。

3. 汇总展示。教师将学生设计的作业分类汇总后，在班级进行展示。学生设计的作业内容丰富多彩，如测量公交车从家到学校的平均速度，测量出租车、火车的平均速度，测量乌龟等宠物的速度，测量投掷实心球的速度，测量声音的速度……这些作业内容，有的可以完成，有的在现有器材和知识条件下无法完成，这也正是培养学生判断分析和自主学习能力的契机。

4. 自主选择。学生根据自己的兴趣、能力自主选择作业内容。可以选择他人设计的作业，也可以选择自己设计的作业；可以自主完成，也可以小组合作；可以只完成一项内容，也可以完成几项内容。

教师支持

学生设计作业内容的过程中，教师要审核学生所设计的作业内容是否能达成本节课的学习目标，是否科学，价值观是否正确。不能有效达成学习目标或明显不可行、有一定危险性的作业，教师要指导学生进行调整。

在学生选择作业的过程中，教师要给予相应的指导，便于学生后期顺利完成作业。例如，学生小组合作完成作业，要明确组内分工，教师提供小组分工表格供学生使用。

板块二：学生作业学生做

学生实践

学生自主完成物理实践作业，主要分为两个阶段。

第一阶段：方案设计。学生选择的作业内容，只有一个大的主题，需要设计出详细的实验报告。

实验报告主要包含实验目的、实验原理、测量工具、实验步骤、数据记录表格、实验结论以及实验分析改进等内容。对关键物理量长度、时间的测量要设计切实可行的测量方法，如较短的距离可以用皮尺测长度、用秒表或手机测时间，较长的距离可以利用步长、自行车车轮周长测量等。这些测量方法学生已经学过，这次作业也正是引导学生利用已有的知识解决实际问题的契机。对于不便直接测量的物理量，如汽车、火车行驶距离，学生可以借助地图 APP 测量，可以观察、找出出租车发票中的时间、行驶里程等信息，可以通过分析列车时刻表计算火车行驶的时间和距离等。

学生设计实验报告，经老师审核后，可以开始第二阶段。

第二阶段：完成测量。学生自主安排时间完成作业，可以利用放学和周末时间在校外完成，也可以利用中午或课后服务时间在校内完成。例如，学生分组测量各种不同运动方式的平均速度，就可在操场和教学楼前空地完成。

教师支持

在学生完成作业阶段后，教师提供的支持有三个方面。

一是教师要指导学生优化实验方案，确保测量方法安全、科学和可行。学生在测量过程中遇到困难时，教师要及时指导学生讨论、提供参考资料，帮助学生在实践中解决问题，完善方案。

二是教师要为学生提供必要的测量工具如皮尺、秒表等，可在校内完成的测量，教师要协调好场地。

三是学生在完成作业过程中，会暴露出一些知识理解中存在的问题，如测量从家到学校的速度时，等红灯的时间要不要算在内？教师要敏锐地抓住学生在实践中自发产生的学习需要，引导学生在真实情境中深入理解物理概念。

板块三：学生作业学生评

学生自评

完成测量并填写完实验报告后，学生按表1所示进行个人和小组自评。

表1　学生作业评价表

姓名/组名	作业评价					
	测量方案完成程度		测量方案及结果科学性		态度和表现	
	等级（A—C）	优点及建议（反思）	等级（A—C）	优点及建议（反思）	等级（A—C）	优点及建议（反思）

学生互评

学生互评分为以下三个阶段。

阶段一：展示交流。学生将自己或本组的实验报告、实验照片在班级内进行展示（如图1）。

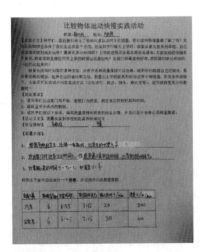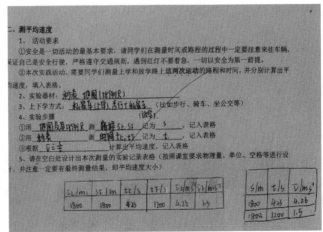

图1　学生作业

阶段二：学生在线上进行不记名互评，并提出建议。

阶段三：改进和优化。学生根据自我反思和他人建议，对实验报告进行改进。

教师支持

在评价环节，教师提供评价方案模板，学生讨论后确定，方案要简单清晰，便于理解和使用，特别要体现对学生的激励作用。教师还要做好评价的组织工作，如作业展示、线上评价等。学生在修改实验报告过程中，教师要为学生提供建议和指导。

板块四：学生"创做评"中的教师反思

这次作业通过有效的学生"创做评"过程，既给予了学生自主学习的空间和时间，又有教师适时的指导，保证了作业设计质量和完成效果，达成了作业目标。在指导学生"创做评"的过程中，要关注以下两个方面。

1. 作业设计坚持以学生为本的理念。自主作业的设计与实施要注重激发和培养学生兴趣，为学生搭建良好、适当的学习支架。作业内容既要与知识特点相吻合，又要适合不同学习能力的学生，让学生都能体会到成功，有获得感；作业形式要丰富、可选择，允许学生用自己擅长的方式完成作业，为学生搭建成长和展示的平台；要设计多元、有效的评价方式，充分发挥学生、教师和家长多元评价主体的不同作用。

2. 自主作业要与课堂学习形成合力，减轻学生的负担。自主作业设计应依据课标要求，与课堂学习有机统一，使作业成为课堂学习必要和有益的补充。并且要避免自主作业加重学生负担，要在作业形式、完成方式与作业量等方面进行细致的设计。

陈鹏伟　北京市上地实验学校

图书在版编目（CIP）数据

自主课堂：作业创设与反思 / 刘桂旺，李小平，孙海霞主编.
— 上海：华东师范大学出版社，2024
ISBN 978-7-5760-4989-3

Ⅰ.①自… Ⅱ.①刘… ②李… ③孙… Ⅲ.①学生作业—教学设计—中小学
Ⅳ.① G632.46

中国国家版本馆 CIP 数据核字（2024）第 091772 号

大夏书系 | 有效教学

自主课堂：作业创设与反思

主　　编	刘桂旺　李小平　孙海霞
策划编辑	任红瑚
责任编辑	韩贝多
责任校对	杨　坤
封面设计	淡晓库
出版发行	华东师范大学出版社
社　　址	上海市中山北路 3663 号　邮编 200062
网　　址	www.ecnupress.com.cn
电　　话	021-60821666　行政传真 021-62572105
客服电话	021-62865537
邮购电话	021-62869887
地　　址	上海市中山北路 3663 号华东师范大学校内先锋路口
网　　店	http://hdsdcbs.tmall.com/
印 刷 者	北京密兴印刷有限公司
开　　本	787×1092　16 开
印　　张	26.5
字　　数	579 千字
版　　次	2024 年 5 月第一版
印　　次	2024 年 5 月第一次
印　　数	3 000
书　　号	ISBN 978-7-5760-4989-3
定　　价	95.00 元
出 版 人	王　焰

（如发现本版图书有印订质量问题，请寄回本社市场部调换或电话 021-62865537 联系）